ゼロ戦特攻隊から刑事へ

増補新版

友への鎮魂に支えられた90年

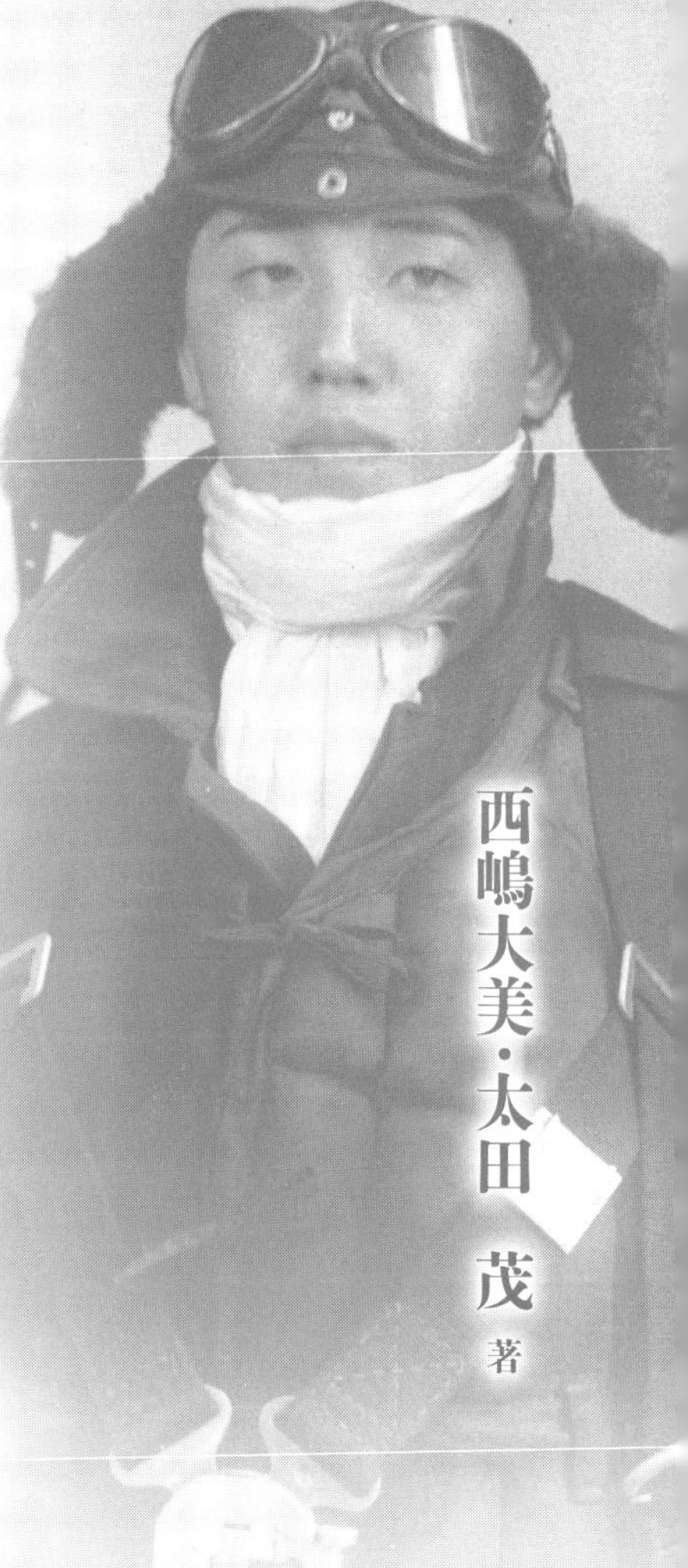

西嶋大美・太田茂 著

芙蓉書房出版

日本剣道形を打つ大舘和夫

朝稽古を終えて

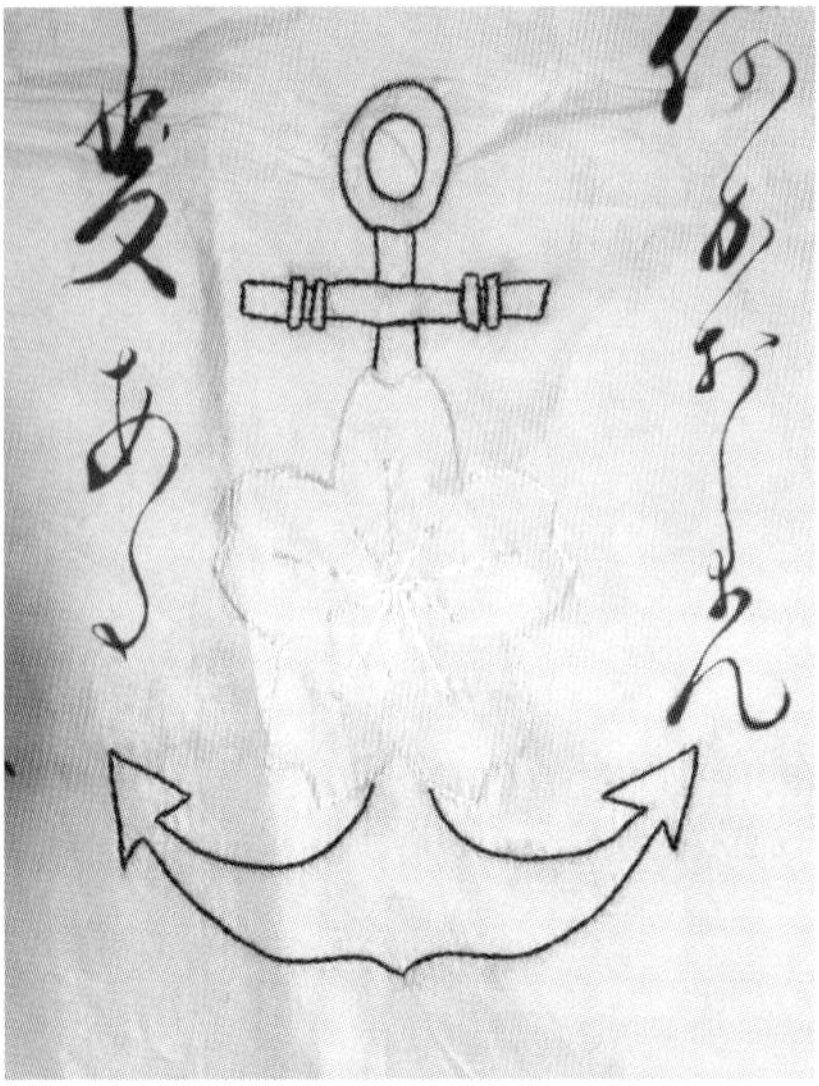

マフラーには桜に錨の刺繍が
「70年前は鮮やかだった」（第3章参照）

飛行服の大舘和夫（第2章参照）

予科練時代　埼玉三羽烏（後列左から、
大舘和夫、粕谷欣三氏、前列豊田博氏）
粕谷・豊田博は壮絶な戦死（第2章参照）。

練習機「赤とんぼ」の前で。前列左から
中川練習生、近藤親登氏、後列左から
杉山善鴻氏、大舘、鈴木鐘一氏、。
鈴木氏はセブ島からレイテへ特攻戦死、
近藤氏は大義隊で空母に突入、戦死。
杉山氏は宜蘭基地で戦死（第2章参照）。

六、飛行隊編成表

月日	任務	区分	指揮官	爆装・直掩	等級	氏名	記事
五月四日	宮古島南方海面敵機動部隊特別攻撃			直掩	中尉	角田和男	戦果確認帰還
		第一次攻撃隊	谷本中尉	爆装	中尉	谷本逸司	六型空母ニ二機命中撃沈概ネ確実
				爆装	二飛曹	近藤親登	小型空母二隻各一機宛命中一隻轟沈一隻
				爆装	上飛曹	常井忠温	炎上停止
				爆装	二飛曹	鈴村敏美	
		第二次攻撃隊	河合中尉	爆装	中尉	河合一雄	全航路敵ヲ見ズ石垣基地着
				爆装	二飛曹	長田利平	
				爆装	上飛曹	川崎助二	
				爆装	二飛曹	大舘和夫	
		第三次攻撃隊	佐藤上飛曹	爆装	上飛曹	佐藤博	大濁水渓河口附近海上ニ不時着水機体沈没搭乗員無事
				爆装	二飛曹	今中博	全航路敵ヲ見ズ宜蘭基地着
				爆装	二飛曹	杉山善鴻	不時着状況報告ノ為引返ス
				直掩	上飛曹	前田秀秋	全航路敵ヲ見ズ宜蘭基地着
		第四次攻撃隊	前田上飛曹	爆装	上飛曹	荒井敏雄	全航路敵ヲ見ズ石垣基地着
				爆装	二飛曹	沼端一司	
				爆装	二飛曹	福田良生	
				爆装	一飛曹	植田義雄	エンジン故障ノ為引返ス
				爆装	上飛曹	柳原定夫	全航路敵ヲ見ズ石垣基地着

第二〇五海軍航空隊戦闘詳報第九號(二)
昭和二十年五月四日 第十次櫻作戦
(敵機動部隊特別攻撃)
第二〇五海軍航空隊
(石垣基地)

第205海軍航空隊の「戦闘詳報」
(昭和20年5月4日の特攻攻撃)
第一次攻撃隊に近藤親登、第二次攻撃隊に大舘和夫、第三次攻撃隊に杉山善鴻の名前が見える(第5章参照)。

SONY

12月29日(土) 晴

A6:00起床マラソン等。A8:00出発。直接目白署へ出勤。捜査員全員と会い事件検討したのち 酒井主任らの案内で車で第404号事件の代表的な現場4か所を再臨場。P0:30帰署し昼食をとったのち本部に連絡したところ、築地PSにて[illegible]の被疑者を緊急逮捕した旨を知らさる。警察庁指定事件の犯人に相違なさそうだとの事なので目白共援の車で送られ P2:00同署へ。早速事件検討と犯人に面接して感じをとったところ、間違いなくホンボシと確信。全国の同一事件について水を向けたところ、[illegible]件中、[illegible]件を自認したので自信を深めた。この旨[illegible]を通じて刑事部長、参事官に報告し、明日広報する手配をしてP6:00退署。毎年のことながら静かであって欲しいと希うときに限って容赦なく先方から事件が飛込んでくる感じで如何ともし術なし。

12月30日(日) 晴

A5:40起床マラソン等。A7:00からのNHKニュースに本日発表予定の築地PS扱い[illegible]が報道されているので急いで読売新聞を持込んで開いたところ、社会面トップに抜かれておりがっくり。早速本部広報、築地署に連絡したところ、昨夜11:00こ

戦後、日記は毎日欠かさず書いた
(第8章参照)

豪快なメン打ち

増補新版刊行にあたって

アメリカ・ニューヨーク・タイムズは、二〇二〇年十二月三日の電子版（12／6プリント版）で、大舘和夫《おおだちかずお》氏の特攻経験を詳しく報じた。新聞紙面にして一ページ全段の見事な記事だ。その中に「カミカゼは、熱烈な国家主義と狂信性を鮮明に示すものとされている」との記述がある。これはアメリカ人一般の特攻観にほかならない。そのうえで同紙はしかし、「（大舘氏の証言は）日本の右派や左派が、それぞれ主張するステレオタイプ（画一的）なものではない。彼は日本が戦争に勝つことはないと思いながら、愛する人たちのために死を覚悟していたのだ」と記し、特攻隊員が人間らしい感情や思考をもつごく普通の若者であったことを印象づけている。特攻隊員像について的確な評価をしたといえよう。私たちは、特攻の多面性が海外でも理解されはじめたと受けとめた。

本書の英語版“Memoirs of a KAMIKAZE”（米国チャールズ・E・タトル社）は、二〇二〇年秋に出版された。訳者はアレキサンダー・ベネット関西大学教授と太田である。ニューヨーク・タイムズの記事は、同書を評して書かれた。英語版は、国内でジャパンタイムズ紙が取り上げたのをきっかけに、海外では米紙をはじめフィンランド、ブラジルなどの新聞やテレビ局が注目、大舘氏の経験を次々と紹介した。出版早々に重版となり、オーディオブックも発行された。

＊

本書初版は二〇一六年の発行時に、日本のジャーナリズムから驚くほど注目された。全国紙三紙をはじめ地方紙を含めて新聞八紙、雑誌やテレビなどで、大舘氏の経験が大きく取りあげられた。戦後七十余年の間に特攻やゼロ戦に関する著作が数多く公刊されたなかで類書にない特徴があり、氏はさながら〝生き証人〟として評価されたからであろう。

大舘氏は一九四三（昭和一八）年春、十六歳で戦争に参加する決意をして予科練に入隊した。厳しい飛行訓練をへて台湾の海軍基地に送りこまれ、台湾沖航空戦で初出陣し、戦闘機同士のドッグファイト（巴戦）も経験した。翌年十月にはフィリピンの基地で、初めて特攻で戦果をあげた関行男大尉率いる敷島隊の出撃を、帽子を振って見送った。自らも特攻要員とされて敗戦まで常に特攻作戦の最前線に在り続け、七度の特攻出撃から奇跡のように生還したという稀有な体験をもつ人物である。

ニューヨーク・タイムズの記述にみられるように海外では、特攻隊員は狂信的な軍国主義者とみる人が依然少なくない。それは、戦後まっさきに翻訳出版された書が特攻を命じた上官による回想録だったことが強く作用している。「これは若い血潮に燃えるかれらに、自然に湧き沸きあがったはげしい決意だった」などと、搭乗員が自分の強い意思で特攻を志願したかのように記述されている。実態とは違った、上官による自己弁護的、責任回避的ストーリーがまず作られたことが、特攻隊員＝狂信者と強調される一因になった。

国内では、『きけわだつみのこえ』など出陣学徒の遺稿集が版を重ね、海外で翻訳出版もされてきた。個々の人生の志半ばで、死を事実上強要された無念さが際立ち、そこに特攻隊員＝軍国主義による戦争の被害者、と読み取ることもできる。たしかにそうした面はあるだろう。

しかし、航空特攻にはやや異なる側面があった。本書の特攻の詳述によって、これまでほとんど知られていなかった事実が浮き彫りにされた。たとえば、深夜に行われた〝特攻志願〟の事実上の強要。たとえば、航空母艦か戦艦だけを狙って見つからなければ帰還が許され、途中で敵機と遭遇した場合は爆弾を投下して空戦するという特攻のスタイルなどだ。いわば〝もうひとつの特攻〟である。学徒出陣組とは操縦技量の違いが前提にあり、特攻死に対する意識も微妙に異なっていた。大舘氏の証言によって、特攻の知られてこなかった一面が発掘されたといってよいだろう。

＊

航空特攻の総体は多面的であり簡単にはとらえきれないが、その真実を知れば、戦争の本質をつかむこともできよう。戦争はむごく不条理なものであり、今日の繁栄とかつて敵であった国の人々との友情や連携は、双方の無数の人々の犠牲の上に築かれている。それを忘れてはならない。本書の行間からは、このようなメッセージが読み取れるはずだ。

二年に渡る取材の終りに、「戦争をどう思いますか」と大舘氏に質問をした。すると「また起こると思うな」と角度の異なる答えが返ってきた。何を感じておられたのだろう。戦争は繰り返してはならない、といった言葉を予想していた私たちには意外だった。

それから六年後の二〇二二年二月、ロシアがウクライナに侵攻して、世界を巻き込む戦争が勃発した。大舘氏の〝予感〟は、まことに不幸なことに的中してしまった。大舘氏は新聞やテレビの報道を見るにつけ、敗戦後、台湾から実家に帰る途中で車窓から見た情景、見渡す限りの焼け野原を想起するという。

「戦争になれば、戦う意欲をなくそうと相手国の国民を徹底的に痛めつける。それは今も違いがない。指導者の考えひとつで戦争になる。それも変わらない」

戦争の様相は七十余年前の大戦とあまりに似ていて、激しく戦慄させられる。数千万の命を奪った大戦から人はいったい何を学んだのか、と思う。このようなときにこそ、本書が深く読まれ、戦争の悲惨さ、禍々《まがまが》しさを多くの人が心の底から感じるヨスガとなることを切に願う。

新型コロナ感染症は、二〇二〇年冬からまたたく間に拡散した。警視庁本部道場の朝稽古は同年三月下旬、突然休止となった。全日本剣道連盟は対人稽古の自粛を要請、日本のあらゆる剣道道場から竹刀を打ち合う音がしばし絶えた。大舘氏の子供の指導もなくなった。

それから二年余、氏は防具を着けての稽古が依然ほとんどできていない。ただ、その間に三か月半の休止解除期間があり、面の内側に透明な合成樹脂のガード板をつけ、さらにマスクをして稽古をした。氏は苦しそうな様子もなく、相変わらずの稽古ぶりをみせた。

大舘氏は九十五歳になった。雨の日以外、速歩をインタバルで行う数キロの散歩と素振りを黙々と欠かさない。木刀を振れば次第に心が澄んできて、さあ、いつでも防具をつけて稽古できるぞという気分になってくる――という。

〝生涯現役〟は続く。

＊

増補新版にあたり、四十ページ余り加筆し、多くの写真を新たに加えた。「付記1」は、主に航空特攻の多面性などを解説し、国内と海外の読者の反響の一部を掲載した。戦争モノをさけてきた人たちにも、本書が新鮮な刺激と感動を与えたことがわかった。

また、「付記2」は、初版「付記」に収めた『「三笠宮」上海護衛飛行』で十分詰められなかった点について、太田が五年かけて追求した成果を大幅に加筆した。私たちは搭乗の貴人は三笠宮だったとの確信を深め、高度な指令のもとに中国・蒋介石政権との停戦に関する交渉あるいは調査であったとの推測をいっそう確かな事実と信じるに至った。

増補新版を出すにあたり、芙蓉書房出版の平澤公裕社長は快く引き受けてくだった。改めてこころより感謝したい。

二〇二二年六月二十三日

西嶋　大美
太田　茂

初版まえがき

本書は、時代の流れのなかでゼロ戦特攻隊員となり数々の死地を経験した少年航空兵の記録であり、若くして亡くなった戦友への鎮魂の思いを秘めつつ、戦後、強く真っ直ぐに生きた警察官の軌跡、あるいは刑事の事件簿である。

敗戦のとき大舘和夫《おおだちかずお》氏は十八歳だった。その前年、ゼロ戦による特別攻撃が始められると同時に要員とされ、特攻の全期間を日々生死の境に身を置き続けた。戦友同期の多くは亡くなり、生き残ったのは幸運というほかはなかった。この書の半分は、十六から十八歳の未成年の視線で見た戦争の記録である。その戦場がどのようなものであったか、読む人には驚きがあるに違いない。

十九歳の大晦日に復員し連合艦隊司令長官拝受の短刀を焼き捨てたところから、新しい人生が始まった。選んだのは警視庁の警察官だった。子供のころから好きだった剣道をおもう存分できると考えてのことだったが、その仕事はまことに肌にあった。警備、機動隊、白バイ隊などを経て一線署の刑事課長から本庁刑事部捜査三課管理官となり、数々の窃盗事件や詐欺事件を解決した。

剣道の激しい稽古に明け暮れた時期もあった。指導者となる道をたどることはなかったが、剣道から離れることもなかった。いま週三度、警視庁本部道場での朝稽古を休むことがない。三課時代から五千回は出ていよう。「道場に行こうと、朝起きることから修業は始まる」という。九十歳となる今日、五十分間、元に立ち続け、警視庁の猛者を相手に一歩も下がらない剣道をする。さらに地元で週二回、子供の剣道指導を三十年間続けている。生涯現役なのだ。戦闘機操縦と警察官の仕事それぞれに剣道、いずれも人や状況を見ぬく目と判断力、自己を律する心が肝要、といったらこじつけになるだろうか。大舘氏は警視庁剣道朝稽古会の仲間であり、私たち（太田、西嶋）にとっては剣道の師である。多くの剣士にとって生涯剣道の手本でもある。

その重すぎる過去をつぶさに語るには、長い歳月が必要だった。私たちは二〇一四（平成二十六）年三月から二〇一六年三月までの間、二十二回にわたり大舘氏宅を訪ね、延べ七十時間以上の聞き取り取材を行った。いつも驚かされたのは、氏の記憶力の確かさ、鮮明さであった。七十余年前のことを昨日のことのように語り、その情景を私たちは脳裏に鮮やかに描きだすことができた。また警察官時代、その日の出来事を一日も欠かさず、乱れのない文字で克明に手帳に記していた。

太田は元検事で、西嶋は元新聞記者である。元検事と元記者が元捜査三課の刑事から話を聞く。そんな珍しい形となった。一人称の方式をとったのは、それがもっとも生き生きと表現できると考えたからだ。

毎回の聞き取りは、内容を録音して書き起こし、これと並行して氏の記憶の正確性の検証のため、様々な戦史関係の文献・資料にできる限り目を通した。私たちの主観による脚色が混じらないことを徹底して心掛け、作成した原稿は数次にわたって氏がチェックした。予備知識がない読者のために、氏の語りを理解する上で必要な背景や史実などについてはコラムにまとめ、補助的な事柄には注を加えた。

取材は常に二人一緒だったが、執筆は分担した。台湾、フィリピンの戦地時代から帰国まで（第三～六章）は西嶋が担当し、少年時代と戦後の刑事人生等（第一、二、七～十章）及び末尾の「付記」は太田が担当した。

二〇一六年四月

太田　茂
西嶋　大美

ゼロ戦特攻隊から刑事へ
友への鎮魂に支えられた90年　《増補新版》目次

プロローグ

　昭和二十（一九四五）年八月十五日、正午より少し前。台湾の東海岸北部は高曇りで暑かった。宜蘭《ぎらん》海軍航空隊基地の滑走路に、五百キロ爆弾を吊り下げたゼロ戦三十数機がまさに飛び発とうとしていた。沖縄沖に満ちているアメリカ軍艦船に対して、全機片道の特攻出撃をするのだ。

　プロペラが轟然と回転した。大舘和夫一飛曹は一番隊三番機。最前列で、隊長機のすぐ左後ろに位置していた。隊長機が滑走を始めたそのとき、エンジン始動車が猛スピードで走ってきて、編隊に立ちはだかった。「出撃、マテ！」。指揮所に戻りラジオを聞くと、昭和天皇の独特の声がしてきた。雑音が多く、よく聞き取れなかったが、日本が無条件降伏を受け入れたことがわかった。

　今度こそ命はない――と予感した八度目の特攻出撃だったが、またしても間一髪で命を拾った。グラマンとの空戦、歩行中に浴びた機銃掃射、マラリアの罹患、置き去りにされたフィリピン山中からの脱出――。わずか一年ほどだったが、最前線での過酷な日々のなかで幾度も死地に陥り、そのたびに紙一重で生還した。そんな生活はもうしなくていい。大舘和夫、十八歳。敗けたというより「終わった」と感じた。

第一章
生い立ちと剣道修行、予科練入隊へ

ガキ大将だった少年時代

私は、大正十五（一九二六）年十二月十一日、埼玉県入間《いるま》郡小手指《こてさし》村字北野（現在の所沢市西部）で生まれ、この地で育った。

私は六人兄弟で、男四人、女二人の上から二人目の次男。私が幼かったころ、小手指が原には家一軒なく雑木林と畑が織りなしていた。家の屋敷には、隣家との間に私の身体くらいの太さの欅《けやき》が八本くらいあった。南には樫《かし》の木を植えていた。

昭和八（一九三三）年四月、小手指村で唯一の小学校「小手指尋常小学校」に入学した。一学年一クラスだったが、七十人と大きなクラスだった。

周囲は純農村地帯で、雑木林と畑が入り混じった関東平野の典型的な農村風景に私たちは囲まれて育った。どこの集落にもガキ大将グループがあって子供たちは自然に集まり、年齢の違う子供たちが雑木林や神社などで一緒に遊んだ。

子供のころは全部外遊び。剣道を始める前は、学校から帰るとみんなで一定の場所に集まり、兵隊遊びやいろいろな遊びを暗くなるまでやるのが日課だった。雑木林では、パッチンを作ってスズメを獲った。自分で作るんだ。山に生えている蔓《つる》を切ってきて、針金を使って仕掛けを作る。掘った穴の周りにミカンの袋の網をかけて、そこにスズメが来るとパチンとはじけて閉じ込める。

五年生か六年生が頭で、私も六年生でガキ大将になった。何時にどこそこへ集まれとみんなに指令を出す。神社の鳥居の前とかね。学校から家へ帰ると、残っている飯をお茶漬けでかっ込んでからパーッと出ていく。勉強なんかしやしない。団体行動だから、六年生が命令すれば一年生から五年生までみんな集まる。一年生は手間がかかるから、お前は何と何をしろと命令する。子供にも縄張りがあってしょっちゅう喧嘩ですよ。

黒田先生と剣道に出会う

小学校五年生（昭和十二年）のとき、黒田清次先生が転任してきた。黒田先生は当時二十三歳。隣村の山口村（現所沢市）出身の先生だ。埼玉師範卒で、剣道は北辰一刀流だとか言っていた。この人に鍛えられたんだ。さっそく体育の時間には剣道の稽古が始まった。最初にやったのは木刀を買ったこと。校庭で素振りや大日本剣道形《かた》の稽古をした。剣道の稽古は初めのころは校庭で裸足でやっていた。その後、屋内でもやるようになったが、道場なんかなかったので講堂の中を片付けて稽古した。村の方で、剣道具五十着を買ってくれた。防具を着けての稽古は授業が終わってから一時間か一時間半ぐらい。村の大人で剣道の経験がある人も黒田先生の指導の補助に来るようになった。そのころは社会情勢が違う。学校では勉強よりも戦争のことにいつも関心があった。歌だって軍歌ばかり。軍歌をやるにはラッパが必要だとラッパ隊ができ、私も入れられた。村の若者が出征するときの見送りには駅で八人並んでラッパを吹いた。体育の時間は砂場で空中転回する。できるようになった。体育でもなんでも戦争に役に立つ地ならしをしているようなものだった。

隣りが山口村でしょっちゅう子供同士が喧嘩していたが、黒田先生は山口村の出身で、私たちの村との途中に黒田先生の家があった。黒田先生は、今の青年とは違った。子供からみても古武士の風格があった。詰襟の服を着て、通勤の往復などでは姿勢よく歩きながらいつも詩吟を歌っていた。やる気があったね。小学生は最初、木刀の稽古ばかりだったが、防具を着けてやりはじめると面白くなった。ほかに七、八人仲間がいたけど、私は剣道ではクラスのトップで強くなった。剣道形も七本打った。昼は授業で、夜は週二回、自主参加の剣道の稽古があった。夜の稽古は、村の青年達で昼間は軍事工場で働いている者などが七、八人参加していた。この稽古には、当時、豊岡町（現在の埼玉県入間市中心部）にあった陸軍航空士官学校の清水先生という剣道教官も来てくれた。夜、三キロくらい離れた町から自転車に乗って。私も黒田先生から夜の稽古にも来いと言われた。私の家は学校から百メートルくらいで近かったし、私を含めた二、三人の小学生で家が近かったり、剣道に熱心な子には、黒田先生は夜の大人の稽古にも参加するように言ったんだ。

黒田先生の稽古は厳しかった。教え方は昔のまんま。足払いや組打ちもある。メーンといくと必ず足払い。初めは校庭でやってたから転んで肘《ひじ》をすりむく。服も破れて肘なんか血だらけになった。転んで傷口が砂を噛んで血が出てもヨウチンを付けとくだけ。肘に血の塊もでき、あるときは、おしっこから血が出た。驚いて母親に言ったら、「そんな思いまでして何が面白いんだ、剣道なんかやることない」と言われた。「こんなことをやってたらたまらないから剣道なんかやめてくれ」と何回も。そう言われても面白くてやめる気などはなかった。

足払い、たまらないよ。でーんと倒れる。子供相手なんだから、やめてくれたらいいのに。でもそれで腰が強くなったことは間違いない。倒されまいとするからね。

そのうち倒れなくなった。神社の境内に紅白の幔幕《まんまく》を張って、剣道大会が開かれる。そこで賞品に竹刀など貰って帰ってくるようになった。当時埼玉県内では剣道は秩父が強く、飯能など山寄りの地域が伝統的に強かった、試合をすると必ず「山」が勝っていた。剣道の道場は平野のほうが多かったんだが、平野にはあまり強い剣士はいなかった。試合でも、私たちの村は、最初は全然「山」の相手にはなれなかった。

六年生のときに埼玉県の大会に出た。大宮の氷川神社の大会。氷川神社には体育館があった。そこで、高野佐三郎先生と中山博道先生が大日本剣道形を打たれた。黒田先生から「偉い先生だからよく見ておけ」と言われ、一生懸命見たけれど、よく判らなかった。来賓席に、髭《ひげ》をぴんとそらせた陸軍大将がいたのを覚えている。

試合は、団体戦は早々に負けたけれど、私は個人戦で勝ち進んで準決勝までいった。四位だった。平野の子が山の子に雑じって勝ち上がったのは初めてじゃないかな。

黒田清次は、大正四年七月埼玉県所沢市生まれ。昭和六年埼玉県師範学校に入学し、同十年、埼玉県中等学校大会団体戦で、師範学校大将として優勝。卒業後、軍隊入隊を経て埼玉県入間郡名栗小学校（現飯能市）教員となり、同十二年四月小手指小学校教員。その後浦和中学校（旧制）・浦和高等学校（新制）教員、埼玉県教育委員会指導主事を経て、新座高等学校校長を務めた。昭和三十六年剣道七段。平成六年五月剣道範士。同九年十月没。浦和中学、浦和高等学校時代の教え子には、大久保和政（剣道範士、元全日本剣道連盟副会長）、矢島章司（元全国高等学校体育連盟剣道専門部副部長）、豊島正夫（国際剣道連盟理事）、渡辺洋一（昭和三十七年全日本学生剣道選手権準優勝）、浅見裕（剣道八段、岩手大学名誉教授）らがいる。これらの方々は大舘和夫の弟弟子、ということになる。警視庁剣道朝稽古会会員で、元九州管区警察局長の小風明（国際剣道連盟理事、元全日本剣道連盟監事）も、浦和高等学校や埼玉県立武道館などで黒田範士の指導を受けていた（浦和高等学校剣道部ＯＢ会「まっつぐ〜黒田先生を偲んで（平成十一年六月）」などによる）。

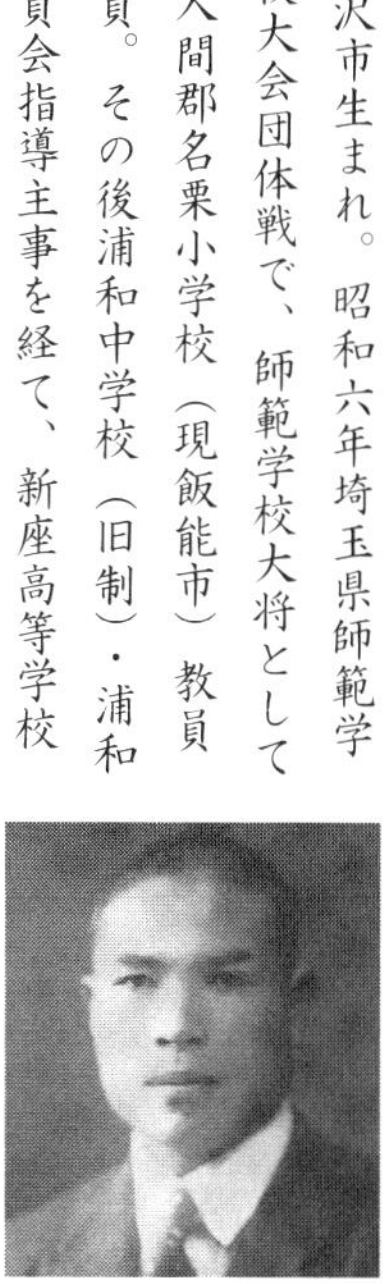

先祖は南朝に殉じた新田源氏

私の名前は「おおだて」でなく「おおだち」と呼ぶ。秋田の大舘《おおだて》とは違う。大きな家のことをタチといった。大舘家の先祖は新田源氏。新田義貞の新田だ。新田は清和源氏の本流。源義家が栃木県下に進出して関東を平定し、義家の子である義国の次男義康が分家し、長男の義重と別れて栃木県に土着して足利本流を継いだ。渡良瀬川の東側が足利だ。長男の義重は新田姓を名乗り、群馬県のずっと山の方、高崎、渋川から山を越した一帯を支配した。大舘一族はこの新田氏の一つの流れだ。新田氏は、鎌倉幕府の討幕運動に二百人で旗揚げした。足利氏の方は旗揚げしなかった。討幕に加わる関東の武者が新田氏の下に集まった。群馬から下ったところの小手指が原（現所沢市）で幕府軍と合戦、ついで分倍河原（現東京都府中市）でも合戦した。その後の鎌倉攻めで、新田義貞が稲村ケ崎で刀を海に投げて祈願したときに、我が先祖の大舘宗氏が海側を回り込んで鎌倉に攻め入った。しかし、鎌倉幕府の滅亡後、室町時代に入ると南北朝の争いが生じた。足利尊氏は北朝で、新田氏はそれに反発する南朝側に加わった。新田義貞は、尊氏をずっと京都へ追っていって、新田軍は一時は尊氏軍に大勝し、尊氏は九州へ落ちたが、そこから二十万の大軍で戻ってきた。そして、新田義貞と楠正成が、湊川の戦いで尊氏の軍と合戦したが大敗してしまった。義貞は北陸方面に落ち延び、これを追う足利軍と戦ったが福井（越前藤島）で戦死してしまった。そのため、南朝側に加わっていた新田氏の一流である大舘一族は、足利氏の勢力が強い故郷へは帰れなくなってしまった。一族はみんな名前を変えて福井とかに散らばって住んだ。しかし、その後随分経ってから、大舘氏の一族が、所沢の一帯に帰農することになった。北野の古い家は、大舘家がズーッと並んで、それ以外は新しい家だ。

私の墓は本家の墓を貰っている。十数年前に建て、家内が一人で入っている。大舘、大舘と墓が並んでいるが、うちの先祖が一番古く、総本家だったので大舘家の墓も一番大きく六畳間より広い。分家本家はうるさかった。それがしきたりだね。私の家の家紋は、〇の中に黒くて太い一本の横線が入っている「新田の一つ引き」とか「大中黒」と言われるものだ。

大舘《おおだち》氏は、四代新田政義の次男大舘家氏を祖とする。新田氏は更に鎌倉幕府から御家人役をはく奪されるなどしたため、新田氏の本宗家は足利氏の庇護下に入ることになる。鎌倉後期には、八代の新田義貞が討幕運動のため挙兵し、足利氏と共に幕府を滅亡させた。その後の政権内部の抗争により南北朝時代に入ると、新田氏は足利氏との関係を断ち切って対立関係になり南朝方についた。しかし、新田一族の一つの流である大舘氏は、足利氏に従って北朝方となった。他方で、南北朝の動乱期には、大舘姓の武士が南北入り乱れて活躍している諸記録があり、大舘氏には、北朝方に加わったものと、南朝方に加わったものとの二つの流れがある。北朝方に加わった大舘氏は、室町幕府成立後に幕府高官となったが、室町幕府滅亡とともに没落したという。所沢に土着した大舘氏は、家氏の子孫である大舘氏で、所沢市一帯を中心として、在地の名主、村役人階級として土着したと伝えられ、家康の関東入部後に帰農した一派といわれるが、室町幕府に仕えた大舘氏との関連は定かでないとされる。しかし、南朝方に属した大舘氏の家紋は、「新田の一つ引き」あるいは「大中黒」と呼ばれるものであり、他方、北朝側に下って室町幕府の幕臣となった大舘氏の方は、新田系であることを誇らなくなり、家紋も新田氏の大中黒から足利氏の二つ引きに変えたという。したがって、大舘和夫氏の上記の話からは、南朝方に加わり、新田義貞の戦死とともに各地に追われた方の大舘氏を先祖とするものと思われる。所沢市図書館所蔵の所沢郷土史資料集には、北野村（大舘和夫氏の郷里）に、江戸初期から後期までの間の多数の「大舘家文書」が登載されており、これには例えば、明暦二年(一六五七)に、北野村の六組の五人組が、公儀の法度に背かないことを誓約する「公儀御法度御受手形」を「大舘助右衛門」という名主に宛てて提出したものが含まれている。参考文献として、『新田諸族と戦国争乱（一九九一）』、『上州新田一族（一九八四）』、いずれも奥富敬之著、新人物往来社など。

パイロットに憧れ、予科練を志願

私が小学校を出るころから戦時色が一段と強くなり、学生も詰襟の服にゲートル巻きが普通となって軍人に近い姿になってきた。当時、学校は軍事教練の場になってしまい、剣道を続けながら銃剣術もやるようになった。所沢や豊岡町は日本陸軍の基地がある軍人の町だったので、他の地区よりも突出して軍事色が強かったんじゃないかな。

日本で初めての飛行場は所沢飛行場だった。陸軍の飛行場だ。徳川大尉*注がこの飛行場での初飛行を行った。所沢飛行場に行けば飛行機が見られる。「赤とんぼ」と呼んでいた翼は布張りで複翼の飛行機だ。

子供のころ、ときどき所沢飛行場へ遊びに行った。真っ直ぐに行ける道がないので畑の中を勘に頼って歩いていく。一時間ぐらいかかった。飛行場の周りには鉄条網があった。網が広がりそうなところを見つけて潜り込む。滑走路の脇は草が生い茂っていたから、その中に腹ばいになって飛行機の離着陸や旋回を飽きることなく見ていた。空から見たら子供が草むらにいるのが見えたはずだ。ときどき、車に乗って監視の兵隊が来る。すると深い草の中に小さくなって隠れ、兵隊が行ってしまうのをじっと待った。「俺も飛行機のパイロットになりたい」と思ったものだ。

昭和十六年十二月八日の日米開戦のとき、私は満十四歳だった。ラジオで「本日八日未明、米、英と交戦状態に入れり」というニュースを聞いた。

当時、どの家も大家族で子供が多かった。男の子が三人いれば長男は家を守らなければならないが、次男、三男は、お国のために兵隊に行って死ぬということが当たり前だった。小学校では軍歌ばかり歌っているし、社会全体がそんな雰囲気。私はそんな中で自分は是非予科練に入り、戦闘機に乗ってお国のために戦いたいと思うようになった。それを母親に言ったら、母親は最初は反対したよ。でも私が「うちは男が四人もいるんだから、一人くらいお国のために死ななければ、この土地で会わせる顔がなく住んでられないだろう」といったら、母親は泣く泣く、「しょうがないね」と言ってくれた。父親はなんにも言わなかったな。兄も陸軍に入ったが外地には行かず、帰ってくることができた。

予科練に入るのはすごい競争だった。勉強の内容は、国語、算数、理科などの小学校で習った学科で少しレベルが高いものだった。そのほかに、軍人勅諭などを勉強して軍人精神も理解しておく必要があった。小学校の国定教科書の復習のほかに、町で予科練受験のための教本のようなものも売っていたので、それらで勉強をした。学校との往復や、帰って来て遊びに出かけるとき、教本をポケットにいつも入れて、歩きながら口ずさんだりし、みんな暗唱できるようになった。遊び疲れて帰って来て、夜勉強するときもあった。ご飯を食べながらコックリコックリ居眠りすることもあったね。それくらい身体を使っていたんだ。試験は、三重県の海軍航空隊であり、全国から受験者がたくさん集まった。私は十六歳だった。所沢の各地域からも多数が受験した。私は、後に岩国航空隊で同期の桜となる、隣村の粕谷欣三君と豊田博君と三人で一緒に受けにいった。隣村でも子供の社会は近いから、友は友を呼ぶで、打ち合わせて同じ汽車に乗っていったんだ。豊田君は三ケ島村の小学校のトップだったし、粕谷君も成績が良かった。

合格して入隊の通知が届いたので嬉しくて自転車を飛ばして二人に会いに行った。豊田君に、「豊田、（合格通知が）きたか」と聞くと「おう、きたよ」。すぐに二人で近くの粕谷君の家に行くと彼も受かっていて、三人で「ワーッ」と喜んだ。村から受けた他の者たちはみんな落ちていた。父は、合格を聞いても当たり前のような顔をするだけ。母親は一言「良かったね」と言っただけだった。

※注　所沢飛行場は、一九一一（明治四十四）年に日本初の航空機専用飛行場として完成した。徳川大尉は前年の一九一〇年、代々木練兵場で日本で初めての航空機飛行に成功していたが、翌年、所沢飛行場の完成に伴い、フランス製複葉機アンリ・ファルマン機による初の試験飛行を行った。現在、飛行場の跡地には広大な「所沢航空記念公園」があり、子供たちや市民の憩いの場となっている。

第二章
✿ 予科練入隊と国内での訓練

十六歳の予科練入隊、村を挙げた見送り

当時、霞ヶ浦の予科練は満杯だったので、岩国にも予科練ができており、[*注] 昭和十八年四月に特乙という予科練が新設された。私はその一期生として海軍飛行予科練習生になり、入隊することになった。

いよいよ家を出て入隊のときは、盛大な見送りを受けた。なにしろ、北野村では、十六歳で予科練に入隊するのは私一人だったから、大人の徴兵による出征の見送りとはずいぶん違っていた。まず、前の夜には親族縁者が家に集まり、盛大な壮行会が開かれた。翌朝八時ころ家を出て、小学校の前の道を通って一キロくらい離れたところにある北野天神天満宮に行ってお祓いをしてもらう。列の先頭には、青年団の若い衆が、「大舘和夫君祝入隊」という大きな幟の旗を掲げ、次に子供たちのラッパや太鼓の隊が二列で続き、軍艦マーチなどを吹き鳴らしながら行進する。それに私が続き、村長や村会議員、学校の先生が続く。三百人か四百人くらいの行列。小学校の子供たちも百人か二百人くらい行列についてきた。石段を上がって本殿前でお

祓いをしてもらってから、元来た道を戻って学校の前に来ると、行列には加わっていない残りの大勢の小学生たちが並んで日の丸の小旗を振りながら、「かずさん、がんばって〜」などと声を張り上げる。私は「おう」とか言って片手を挙げようとしたが、偉い人も行列で歩いているので、これはまずいなと思ってあわてて止めたりした。

それから西武鉄道の西所沢駅に向かう。駅の周りには何百人の大人たちも待っていた。駅舎に入り、改札の隣にある部屋に入ると、正面に村長さん、その脇にラッパ隊。参賀のラッパが鳴り、皆、皇居の方を向いて拝礼する、その後、村長さんが挨拶をした。県議もした人で、弁舌さわやかに「勇躍戦地に赴く大舘和夫君に一言お祝いの言葉を」などと言って「天下の情勢は……」などと演説をした。演説が終わると私はパッと敬礼し、「一言御礼の言葉を申し上げます。一意専心、軍務に精励し、もって皆様の御心に報いるため、努力することをお誓い申し上げます。出発いたします」などと挨拶をした。

間もなく電車が来て乗り込むと、ホームでは皆が日の丸を振って送ってくれた。父母は来なかった。前の晩の送別の宴のあと始末もあったし、その日の朝は、早くから赤飯をたくさん炊いて近所の人や子供たちに振舞っていたので来れなかったのだろう。こんなふうに大人の出征以上に盛大な見送りだった。まだ十六歳の子供なのに戦場に行って戦闘機に乗るということをみんな知っており、どうせ一年か二年で死んじゃうだろうと思って、今、顔を見ておかないと二度と見られない、と思ってくれたのかもしれないね。その列車には、一つ奥の駅から豊田君と粕谷君も乗ってきていた。話が随分後のことになるが、二人は戦闘機で壮絶な戦死を遂げた。

忘れられない同期の桜の二人だ。

＊注　岩国海軍航空隊は、昭和十五年七月開設。海軍練習航空隊に指定され、海軍兵学校生徒と選修学生の航空術教育、陸上機操縦教程の教育を担当した。昭和十六年十一月から飛行予科練習生教育を担当したが、昭和十八年四月一日「乙種飛行予科練（特）」が新設された。

予科練習生には、旧制中学で一定年限以上履修した甲種練習生とその他の乙種練習生、海軍の下士官兵の中から選抜した丙種練習生があった。乙種練習生は、旧制中学二年又は高等小学校を卒業した満十四歳以上二十歳未満の者が応募資格で、昭和十八年から戦局の悪化に伴い、乙種予科練志願者の中から選抜し乙種（特）飛行予科練習生（特乙飛）とし短期養成を行った。採用倍率はじつに約八十倍であったという。

岩国航空隊で厳しい訓練開始

予科練ではめちゃめちゃに鍛えられた。訓練は六時に起床し、体操をやってから朝食。授業と訓練を夕方五時半までやり、夜は七時から八時半まで自習。数学とか普通の学科も全部やった。ここでは飛行機のための訓練はまだなかった。

教官の中に、先生の経験者、大学の卒業者もいて授業をした。まったく詰め込み主義でたいへんだった。ツーッツーーのモールスも勉強した。ＮＨＫが出しているモールス信号は一分間に八十字くらいだったので、それを聞き取れるまでやる。英語は職務に関することをやった。

軍人としての基礎訓練は、銃剣術、行軍訓練。相撲もやる。銃はモールス銃といって短かった。鍛えられたのはカッター（ボート）だ。こんな太いオールをもって漕ぐんだが、お尻に傷ができて痛くて痛くて。

　兵舎から兵舎の間は歩くことが許されない。食堂に行くにもどこへ行くのも駆け足。授業が終わって昼食。兵舎から食堂まで駆け足をすると、「止まれ！」と号令がかかる。手旗信号の読み取りが待っているのだ。私たちが十人なら十人並ぶと、屋根の上で教官が手旗を振る。それを読み取って、傍にいる教官に耳打ちし、正しければ、「よし」。「これで飯食える」と思う。一刻一刻が戦《いくさ》みたいなものだった。いつまでも正解しないと、「たるんでいる」「軍人精神が足りない」と制裁を受けて終わりだ。飯が食えなくなってしまう。明日は自分の番かもしれないと思った。しかし、戦闘機に乗って戦うんだという気持ちがあったから、どんな厳しい訓練でも耐えられた。予科練を志願した以上、命をかける覚悟だ。弱音なんか吐いておられない。厳しい訓練に耐えきれず、能力や適性がない、となれば落伍するだけで、戦闘機乗りにはなれない。同期の豊田君や粕谷君と誓い合って選んだ道だ。絶対に負けられない。そう思って、歯をくいしばって頑張った。

　同期は、岩国だけで約千八百人と聞いた。私らの期は本当にいいのがいた。戦死が一番多い。ベテランの戦闘機乗りの戦死が増えるにつれて、その後フィリピンや台湾では「特乙一期」がだんだん戦闘機隊の主力になっていった。六月に二期生が入ってきた。

　岩国にいるとき、十八年六月のことだったが、広島湾に停泊していた戦艦陸奥が大爆発を起こして轟沈した。*注 私らは二十キロも離れた航空隊にいたが、その時の爆発の轟音が聞こえてきた。

岩国の訓練の後、名古屋海軍航空隊、大分海軍航空隊を経て、鹿児島県の笠ノ原航空基地へと、国内の訓練を続けた。

＊注　戦艦陸奥は、大正九年に進水し、排水量三万三七五〇トンで、戦艦長門と並び当時世界七大戦艦といわれ、戦艦大和・武蔵の登場まで我が国最大の戦艦であった。昭和十八年六月八日、広島湾沖に停泊中、大爆発を起こして轟沈したが、その原因については諸説があり、解明されていない。

辛かった名古屋航空隊

岩国での訓練は六か月で、十八年十月に中練教程必修のため、名古屋海軍航空隊＊注に行った。中練教程とは、中間練習といって、赤とんぼという複葉の練習機で行う飛行の初歩的訓練教程のことだ。名古屋海軍航空隊は、当時は挙母《ころも》町にあり、今でいえば豊田市。飛行場は町から十七、八分歩いた山の上にあった。そのため気温が低く、日常生活は厳しかった。当時名古屋空には、我々のクラスのみで他の練習生はいなかった。飛行訓練は、最初の数日はグライダーの操縦訓練で、操縦席に座るよりロープで引っ張る方が多く、慣れない力仕事でつらかった。

その後赤とんぼでの離着陸訓練に入った。赤とんぼというのは、複翼の練習機で翼は布張り。操縦席の後に教官が座る複座式だった。色は黄色で、飛行の基本訓練のためには良い飛行機だった。訓練は、教員一人に練習生四人でペアを組み、離着陸と旋回を反復訓練した。

まず、滑走路から北方の猿投山頂上を目標とし、伝声管に大音声で「目標よし、離陸します」と後部座席の教員に告げ、「よし」の声を聞いてレバーを一杯に前倒しし、目標に向かい直進して離陸する。そして、次第に高度を上げ、約二百メートルの高度で「第一旋回！」と告げて左旋回九十度、第二旋回点で「第二旋回！」と呼称して更に九十度左へ。離陸した時の方向とは逆転して左翼下の滑走路に平行に進路をとり、飛行場を過ぎた地点で第三旋回。左下方の滑走路を目視し、真っ直ぐに着陸できるように機首、エンジンを調整し、第四旋回から下降態勢に入り、「着陸します！」と告げて滑走路に三点着陸で滑り込むように着陸するのをよしとした。三点着陸とは、主翼の下部にある二つの主輪と尾翼の下にある一つの補助輪を滑走路に平行に同時に着地させる安定した着陸方法のことだ。そして、前・後方の安全確認をして飛行列線に帰り、次の練習生と交代する。そして駈足で飛行指揮所に行き、訓練終了を申告して長椅子に座り、他の練習生の訓練状況を見学することが飛行訓練中のマナーだった。

離着陸訓練のほかには、緩横転、垂直宙返り、左斜め宙返り、右斜め宙返り、それに失速反転というものがあった。左斜めの宙返りというのは、左斜めに上がって反転して降りてくる。失速反転というのはスピードを上げて斜めに上昇し、上昇し切って失速したところでくるりと横転し、急にスピードを落として反転する。これは後方から追尾してくる敵機をかわしてやり過ごす技術だ。これは零戦でもやる。赤とんぼでは失速してもあまり危険はない。赤とんぼは、二枚羽根だから、ゆっくりふわ〜と飛ぶので、墜落して死ぬことはあまりない。

でも、時には、訓練中に失敗することがある。技術上の失敗だけでなくエンジントラブルでエンジンが急に止まってしまうことだってある。私も訓練中、エンジンが急に止まってしまったことが二回あった。もうだめかと思ったけど、飛行場の近くに竹林があり、その上に不時着すれば竹の弾力で飛行機をうまく支えてくれると判断し、教官に「竹林に不時着します」と告げてその準備にかかったところ、竹林の上に来たら、ブルブルとエンジンがまた急に動き出して助かった。

日によっては、練習生が、訓練中着陸に失敗し、脚を折損するなど危険な飛行をすることもある。そんなときは、「真剣味が足りない」と全員ビンタを喰ったり、四列縦隊で飛行場を一周又は二周、駆け足をさせられた。身体に合わない飛行服、飛行靴のため、異常な汗をかいたことが度々あった。

服のことだが、私たちに与えられていたのは、飛行服、活動服の他に正式の海軍の七つボタンの制服があった。七つボタンの制服については、身体に合わせたものを支給されたが、航空服についてはそんなものはくれない。自分の身体には大きすぎるものが支給されて、「大きすぎます」なんて言えば、「馬鹿野郎。服にお前の身体を合わせろ」と怒られてしまうので、それを着るしかない。靴なんてひどかった。私は九文半がサイズなんだが、与えられたのは十一文のでかい靴。操縦席で足を踏み込んでも、靴の中で足が泳いでしまってうまくいかない。制裁の駆け足の時なんか最悪で、馬鹿でかい靴の中で足が躍ってしまい、つらくて歯を食いしばって駆け足をしたものだ。

活動服というのは、普段着るもので、いわゆるセーラー服、水兵服のこと。ジョンベラと言っていた。ジョンベラはサイズがいい加減で、身体を服に合わせろ、と言われた。ジョンベラは、船が沈むと靴を履いたままでも脱ぎやすいように、ボタンが少なく、ズボンは裾の広がったラッパズボンだった。

　更に気合いを入れられたのは、毎日の就寝準備における釣り床（ハンモック）訓練だった。全員自分の釣り床を机上に並べて蹲踞《そんきょ》し、教員の笛の合図で一斉に釣り床の金具を持って吊り手に掛け、釣り床をしばってある綱をほどき、その綱を束ねて枕元に置き、「よし！」と発声する。最後の声が十八秒を超えると、「貴様ら今日はたるんでいる」と教員から軍人精神注入棒で尻を三、四回殴られた。最初は十八秒だが、次には十七秒、十六秒と速くなる。

　これが毎日の日課だった。当時戦雲急を告げていたとはいえ、毎日が地獄のような生活で楽しみは皆無だった。洗濯もつらかった。当時海軍では、「海軍軍人はスマートでなければならん」と言われ、身だしなみにはやかましかった。それで服を洗濯するのだが、洗濯場は屋外の風の吹きさらしの所にあり、氷のような冷たい水で、石鹸もなかなか溶けない。手はかじかみ、洗濯する気力も失せて、なかなか洗濯物がきれいにならなかった。

　もう一つ、教員のことだが、教員は厳しかった。後からわかってきたことだが、教員には戦闘機の実戦で豊富な経験を積んだ優れた者もいたけれど、中には、技術面や人間性に問題があるため、戦闘機乗りとしては適性がなく、いわば落ちこぼれとして教員になっていた者も含まれていたようだ。だから、教員の中には、我々若い練習生に依怙地《いこじ》になって自分の屈折した感情をぶつけ、いじめのような厳しさばかりの者もいた。心理的には男のひがみのようなもので、それを育てるべき練習生にぶつけていたようだった。殴られる方は心服できない。「今日は○○が泊まり」と分かると、みんな「今日はただじゃやすまないぞ」と話していた。

名古屋空では、つらい思いのみで、楽しかったことは皆無。強いて言えば、外出時、酒保でかりんとう一袋とサイダーを買い、下宿に上がって同僚とおしゃべりをしながら食べた位のもの。みんなで「かりんとう、かりんとう」と言いながら酒保へ行った。酒保とは、軍人専用の売店のことで、クラブともいった。一般の人は入れない。下宿というのも軍人専用の休憩所のことだ。兵隊の階級によってずいぶん差があった。

練習生は、当初六十名位いた。皆、戦闘機乗りを目指しており、男なら空で戦闘機に乗って操縦して戦いたいと思っていた。しかし、中には適性・能力が足らない者もおり、訓練の中で選別され、だんだん脱落して削られていった。

名古屋での訓練は、戦雲急なので短縮され、私は戦闘機乗りとして大分海軍航空隊に行くことになった。訓練が短縮されたので、みんなで「おかしい、おかしい」と言い合った。本来は四か月間だが、現実には、十九年一月までの三か月間。当時、練習機での訓練をやっている暇はなくなり、ゼロ戦などの実用機による訓練が急がれていたのだ。

＊注　海軍航空隊名古屋基地は、昭和十六年十月に霞ヶ浦海軍航空隊の分遣隊が飛行場に派遣され、軍民共用の飛行場になった。分遣隊は翌年四月に独立して名古屋海軍航空隊となり、基地の滑走路や施設が拡充されていき、飛行場は航空機の試験飛行と部隊の練習地として使用された。

大分航空隊で初めてゼロ戦に乗る

大分海軍航空隊[＊注]には十九年一月に名古屋から転属になった。大分に行ったのは五十人くらい。

私は戦闘機乗りになりたかった。男だもの。戦闘機は一番派手で、戦闘機乗りは一機一人だから自分が機長。他の爆撃機などは七人乗りとか。戦闘機乗りは操縦の男の世界。大分は戦闘機教程だった。当時、ガソリンが逼迫《ひっぱく》していたので直接シンガポールとかの外地にいった者もいた。私も当初はシンガポール要員だったが、急きょ、大分へ行くことになった。大分には、ゼロ戦の三二型（複座式）が配備された戦闘機教習所だった。ここで初めて戦闘機訓練を受けることになった。

到着すると、兵舎の入り口に丸太棒（軍人精神注入棒）が三本ぶら下がっていた。今夜からこれにご厄介になるんだなと思った。中に入ると、古手の搭乗員が三人、とぐろを巻いてじっと我々を睨《にら》んでいた。こいつら役に立つかどうかと見ている、という雰囲気だった。軍隊は異常心理だよ。でも、負けておられるか、という闘志もわいた。

ここで初めてゼロ戦に乗った。赤とんぼとは全然違う。エンジンの音が腹に響き、ブーンと身体に伝わってきた。エンジンから出る湯気が身体にかかってくる感じ。操縦桿を握る手の感触。「あー、これが戦闘機だな」と思った。

三二型で、最初は訓練用に指導員も後部に乗る複座式に乗ったが、その後すぐに単座のゼロ戦に乗った。三二型は安定していたね。大分では、海に向かっての離陸と着陸訓練を主にやった。一日何回も何回もやった。四人の訓練生に一人の教員がつき、初めは単独飛行訓練、次第に他の飛行機との競り合いの訓練になった。

ところが、一か月弱が経過したころ、どうも様子がおかしい。教官から「貴様らはこれから本当の実戦訓練をすることになる」などとへんなハッパがかかるんだ。なんでこういうことになるんだ、おかしいなと思っていた。ある日、教官からいきなり、「貴様ら、のんびりやっている時ではない。明日ここを離れて実戦部隊に入る」と宣告された。そのため大分の四か月の訓練予定が僅か一か月余りの短期で終了して大分を離れ、私は、鹿児島・笠ノ原に転属することとなった。

＊注　昭和十三年一二月、大分海軍航空隊開設。同十九年三月に同隊は解体され、大分海軍航空基地となった。現在は、大分市・大洲総合運動公園となっており、「昭和二十年八月十五日午後四時三十分太平洋戦争最後の特別攻撃隊はこの地より出撃せり」と、出撃者の氏名を記載した「神風特別攻撃隊発進之地」の石碑が建っている。

戦局悪化と笠ノ原基地での猛訓練

十九年二月の中旬、私は、鹿児島県の笠ノ原航空隊基地＊注へ移動し、第二航空艦隊二二一航空隊戦闘三一二飛行隊（通称、嵐戦闘機隊）に所属し、同基地で実戦訓練を受けることになった。鹿児島では、鹿屋、笠ノ原、国分などに飛行場があり、笠ノ原は鹿屋と志布志の間にあった。初めての実戦配備だ。第一航空艦隊の各戦闘機隊は獅子とか狼、虎、豹などの猛獣の名だったが、第二航空艦隊所属の四つの飛行隊には、嵐、光、雷《いかづち》など、自然現象の名がつけられていた。

笠ノ原の訓練は、当初は普通の訓練として始まった。ところが、二月下旬のある雨の日、デツキという戦闘機乗り達の兵舎にあぐらをかいて座っていると、飛行長だったか、幹部がやってきて、「これから訓練は厳しくなる」と言う。「トラック島で先輩たちの飛行隊は全滅した。今までと同じような調子の訓練をやっていては仕方がない。裂帛《れっぱく》の気合いで訓練をやる」などと言う。*注次第にわかってきたことだが、第一航空艦隊の大半がトラック島などで壊滅的打撃を受けたため、我々の第二航空艦隊が前面の主力にならざるを得なくなっていたのだ。「トラックもやられたぞ、先輩の四個隊が全滅したそうだ」などと耳に入ってきた。第一航空艦隊の、獅子、狼、虎、豹などの戦闘機隊が全滅したという。トラック基地での壊滅的打撃については、海軍はひた隠しに隠していた。大本営は発表しないので公式にはわからないが、この話が次第に口伝えでわかってきたのだ。

　こういう訳で十九年八月までの半年近く、文字通りの猛訓練を受けることになった。我々第二航空艦隊が今後の主力となるため、その訓練はすさまじかった。雨の日以外は、「デッキ」と呼ばれる宿舎で寝ることも許されず、ゼロ戦の翼の下で寝て、朝から晩までほとんど休みなしだった。滑走路から二百メートル離れたデッキに入れるのは、雨の日だけだった。風呂どころか下着も換えられない。みんな疥癬《かいせん》になってしまった。

　飛行訓練の内容は、①離着陸訓練、②射撃訓練、③追従訓練、④編隊空戦訓練、⑤優劣位戦、⑥編隊飛行訓練など。

　①離着陸訓練は、航空母艦の狭く短い滑走路から的確に離着陸できる精度が必要なので、滑走路の両側に定点着陸のための細長い白布で一定の幅を表示し、いかにその狭い間に正確に降りるかを訓練する。風の向き、強さ等でも大きく違ってくる。手前に降りすぎると、艦尾を想

定した位置の手前で降りてしまい、先任者から「バカヤロー、艦尾を壊したぞ」と怒鳴られる。陸でも、草地とアスファルトでは降り方が違う。だからいろんな条件下で何度も訓練する。

②射撃訓練は、ゼロ戦の後尾に二百メートルのロープを仕込み、その先に五メートルくらいの白い布でできた吹き流しをつけている。このゼロ戦が飛び立ち、上空で旋回してロープを放出し、伸びきったところで吹き流しをうまく開かせる。これに対して、訓練機は四機で、このゼロ戦をめがけて接近し、吹き流しに対して七・七ミリ銃で射撃をするが、四機のそれぞれの弾丸には赤、青、黄、紫の染料が仕込ませてある。うまく吹き流しに当たれば、その色が附着するので命中したかどうかが分かる。攻撃の仕方は、後上方《こうじょうほう》攻撃といって、約一千メートルの高度差で、吹き流しの後方上空から四十五度の角度で降下して銃撃し、下に抜けるもの。もう一つは前上方攻撃といって、やはり約一千メートルの高度差から相手と向い合って急接近し、相手と行き違う直前で斜め下方に切り返すように反転し、銃撃して下に抜けるもの。機銃の軸線の見えない延長線上に吹き流しがきた瞬間に撃つ。着陸後、幹部が吹き流しを見分し、自分の弾丸の色が附着していないと厳しく怒られる。中には全然当たらずに落ち込む者もでてくる。自分はかなりよく当たった方だと思う。ただ、深追いする癖があった。

③追従訓練は、先任者の乗るゼロ戦を追いかけ、いかに離されずに接近状態を保てるかの訓練で、腕が悪いとたちまち先任者から逃げられてしまう。先任者のゼロ戦との距離はわずか二百メートル。わずかな判断ミスで、あっという間に離れてしまう。一瞬も気を抜けない。

④編隊空戦訓練と⑤の優劣位戦は、文字通りの交戦訓練だ。編隊空戦訓練は、四機対四機と

か、八機対八機、などの空中模擬空戦訓練だった。「優劣位戦」という方法は、優位に立つ四機が、高度五千メートルから接近し、劣位の四機が高度四千メートルで逆方向から接近する。高度の高いほうが優位に立つのだ。一方は開聞岳方向から、他方は志布志湾方向から接近し、笠ノ原飛行場の上空で遭遇する。幹部が長い望遠鏡で地上からその様子を観察する。優位に立つ四機は、優位を保ちつついかにして劣位の四機の頭を叩くか、劣位の四機は、いかにそれから逃れて逆に優位の位置に立てるかを争う。

そのためには急上昇したり、急降下をしながら急速に旋回することが必要になる。急降下では、ゼロ戦が限界スピードで急降下すると機体が持ちこたえられず空中分解するおそれがある。だから可能な限度まで急降下すると、そこから上昇に転じなければならないが、下降の加速度がついたゼロ戦を上昇させるには、操縦管を思い切り引き上げなければならない。これが急降下のときにはものすごい力が要る。重くなった操縦桿を懸命に引き上げ、上昇に入って今度は急上昇すると、Gがかかり、その圧力で体と顔はシートに押し付けられ、顔はひしゃげる。次第に、まぶたが黄色から紫、最後は真っ黒になり、失神寸前となる。このような繰り返しでいかに相手機の後方の良い位置を取り合うかを訓練する。失神の一歩手前で勝負するのだ。

晴れた日と曇った日とでは、また戦い方が違ってくる。雲のすぐ下を飛んだら、下から見たら、ゼロ戦がはっきりと黒い点になってわかってしまう。そんなときは、雲の中に僅かに入るのだが、雲の中というのは不安だ。何にも見えないから。隣の列機も見えない。それで時々雲の外に出て、下や周りの様子を見る。

一回の空戦の時間は、五、六分ぐらい。全体で二十五～三十分の訓練だけど、ぐったり疲れる。このような訓練中、急降下して操縦管を引き上げられず、そのまま山などに墜落する者もでてくる。私の訓練期間中、六か月間に四回そういうことがあり、上官から「同期の者が遺体を取りに行け」と言われ、墜落した附近の山などをトラックで探しにいった。しかし、三～四百メートル、あるいはもっと広い範囲に、翼とか胴体とかがバラバラに散乱しており、遺体を見つけるのは容易なことではなかった。それでも何とか遺体を見つけることができると、直ぐに火葬場に運んでいく。葬式などなかった。一週間後位に遺骨を遺族に引き取りに来てもらった。ときには遺体が見つからないこともあった。

嵐戦闘機隊の4人。笠ノ原基地で。右から榎二飛曹、石本飛長、小林中尉、古森一飛曹。榎氏は新竹邀撃戦で戦死。石本氏は梅花隊でレイテ敵船に突入戦死。古森氏はレイテ島周辺機動部隊攻撃で戦死。

⑥編隊飛行訓練は、例えば十六機で整然と編隊を組んで飛行する訓練だ。

最も厳しく辛かったは夜間訓練。夜間飛行で、ゼロ戦の電灯もつけるな、と指示され、闇のなかでの航空訓練である。真っ暗でわからない。隣の僚機が見えない。

一日の日課は、様々だが、例えば、朝食後から直ちに編隊飛行訓練をやり、くたくたになってから昼食。午睡を一時間だけ取らせてもらうと午後から優劣位の交戦訓練。夕食後は夜間訓練。毎回の訓練でどのようなメニューになるかは、「搭乗割」というのが掲示されていた。朝食前の明け方に訓練があることもある。黎明訓練といった。搭乗割は、フルネームではなくて、頭文字で書いてある。私は「和《かず》」だった。

＊注　笠ノ原基地は、大正十一年八月から昭和二十年の終戦まで二十四年間、旧陸海軍の飛行場基地として使用された。昭和十九年一月十五日には海軍航空基地が設置された。昭和二十年一月には、二〇三航空隊の零戦約七十機が配備され、特別攻撃隊として南海の戦場に散っていった。

＊注　昭和十九年二月十七〜十八日、トラック島への米軍の大空襲があり、零戦二百機以上が炎上し、新鋭で配備された五二型百機も戦わずして破壊された。

航空隊での食事や隊の雰囲気

食事は良かった。戦闘機の搭乗員は、自分達では食事を作る必要なく、一個分隊の従兵が食事を作ってくれる。昼には牛乳や卵も出る。訓練が終わると、酒の二合瓶やタバコ、「航空食」という袋にチョコレート、ようかん、キャラメルなどが入ったものが支給された。たまに兵舎で休める時には、皆和気藹々《わきあいあい》だった。軍隊では、特に陸軍はそうだったらしいが、階級が一つでも上だと、下の者に威圧的だったり不当な仕打ちをすることがあったようだが、搭乗員室ではそんなことはなかった。航空隊では、階級の上下よりも、飛行時間の長短が権威になっていた。「あの人は一千時間以上飛んだ」などの経歴が物を言った。ゼロ戦の整備兵に対しては大事にして、時々航空食やタバコなどを分けてやっていた。整備兵にいじわるされたらゼロ戦をよく見てもらえないからね。自分は、十九年の初めから終戦までという比較的短い間だったが、それでも最後には六～七百時間位は飛んだと思う。

第三章
戦地・台湾へ

新竹基地へ進出

昭和十九（一九四四）年八月中旬、私は鹿児島・笠ノ原基地から、台湾の新竹基地へ進出した。[*注]「アメリカ軍の航空母艦十一隻が台湾を襲撃する可能性あり」との情報が入った直後だった。第二航空艦隊（二航艦）は全隊が台湾へ進出した。「艦隊」という名はつくものの、二航艦には拠るべき航空母艦はすでになく、地上基地を根拠とする航空部隊であった。私の所属した二二一航空隊、別名嵐戦闘機隊の六十余人は四、五回にわかれ、ゼロ戦四機編隊で飛んだ。私は二回目か三回目だった。

笠ノ原基地で訓練を受けていたとき、いずれ南方のどこかの基地へ行くのだろう、台湾経由かもしれないし、サイパンあたりに行かされるのかもしれないと思っていた。雰囲気でわかっていた。整備の分隊長などが基地内で、よくそのような話をしていたから。

台湾という戦地に行くといっても、荷物は落下傘バッグひとつだった。上がチャックの青い布製のバッグで、全財産をいれていた。操縦席の後ろ側の空間に放り込んで、ひもでくくりつけた。こうしないと、宙返りをしたとき荷物が上から降ってくる。以前、整備兵が機内に置き忘れたモンキースパナが頭上から落ちてきたことがあった。

屋久島を越え沖縄の島々の上空を飛んでいった。屋久島にはずいぶん高い山があるな、沖縄のサンゴ礁はほんとうに美しいなと感じた。やがて台湾が見えてきた。「これが台湾か」と思ったぐらいで、戦地にきたという格別な思いはなかった。が、着陸する新竹基地を上空から見て驚いた。長い滑走路が四角形の辺の位置に四本と斜辺に一本の計五本もあって、アスファルトかコンクリートで舗装されていた。滑走路の間は青々とした芝生だった。見たことがない大きくて美しい飛行場だった。

これなら、どんな風向きでもいっぺんに何機でも離着陸ができる。しかし、初めてのことだ。一機ずつ慎重に着陸した。風防を開け愛機から降りて、改めて良い飛行場だと思った。基地は広すぎてよくわからなかったが、他に戦闘機隊はおらず大型機が何機かあるだけのようだった。

台湾には、ほかに台中、台南、高雄、宜蘭《ぎらん》、花蓮などの海陸軍基地があった。一番古いのが高雄、台南。台中は大きい飛行場で、広い草原のどこにでも降りられた。高雄、台南の滑走路も舗装してはあったが、やはり新竹が一番すばらしい飛行場だった。

私たちはさっそく戦闘任務につき、B24爆撃機の来襲に対する邀撃《ようげき》や上空哨戒にあたった。陸軍の厦門《あもい》上陸作戦の輸送船団の上空援護もした。十月中旬までは激しい戦闘はなく、出撃のない日は猛訓練がまっていた。

＊注「進出する」は海軍用語。行く、向かう、移動して展開する、などの意。

戦局　マリアナ沖海戦で一航艦壊滅状態

昭和十九年前半、アメリカ軍はニューギアと中部太平洋の二方面から攻勢をかけ、フィリピン奪還と日本本土の直接攻撃の準備を整えつつあった。マリアナ諸島を奪われると、空の要塞ともいわれた重爆撃機B29が一気に日本の本土を襲うことが可能になる。また、フィリピンをとられると南方からの石油などの資源が入らなくなり、戦争を続けることができなくなる。

日米の機動部隊は、十九年六月十九、二十日に制空権、制海権をかけて激突した。史上最大の洋上航空決戦ともいわれた「マリアナ沖海戦」である。双方で航空母艦二十四隻（日本九隻）と航空機千三百機がぶつかりあった決戦で、日本は完敗した。日本機は、新鋭機グラマンF6Fと格段に向上した対空砲のため次々と墜とされ、航空機四百機以上と三隻の航空母艦を失った。七月七日サイパン玉砕、八月テニアン陥落により、マリアナ諸島は完全にアメリカ軍

西太平洋地域図

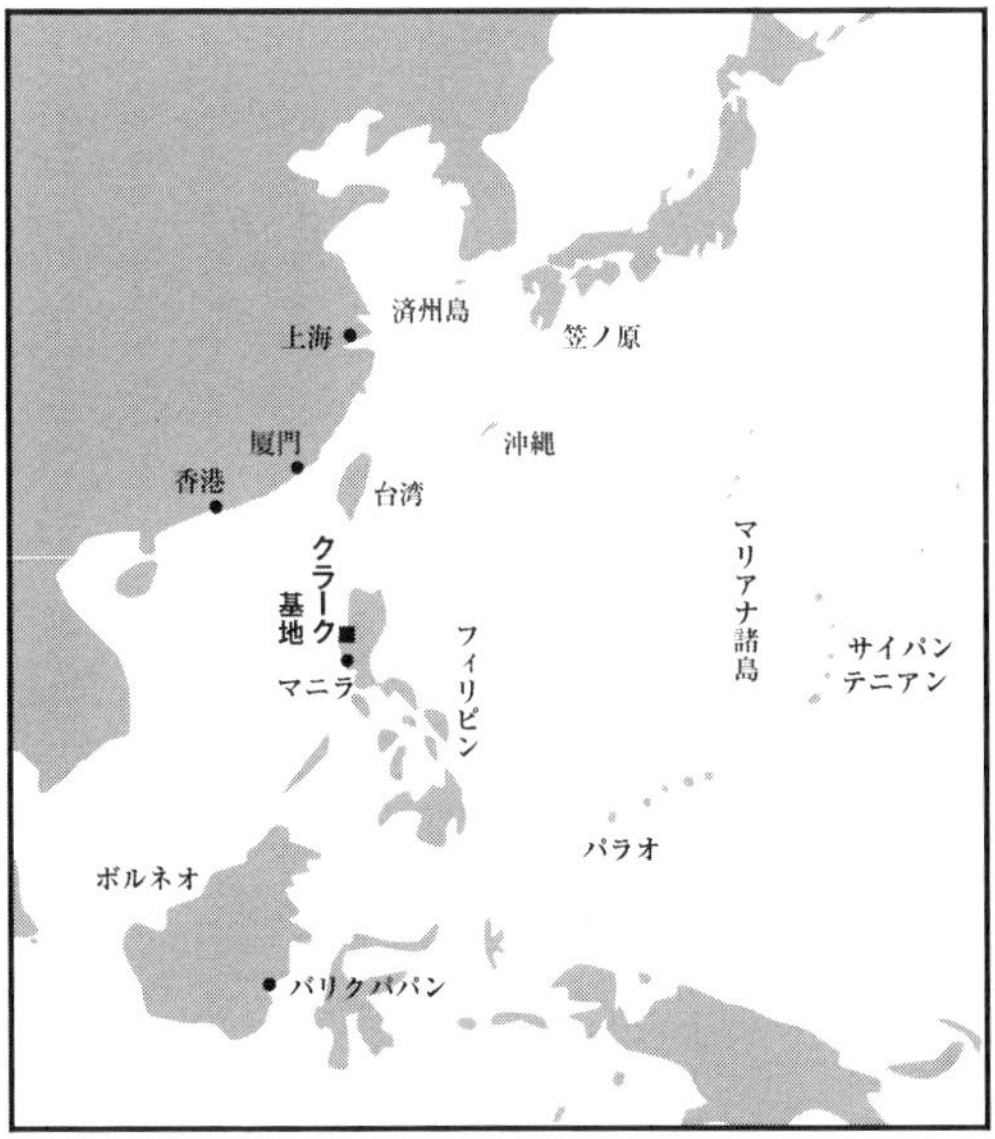

の手に落ちた。第一航空艦隊（一航艦）は壊滅同然となった（その後再編された）。後世、「戦争の帰趨が決したことはもはや明らかであった」（『特攻と日本人の戦争』西川吉光）とみなされる戦いだった。こうした戦況下での台湾赴任だった。

訓練即実戦の日々

アメリカ軍の新鋭機の大量投入などで、日本の戦闘機隊にとって厳しさが日に日に強くなっていた。戦闘のたびごとに生き残る戦闘機はわずかで、戦闘機隊はひんぱんに組みなおされていた。先輩格の一航艦は西南太平洋を守備範囲として、三、四か月間はもつといわれていた。一航艦がもちこたえている間に、二航艦の私たちが訓練を受けて戦闘機乗りとしてできあがったら、実戦応援の形で出撃していくことが計算されていたようだ。ところが一航艦はマリアナ沖海戦で消滅してしまい、南方に戦闘機がなくなってしまう状況になった。そこで、予定より早く二航艦に前線出動がかかったのだった。

台湾での訓練は、笠ノ原の訓練と基本メニューは同じだが、編隊訓練は少し違った。四対四だったのが、八対八と機数が多くなった。訓練即実戦といわれ、楽ではなかった。ほかの基地にも行くことが多くなった。アメリカ艦隊が台湾の近くに現れたという情報が入ると、敵艦隊に近いと思われる東海岸の花蓮基地にいく。南方に現れたという情報なら台南、高雄基地へ飛んだ。やがて私たち戦闘機乗りは台湾の基地は全部自分の飛行場だと思うようになっていた。

前線らしく緊張感が格段にあった。いつでも出られる気構えをもたなくてはならなかった。

「あそこで何機やられた、どこで何隻やられた、あの基地にはもう何機しか残っていないらしい」などという話ばかり聞こえてきた。訓練中に襲撃されるかもしれない、そしたら即実戦だ、自然にそのような気持ちになっていった。

もう隊長があれやれこれやれ指示する必要はなかった。みんなの目つきがだんだん虎の目のようになってきていた。一部の者はすでに実戦を踏んでいた。初めてアメリカ軍機とぶつかって「三回撃ったら、弾はみんな吸い込まれた。なんてことないよ」などと言う者もいた。初めはそんな意気込みだった。

訓練が終わったとき、隊長機がバンクを振って「終了」の合図をした。バンクを振るとは、左右の翼を小さく上下させることだ。すると、すーっと離れていく機があった。台湾の渓谷にかかる吊り橋の下をくぐるつもりなのだ。私も試みた。いつのまにか全員がくぐっていた。大河の水面をすれすれに飛んだことがある。多分高度一メートルぐらいではなかっただろうか。川面にザザーッと波が立って、魚を獲っている小舟が次々とひっくり返った。自主訓練のような遊びのようなものだった。厳しい訓練の中でのひとこま。みんな十七歳から十九歳、遊びたい盛りだった。

台湾にしばらくいて、空き地がたくさんあることに気がついた。だから大きな飛行場を造りやすいのではないか。コメは年二回、野菜は四回採れる。むきになって働かなくてもよいから、農地を増やさないでもいいのではないか、などと考えてみた。

兵舎の入り口には、いつもカゴが置いてあり、大きなバナナやザボンがたくさん入っていて好きなだけ食べることができた。三度の食事もなかなかよかった。一つの戦闘機隊に分隊長以下十一人の烹炊兵《ほうすいへい》が食卓番としてついたのは、笠ノ原と同じだった。ご飯を盛ったり、汁を持ってきてくれたり、食器洗いまでしてくれた。

台湾では、蚊取り線香を焚いてしばしば草原で寝た。そのころ（八、九月）はそよ風が吹き、兵舎の中より外の方が気持ちよかった。

初陣は船団護衛

私の初陣は、中国本土の厦門《あもい》と台湾海峡周辺への出撃だった。陸軍の厦門上陸作戦の船団を上空から護衛するのだ。今までの訓練が試されるというので、みんな張り切っていた。ゼロ戦同士で苦しい空戦訓練をしてきたのが自信だった。敵戦闘機が現れたら一撃喰らわせようという気構えだった。

陸軍がどういう目的で厦門に上陸するのかは知らなかったが、満州の部隊を南に振り向けたのではないかと推測していた。船団は黄海から台湾の北の方へやってきて台湾海峡に入る。黄海は安全地帯だが、台湾に近くなると危なかった。中国の空軍は叩いていたから、中国機が出てくることはほとんど考えられなかった。問題はアメリカとイギリスだが、沖縄と台湾を結んだ線の西側に入ってくることは、そのころはまだなく、出撃配置だけで終わることが何回もあった。

それでも、もしかすると敵機と遭遇するかもしれない、中国機が襲来する可能性がまったくないわけではないとも想定していた。もし中国の戦闘機がくれば、もちろん一戦交えるつもりだった。その場合、中国軍はソ連の戦闘機に乗ってくるかアメリカの戦闘機でくるかわからない。とくにソ連の戦闘機については全然情報がなかった。どんな新しい戦闘機が来るか、どんな能力があるかわからない。これと渡り合うことになるかもしれない、という緊張感があった。戦々恐々として上や下を見ていたが、結局一機も現れなかった。

天気はよかった。東シナ海から台湾海峡へ、輸送船が何隻も並んでくるのが、上空からよく見えた。我々は八機と八機の編隊で行った。船は進むのが遅いから、飛行機は五千メートルほどの上空をぐるぐる回る。一直《ちょく》が午前八時から十時、二直が十時から十二時、三直十二時から十四時——と交代した。一直から二直の引継ぎを上空で終えると、一直の隊がバンクを振って帰っていく。次の隊も「所定の高度に上ったよ」とバンクを振った。

私は交代するまえに、高度二百メートルぐらいの低空まで降りて、船団の上を回ってみた。すると、輸送船の上で、陸軍の兵士が懸命にこちらに手を振っているのが見えた。「頼むぞ」といわれているような気がして、「無駄死にさせてはいけない」という気持ちになった。それから再び五千メートルまでさーっと上がって交代した。高度二百から五千まで上がるのは、あっという間だった。

B24が襲来

台湾に着任してしばらくのあいだは、比較的穏やかだった。中国軍に戦闘機隊はないはず、と思っていたから、目はいつも東の方に向いていた。ところが、私が初めて見た敵機は、西の方からやって来た。アメリカの大型爆撃機Ｂ24だった。

我々が台湾に進出するまえから、しばしば爆撃に来たらしい。高度六千とか七千メートルで来て、飛行場などの軍事施設に爆弾を落として西に戻っていった。Ｂ24は奥地の重慶あたりから往復できる航続距離をもっていたのだった。

「Ｂ24、四機が台湾方面へ向かっている」などと陸軍から連絡が入ると、ゼロ戦が上がっていった。私は、高高度で戻るＢ24をむきになって追いかけたことがあるが、なかなか差が縮まらない。もう少しもう少しと追いかけていって、ふと下を見たら中国大陸。燃料がもたないと引き返した。

B24爆撃機

Ｂ24は想像していたよりずっと大きかった。四発で両翼の間は三十四メートル、と事前学習していたが、近くで見るとすごかった。幅があって太かった。機体はジュラルミンのままでピカピカ光っている。当時海軍で一番大きかった一式陸攻とは全然違っていた。日本の飛行機はどれも薄黒く塗ってあって、ちゃちなものに感じられた。

あるとき、迎撃してＢ24の胴体を撃った。当たった、と思った。なのに、なにごともなかったような顔して行ってしまった。「あれっ」という感じだった。厚いゴムを燃料タンクなどの内側に張ってあるからだった。アーマー（鎧）といっていた。やがて、弾が当たっても墜ちないから攻撃するな、となった。そのぐらい力の違いがあった。

それでも、夜みんなと飲むと、B24を墜《お》とすにはどうしたらよいかと議論した。相手の機銃は上下左右に動くからこの方向からはだめで、一番よいのは後ろ下方からだとか、上空で待ち構えていて撃ったあと相手の腹の下にもぐり左か右に旋回するとか。実際は、そこに行くまでがたいへんだった。私は実行したことはなかった。

B24より一段と大きく高性能の重爆撃機B29もときどきやってきては、すぐに帰っていった。中国奥地からきて撮影でもしていったのだろうか。B24よりもさらに高いところを高速で飛んできた。ゼロ戦が上がっていっても、高度八千、九千メートルまではすぐに上がれない。六千メートルで酸素マスクを着け、エンジンを全開して上昇しても、やがてプロペラが空回りしているような感じになる。薄い空気をプロペラがしっかりつかめないのだ。速度計の針がみるみる下がっていく。燃料もどんどんなくなっていく。そのうち、B29の編隊が頭の上をすーっと通っていってしまう。勝負にならなかった。当時、B24やB29が台湾で墜とされたという話は聞かなかった。なぜ日本でも新しい飛行機を開発しないのかと、それればかり感じた。空中退避もした。地上に置いておけば、壊されるのを待つばかりだから、離陸して、空襲の間はどこかを飛んでいるのだ。もちろん相手が高度を下げてくれれば、迎撃するのだが、そのような機会はなかった。

■ゼロ戦（零式艦上戦闘機）

ゼロ戦（零戦）は戦後も、文学作品や映像でさまざまな形で繰り返し取り上げられている。他の飛行機とは違った受けとめ方をする日本人は少なくない。肯定的であれ否定的であれ、何かを象徴するような存在でもあるようだ。ゼロ戦の設計主務者・堀越二郎は「零戦はいつまでも人びとの心の中にいきている」と、自著『零戦』で書いている。その理由は「独特の考え方、哲学のもとに設計された『日本人の血の通った飛行機』――それが零戦であった。こんなところに、零戦がいまも古くならず、語り継がれている理由がある」とある。

ゼロ戦の正式呼称は零式艦上戦闘機《れいしきかんじょうせんとうき》。海軍の主力戦闘機である。艦上戦闘機とは、航空母艦から発着できる性能をもつことを意味する。

昭和十五年、中国戦線でデビューし、圧倒的な強さを発揮した。十六年十二月からの太平洋戦争では、真珠湾攻撃やフィリピン攻撃などで、パイロットの練度の高さと相まって米英機を完全に圧倒する強さをみせた。以来敗戦まで日本の戦闘機の主役でありつづけ、坂井三郎、岩本徹三など伝説的な撃墜王を数多く輩出した。連合国軍からは「ゼロ」「ゼロファイター」と呼ばれ、とくに戦争の初期では畏怖された。戦争末期では爆弾を吊下《ちょうか》できるように改造され、もっぱら特攻機として使われた。

三菱重工業の開発で、同社と中島飛行機で生産された。五年間で計一万四百機が生産された。初期の一一型から六四型まで十数の改良バージョンがある。

最初の量産タイプ・二一型は、最高速度時速五百三十三キロ、航続距離二千五百三十キロで、7・7ミリ機銃、20ミリ機銃各二基の武装があった。当時の各国の戦闘機と比べると、航続距離が長く、旋回性能に優れ、攻撃力が強いという特徴があり、格闘に強い名機と呼ばれた。旋回性能と攻撃性能、長い航続距離を得るため、機体の重量は二・四トン（全装備）と、当初のライバル機であるグラマンF４Fより約一トン軽く、後の強敵F６Fの半分以下だった。

軽量化のために犠牲になったのは防御と機体の剛性である。被弾すると火を噴きやすく、操縦席の防御も顧みられず、降下制限速度（六百三十キロから七百四十キロ）を超えると空中分解することがある、という弱点があった。

ゼロ戦の性能は、海軍の設計計画要求書に従って開発された。つまり、日本海軍の思想が実となったものである。「要求書」には防弾という発想は登場しなかった、とノンフィクション作家の柳田邦男は『零式戦闘機』（文春文庫）で書いている。柳田は同書で、当時七十二歳になっていた堀越二郎に取材している。

堀越は「防弾装置の分だけ重量を減らせば、運動性能がよくなり、攻撃力も増すわけですから、戦闘機の防弾をはぶくということは、攻撃力を強めるという積極的な意味を持っていると考えることもできるわけです。その意味では、零戦は一千馬力のエンジンをつけた戦闘機としては、後にも先にも例のない限界ぎりぎりの性能を開発したものだったのです」と話す。そして、活動前期は「世界の技術の最尖端に立っていた」と説明している。

しかし、アメリカがグラマンF６Fなどの新鋭機を次々と投入したのに対し、ゼロ戦の後継機の開発はうまくいかず、海軍上層部はゼロ戦の派生型を多く作ってしのごうとした。改造の方向は攻撃力の強化が主で、機体の重量が次第に増えたのにエンジン出力は千馬力をわずかに増やすにとどまり、ゼロ戦本来の強みである旋回性能が落ちることになった。

零式の「零」は、紀元二千六百年（昭和十五年）の末尾一桁をとった。このため、英語の読み方を嫌い「レイセン」という呼び方が正式だが、戦中から海軍内でも「ゼロ戦」の呼び方も広くされていた。

一撃離脱方式に

太平洋での戦闘で次第に追い込まれるにつれて、戦闘機乗りの腕にも差ができ、交戦方法は大きく変化した。開戦からしばらくは三機編隊で、敵を見つけると一対一で個々に空戦をした。先輩パイロットが活躍したころは、ゼロ戦の優れた旋回性能を利用して、急上昇急旋回の斜めひねり込み宙返り（ひねり込み）で敵機の後ろにつき、撃墜するという巴戦が中心だった。敵機を追っていったら、いつのまにか後ろにも敵がいて、その後ろに僚機がいて、そのまた後ろに敵機がいた、というような光景が実際にあったらしい。昭和十八年のラバウル戦あたりまでは、「誰々が何機撃墜」が話題になっていた。

しかし、アメリカは戦法について徹底的に研究して、四機編隊で二機ずつ組んで戦うなど、複数機が組んで戦う戦法を編み出した。ゼロ戦の最も得意とするひねり込みには弱点があった。ひねり込みに入って宙返りの頂点に達したとき、スピードが極端に落ちる。アメリカはそこを狙って、上空に別の戦闘機が待っていて攻撃するようになったのだ。ひねり込みの最中に攻撃されると、避けようがない。そうして、歴戦の一匹オオカミが次第に帰ってこなくなったと、しばしば聞かされた。

さらに、昭和十八年から投入されたグラマンF6F*注は、旧型のF4Fのほぼ二倍の馬力をもち、総合性能はゼロ戦より圧倒的にまさっていた。

やがて、向こうが集団ならこちらも集団でと、三機編隊から四機編隊にかわっていった。私が訓練をうけたころは、もう四機編隊だった。一対一の空戦はしてはいけないといわれ、巴戦はほとんどなくなった。出合いの一撃をどうやって決めるか、それればかりになる。編隊による一撃離脱の共同撃墜方式だ。先に相手を見つけられるかどうかが勝敗の分かれ目になる。相手より高く高度をとり、相手をめがけて降下して加速度をつける。一撃離脱の場合、速いほうが有利なのだ。

共同撃墜方式をとるようになって、誰の弾が当たったかわからなくなった。けれども、自分の撃った弾が相手機に吸い込まれる＝当たるという感触はあった。撃つには、右手で持つ操縦桿の上部のボタンを親指で押す。ほんの二、三秒パッパッと。長く押すと弾はすぐになくなった。

ところが、吸い込まれたと思っても、相手機は火を噴くなどの反応をあらわさない。アメリカ軍機は炎上しにくい構造に改良されていたからだ。撃墜がすぐわかるのは、パイロットを撃った場合だけといわれていた。

雨の日は訓練が休みで、もっぱら座学だった。みんな黒板の前で胡坐《あぐら》をかいて。アメリカ軍の戦法の研究と対戦方法の指導は、最前線にいて生き残ったパイロットが担当した。アメリカの新しい戦闘方法や新型機にひどい目にあった人たちだ。

例えば、四機編隊の戦い方。

「一番機がここにいて、二番機はここ。一番機が旋回したら、三番機がうしろからついて後方をカバーする。ここにいた二番機と四番機は、その後ろに付く。一番機が撃ち終わって上にあがると、三番機が……」

討論もあった。ゼロ戦はアメリカの新型機Ｆ６Ｆなどより依然優秀だと思い込んでいる士官がいて、「なぜ空戦に持ち込まないのか」と問うたことがあった。

するとラバウル戦生き残りの下士官が「それはちょっと無理ですよ。もはや机上の空論です。あなたは一番先に命を落とす」などと言っていた。

そして、正面から相手に向うとき、とにかく真っ直ぐ行け、と繰り返し言われていた。相手より早く曲がるな、自分のプロペラで相手を噛むつもりで行け。そうすれば相手は腹を見せるから、そこで一撃を喰らわせよ。相手は根性がないから必ずこちらより早く腹をみせる――そういう教育だった。

＊注　グラマンＦ６Ｆ　アメリカ海軍の艦上戦闘機。愛称「ヘルキャット（地獄のネコ、性悪女）」。捕獲したゼロ戦を実際に飛ばして徹底研究、Ｆ４Ｆワイルドキャットを大幅に改造した。高度七千メートルで時速六百キロ以上出し、旋回性能がよく、操縦席や燃料タンクなどに強力な防御が施されていた。このため、重量が四トンを超えた。それをカバーするためエンジンを千馬力から二千馬力に倍増した。ゼロ戦がＦ６Ｆと性能的に互角なのは、時速四百キロ以下の低速域での旋回性能だ

けといわれた。一九四三（昭和十八）年から徐々に太平洋戦線に投入され、ゼロ戦の強敵となった。三年間で一万二千機以上生産された。

滑らせる技

同じ性能の飛行機で、同程度の技量の戦闘機乗りが対戦したなら、高度の高いほうが勝つ、といわれていた。もし、自分の高度が下であれば、下方に向って逃げると加速度がつく。そのとき、後から追ってくる敵機を引き付けておいて、左足のペダルを急に強く踏み、同時に操縦桿を反対の右に思いっきり倒すと、飛行機は斜め左前方に横滑りに飛んでいく。その逆もある。すると、飛行機の周りの空気が渦巻いて流れ、後ろから撃った弾は複雑な空気の流れに乗って曲がっていき、当たらない。この技を〝滑らせる〟といった。思いっきり動作しなくてはその現象は起こらない。機体に相当な無理がかかり、キシキシときしむ音が聞こえて不気味だった。

戦闘の前には、手袋をはずし、帽子を脱いで足の太ももの下に押し込む。操縦桿を握る手が滑らないようにするためだ。帽子を脱ぐと、首がよく回って周りがよく見えるようになる。怖いのは後方で、操縦しながら後ろ上方を見ている。戦闘になって背中がぞくぞくするのは翼の下だ。そこは死角で見えない。相手を追いかけながら、ときどき機を傾けて左右の下を見る。それをしないで追いかけていくと、突然下から突き上げられて、火だるまになる。そんなゼロ戦をいくつも見た。

「前二分、後の上方と下方を八分の割で見よ」と教えられた。ようするに三次元の全方向を十分に見なさいということだから、操縦は忙しい。

機体から伝わってくる感触で、四千メートルか五千メートルかなど、高度もだんだんわかるようになった。富士山の頂上よりずっと高いところだ。四千を超えたら酸素マスクを着けることになっていたが、着ける者はなく、六千で着けた。酸素マスクには犬の首輪のような管がついているので後方が見えにくい。私は次第に高度に強くなって、六千までは着けなかった。高度は酸素が希薄で、普通の息遣いでは酸素が足りない。スッスッと二回強く吸って、ハーと一回吐く。その連続。吸う量を増やす吸い方だ。急上昇のとき、耳の弱い人は耳に綿を詰めていた。私も初めのうちは詰めたけれど、やがて要らなくなった。それに、とても寒い。酸素マスクと付けると、歯の悪い人はとたんに苦しみだした。口の中に冷たい空気が入ってくるからだ。暖房装置はなかったが、エンジン自体の熱がつたわり、排気ガスの一部も入ってくる仕組みがあって多少は温かった。

難しい着陸の技

どこの飛行場にも滑走路の真ん中あたりに指揮所があって、高さ十五メートルほどの棒の先に吹き流しが揚がっていた。吹き流しは風向きと風の強さを示し、特に着陸するときの判断材料として重要だった。横にぴんと張って流れているときは、だいたい十二、三メートル以上の風だ。

予定を変えて急に着陸することになった飛行場に、吹き流しがないことがあった。もう飛行機は来ないだろうと下してしまったらしい。飛行機がまた来たというので、地上の担当者があわてて上げているのを、旋回しながら見ていた。低空で草原の滑走路にいくと、草のなびき方で降りられるところがわかる。追い風で、燃料があるときは、もう一回上を飛んで反対側に回り、向かい風で降りた。いつも使われているところは、草丈が短いが、使っていないところは長い。長いところは避けて着陸していた。

舗装してある飛行場に、向かい風で着陸するときは鼻歌だ。ゼロ戦は三点着陸して百五十から二百メートルくらいで止まる。追い風だと、滑走距離はぐっと伸びる。

風が横からくるときは、神経を使う。横風で車輪をガクンとつくと片方の車輪に過剰に重力がかかる。スピードを落としすぎても重力がかかり脚を傷めてしまう。飛行機が風にあおられ、滑走路からはみだして脚を折ったり傷めたりする。だから、ふわふわと降りてきて、直前にスピードを落として三点着陸する。着地した瞬間、あて舵をする。横風が左からなら、左のペダルを踏む、すると垂直尾翼の方向舵が左に向いて機首が左に向おうとする。それがあて舵だ。ペダルの踏み加減は微妙だ。操縦桿も倒し、足をふんばってぱっと降りなくてはならない。風で横に流されることを計算して、真ん中より風上側に着地した。着陸は離陸よりずっと難しかった。

着陸の前に、「上空通過」というルールがあった。飛行場の上に来ると、高度二百メートルで滑走路にそって一回通過する。飛行場の端まで二百メートルほどのところでバンクを振る。

すると、地上から望遠鏡でみていて、「ナンバー十五通過」とか叫んで、下で受け入れの体制を整えた。それから最初の上空位置に戻って着陸するのだ。編隊のときは、全機で滑走路を覆うように通過することもあった。

地上でみんなが見ている。どこの基地の飛行機乗りかわからなくても、着陸の姿をみれば腕がわかるのだ。着陸した後、エンジンをもう一度ふかして、地上を指揮所のほうへ運転していくのが普通だった。

小さな飛行場では、編隊全機が一緒に降りることはなかった。編隊を組んで飛んでいるときよりも、着陸のときは右に左に振られるから、広い間隔が必要なのだ。戦闘機用の滑走路の幅はせいぜい五、六十メートルしかない。航空母艦はもっと狭い。

幅の広い滑走路では編隊で着陸することもある。四機編隊が着陸できる飛行場なら、編隊の形で着陸した。広い飛行場なら八機で着陸することもあった。どのように着陸するかは、滑走路の形状を上からみて、手信号で伝えあった。以心伝心だった。

機内で弁当も

長く飛ぶときは、操縦しながら弁当を食べた。竹の皮に包んだおにぎりが二個。烹炊兵が作ってくれたものだ。それをズボンのすねのポケットに入れていく。飛行機の中で食べるとじつに美味い。竹の皮は丸めて背中の落下傘の下に押し込めておく。水筒はなかった。喉は不思議と渇かない。水分がなくても食べてしまう。

それを早ばやと食べる者もいた。密集の編隊でいき、水平飛行にはいるとすぐに、ちょっと前に出てきて握り飯を見せ、「これから食うぞ」とデモンストレーションする。間もなく戦闘になるかもしれないというのに。彼が食べているところへ、別の機が急に機体をぐいと寄せて冷やかしたりしていた。操縦桿を急いで持ち直すことになる。いたずらだけれど、油断できなかった。用便は、基本はしない。小用をしても機内はけっこう高温だから三時間もすれば乾いた。

戦闘機乗りの世界は独特だった。一匹オオカミというか。同じ海軍の中でも、階級よりも飛行時間がものを言う特殊な社会だった。戦歴の華々しいものは下士官でも、幹部室に入ることができた。飛行時間が少なければ、階級が上でも外にいなくてはならなかった。

司令以下の構成は、副長、飛行長、飛行隊長、分隊長、分隊士。司令は中佐か大佐。司令の下に六十人から七十人の搭乗員がいた。パイロットは昇進が早かった。私は二等兵から三か月で一等兵になり、さらに三か月で上等兵。その上は兵長から二等飛行兵曹（二飛曹）になって、八月十五日は一等飛行兵曹になっていた。いつ二飛曹になったかは、はっきりは覚えていない。紙の辞令をもらったわけではないから。

桜に錨のマフラー

新竹基地にいるとき、休みの日は町へ出ていった。搭乗するときと同じように、飛行服に白いマフラーを巻いて。飛行服は戦闘機乗りも爆撃機乗りも同じだが、階級や所属は右肩に付けた階級章でわかった。十日も二十日も休みなしの警戒出撃や訓練の後、「いついつ外出」と二、三日前に外出許可がでた。それがなぜか外部に漏れるのだ。外出の日、基地の門の前に日本人の女の子がたくさん並んで待っていた。

「大舘さん、大舘さん」と、なぜか知らない女学生に名前を呼ばれて取り囲まれ、戸惑ったことが何度かあった。

「うちにご飯を食べにきてください」「うちにも来てください。準備して待っています」などといわれ、一晩で女学生の家庭を二、三軒まわったこともある。パイロットは引っ張りだこだった。

「じゃあ、ジャンケンして。一番は六時から七時。二番目は七時から八時にいきましょう」と答えて、家庭をまわった。

奥さんが作ったすき焼きや台湾料理のご馳走に酒がでて、歓待してくれた。けれどもやはり一時間では終わらない。次の家の人が迎えにきた。二軒目もちゃんと食べた。三軒いったこともある。蛇みたいな胃袋をしていた。それが若さだった。

そんな女学生の一人が、何度目かの訪問で白い絹のマフラーをくれた。一度使っていたんだ落下傘生地の端切れだ。ピンクの糸で桜、紺糸で錨の大きな刺繍が鮮やかだった。刺繍のまわりには和歌が墨書されていた。

『君能《の》為　何かおしまん　若桜　散って甲斐ある　命なりせば』

立派な文字は、親が書いたのではないだろうかと思った。

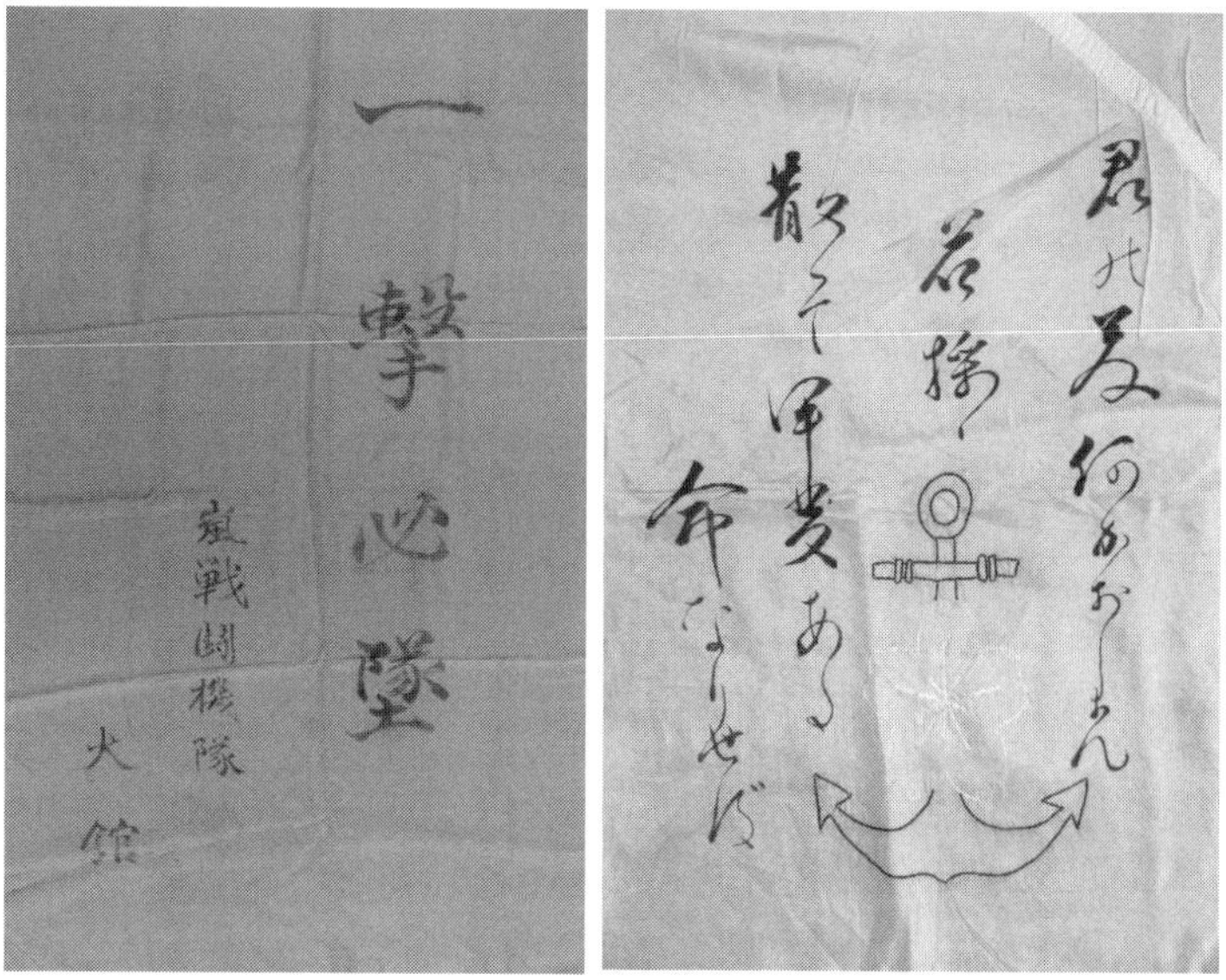

マフラー（左:「一撃必墜」、右:桜と錨の刺繍の周りに和歌）

もう一枚マフラーをとってある。これには『一撃必墜　嵐戦闘機隊　大舘和夫』とある。刺繍いりのマフラーを気に入っていて、胸元に桜に錨の刺繍が見えるように巻いた。出撃のとき、滑走路の脇に並んだ見送りの仲間や整備兵たちが、みんな私のマフラーを見ている。ほかの仲間に刺繍入りのマフラーをしている者はいなかったから、「貴様、派手だよ」などと冷やかしてきた。それには、「なにいってやんで」で終わり。後に特攻出撃するときは必ずこれをしていった。

刺繍のマフラーをくれた人とは、その後会っていない。検閲がなければ、手紙を書いたかもしれない。当時、手紙は検閲され、ひっかかるとその手紙はなかったことになった。その娘さんの名前？今でも覚えているよ。

マフラーは亡くなった家内が箪笥の奥にしまっておいてくれた。七十年前は、生地が真っ白で、桜のピンク色も鮮やかだった。いわれは、家内に話した。台湾で日本人の家族と親しくなり、そこのお嬢さんが作ってくれたと。これを締めて戦闘にいったのだから、マフラーはいわば十八歳の私の形見だ。家内はいろいろなことをわかっていて大事にしてくれていた。

当時、私ら若者は元気に燃えていた。台湾に住む日本人の女の子たちからみると、沈んだ気分の土地に、生きのいい戦闘機乗りがきて台湾を守ってくれると、歓迎されたのだろう。全然知らない若い女性から、手紙もたくさんいただいた。〝ラブレター〟の内容はどれも同じようだった。「日本のために命を投げうっている兵隊さん、元気でお国のために働いてください」などと。中には押し花を入れたものもあって、ちょっとうれしかった。

しかし、先輩から「女性との関係は深入りするな。相手を不幸にするだけだから」とかたく言われ、仲間同士でもそう言い合っていた。どうせ自分の命は、あといくらもないのだからと。だけど、「〇〇さーん」と呼ばれるのは私だけではなかったから、みんな心惑わされていた。

台湾の大きな町にはたいがい製糖工場があり、日本の企業・台湾製糖が経営していた。どこにもクラブがあり、奥さん方が接待してくれた。例えば二階に日本間の八畳間が五、六部屋、下には広間と食堂があり、囲碁や将棋をしたりする部屋、音楽を聴いたりできる部屋などがあった。社員とその家族が使う施設だが、私たちはどこのクラブでも入れてもらえた。最前線に行く前のことで、まだ戦争の惨めさを知らなかった。

初の空戦は「台湾沖」

十月にはいって、アメリカの機動部隊が台湾に接近しつつあるとの情報が次々と入ってきた。私たちの任務は台湾全土の防衛だった。

十二日、「米航空母艦十一隻が台湾東の洋上に現れた」という情報で、まず九州と沖縄の基地から出撃した。私たちも出撃することになり、爆撃機と雷撃機が先に出ていった。台湾沖航空戦*注の始まりだった。

台湾の島の上空で戦闘になるようではまずい、敵機が台湾にかかる前に邀撃《ようげき》しなくてはならない。ところが、「まだまだ……」といっているうちに、九州や沖縄からの味方機が新竹基地に次々と降りてくる状況になってしまった。戦線が広がってあちらこちらで乱戦となり、やがて燃料がなくなって台湾の各基地に降りたのだった。撃墜された爆撃機や雷撃機は少なくないようだった。

新竹基地からはゼロ戦五十機が出撃した。私も出撃した。戦闘機乗りは、いつも空気の密度のことを考えている。高度三千五百から四千メートル前後で、ゼロ戦は最高の性能を発揮する。できればその高度で空戦に入りたいと考えていた。

私たちは西から東に向かっていた。相手は東から来た。台湾北部、島と海との間のあたりは、その日、雲があった。雲と雲の間に芥子粒《けしつぶ》みたいな点がポツンポツン……と見えた。芥子粒は雲の中にも雲のむこうにもあって、数がわからないほどだった。芥子粒が豆粒大になってきた。方角や編隊の組み方からみて、敵だと感じた。

相手が来る間に、高度四千ぐらいに上がっていた。ところが相手はもっと高いところからきた。こちらは頭を上げていく。相手は下げてくる。相手が前上方にいる形は、「劣位戦」だ。嫌なものだ。しかもこちらの飛行機は相手より力がない。性能のいい方が上にいた。

相手がまっ直ぐこちらに向かってくるのがわかった。点の形で飛行機の向きがわかる。正面からだと、点の両側に翼が線でみえてくる。

真正面からくると早い。豆粒がどんどん大きくなってきた。グラマンＦ６Ｆだった。毎日絵を見ていたからすぐわかった。初めてＦ６Ｆと相対しても、怖いとは全然思わなかった。大豆粒が飛行機の形になって、親指を操縦桿の上に置いた。もう余分な頭は働かない。この相手と五分の勝負をしてやる、絶対に逃げるものか。絶対に腹を見せるものか、とそれだけ。相手に腹を見せたら終わりだから。

編隊同士でぶつかった。横にいる仲間に後れをとってはならない。「臆したか」と言われる。だから相手を決めたら、エンジン全開にして全速で向かう。仲間より早く前に出ようとする。みんな同じ気持ちでわーと前へいった。私の相手が、翼の左端から右端まで全部目に入ってきて、飛行機全体が接近してくるのを感じた。相手は真っ直ぐ、私を狙ってきた。

こちらが時速三百五十キロで相手が四百キロ。合わせて七百五十から八百キロでぶつかりあう。一秒間で約二百メートル接近するから、ほんとうにあっという間に大きくなる。ゼロ戦は、四基の機銃弾が二百メートル先の一点で交わる設計となっている。照準をどこに合わせ、いつ機銃を発射するか。そればかりが頭にあった。五、六百メートルの距離から機銃を撃ちながら回避しないと、正面衝突する。ほんの二、三秒の判断。相手が衝突を恐れて上に避けて腹を見せたら、そのわずか後にこちらも操縦桿をひいて少しだけ機首を上にむけて発射したいのだ。

正面衝突に恐怖はあった。相手のプロペラで首をはねられてしまうような気がして怖かった。こちらはこちらで、「プロペラで相手を噛め」と教えられている。そのとおりすれば、きっと死ぬ。相討ちだ。そこを「まだまだ」とこらえた。

私は撃った。相手も撃ってきた。そのあとワーンとすれちがった。どのようにしてそうなったのかは、覚えていない。相手の顔など見えなかった。しばらく行ってから反転し、追跡しようとしたけれど、相手はそのまま行ってしまった。相手は速くて追いつけない。私たちは新竹基地に戻った。

出撃した嵐戦闘機隊五十機のうち十七機が未帰還だった。私は、仲間が墜ちるところは見ていなかった。ほかの機を見ている余裕などなかった。目の前の一機か二機だけを見ているのが精いっぱいだった。アメリカの空軍力に圧倒され、基本どおりにはできなかった。各小隊はずっと離れてしまって、八機だけが隊長機を中心についていったようだった。未帰還機は複数の敵を相手にしたのではないだろうか。敵機をどのくらい撃墜したかもわからなかった。

初めて戦闘機同士交戦したことで、生き残った仲間はみな興奮していた。その夜、半分焼け残った兵舎で十七個の空の白い箱を前に酒を飲んだ。キーンというＦ６Ｆのエンジン音が耳の底に残っていて、太刀打ちできないと感じた。みんなも同じ思いだったろう。

二日つづけて出撃したが、私は敵機と遭遇しなかった。帰ってきたら、基地は爆撃され、兵舎も燃えてしまっていた。戦闘機が出撃している間に、アメリカの爆撃機が襲ってきたのだった。美しかった飛行場は見る影もなく破壊されていた。「完全にやられた」という敗北感があった。航空母艦一隻の艦載機を八十機とすれば、十一隻で八百八十機。とても防御できないと思った。アメリカの物量は、わかっていたことではあったが。

兵舎に戻ると、玄関のあたりだけが焼け残っていて、アメリカ兵が一人、柱にくくりつけられていた。新竹基地近くで撃墜され、落下傘で脱出したらしい。飛行服を着た男は、私と同じぐらいかもう少し若いようにも見えた。生きた心地がしない顔をしていた。そばを通るとき、「おー、お互いこういう運命になるんだ。明日は我が身だよ」と声をかけた。相手は私の言ったことがわかるはずもなく、けげんな顔していた。こんな扱いは国際条約違反ではないかとちらりと思ったが、口に出したらたいへんだ。

私の所持品は一切燃えてしまった。軍服やそれまで撮ってもらった写真も焼けた。桜島をぐっと抑えるように下に見て、プロのカメラマンに撮ってもらった操縦中の写真は気に入っていた。海軍での写真は家に送ったものとその後に撮ったものがわずかに残った。

台湾沖航空戦が負け戦だったことは、戦場《いくさば》にいて肌で感じていた。ラジオの大本営発表では、さかんに大勝利を伝えていたが、おかしなことを言っているなと思った。それにしても、アメリカはたいへんな大艦隊だったのに、どうして日本の偵察機や潜水艦は見つけられなかったのかと思う。情報があれば、もう少しましな邀撃《ようげき》ができたのではないか。戦う前に、すでに敗けていた感じだった。

＊注　台湾沖航空戦　アメリカ軍にとっては、フィリピン上陸作戦を展開する前に、台湾や沖縄の日本軍基地を使えない状態にしておく必要があった。十九年十月十二日から三日間、アメリカ第三艦隊の航空母艦十七隻から発進した航空機延べ二千五百機が、台湾の各基地に猛烈な攻撃を行った。日本は台湾や沖縄などの基地から迎撃したが、三百機以上を失った。再編成された第一航空艦隊の百五十機はフィリピンから出撃して七割が撃墜され、周辺の制空権を奪われた。アメリカ軍は重巡洋艦と航空母艦計三隻に損害を受けたが、沈没には至らなかった。ところが、大本営は「轟撃沈、空母十八、戦艦二、巡洋艦三隻など。撃破、航空母艦八、艦種不明二十二隻など」(『戦史叢書』十三〜十六日各累計）という〝大戦果〟を発表した。実際は、沈没艦は一隻もないのに、大誤報だった。上空からアメリカ軍の被害を観察していた偵察機が、砲煙のなかで自爆した味方機の火炎などを度重なり見誤ったためとされている。日本の陸海軍はこの情報で第三艦隊は壊滅したと誤った判断をし、その後の作戦に重大な影響を与えてしまった。

第四章

✿フィリピンの戦い

クラーク・フィールド航空要塞へ

台湾沖航空戦が終わってまもなく、私たち第二航空艦隊（二航艦）二二一空・嵐戦闘隊はフィリピン・ルソン島のクラーク・フィールド航空要塞（クラーク基地）への進出を命じられた。「明日、フィリピンへ進出」と口頭で告げられただけだった。嵐戦闘機隊ばかりでなく、二航艦の全機がフィリピン進出を命じられたようだった。とはいえ、進出は一度ではなく何波にも分かれ、五月雨《さみだれ》式だった。私は第二陣か第三陣で行った。十月十八日か十九日ごろだったと思う。

台湾沖航空戦で、二航艦と各飛行場は大きな打撃を受けた。命令がでたからといって、すぐに飛べるゼロ戦は多くなかった。整備に時間をとられたのである。修理するにも部品が足りず、さまざまな工夫が必要だった。壊れた飛行機の一部を使い、弾が当たって穴の開いたところにジュラルミンの切れ端をあてる。そこだけ色が違って、つぎはぎが目立つようになっていた。

整備のできたものから三機、五機と飛んでいった。だれがいつ行くかは整備力の問題だった。

私のゼロ戦は、笠ノ原基地から乗ってきた三二型で、まだつぎはあたっていなかった。

行き先はクラーク・フィールド航空要塞の中飛行場だった。フィリピンの基地にはアメリカ軍機の空襲がしばしばあったから、どのような時間帯でも飛行機を受け入られる状況にはなかった。空襲の恐れの少ない時間帯、夕暮れ時の到着が多かった。飛行機を草原に置いたままにしておけば爆撃にあう。爆撃から飛行機を守るコンクリート製の掩体壕《えんたいごう》はあったが、一基に一機しか入れられず、しかも多くはなかった。他は木の枝を切って飛行機の上に乗せてカモフラージュした。その木の枝を用意するなど、受け入れる側にも準備が必要だったのだ。

台湾とフィリピンの間にあるバシー海峡を越え、ルソン島の北端から南下した。リンガエン湾から真っ直ぐ延びている一本道が上空から見えた。これがマニラ街道だろうと見当がついた。やがて、街道の両側に滑走路らしきものが何本も見えてきた。九本ほど数えられた。滑走路といってもただの草原に見えて、飛行場なのか畑なのかすぐにはわからなかった。それがクラーク・フィールド航空要塞の姿だった。台湾の整備された飛行場と比べたら、飛行場の体をなしていないように思われた。

マニラ街道の西側に、草地とコンクリートの白い部分がまだら模様になった滑走路が見えてきた。それが、私たちの目指す中飛行場だった。なるべく状態のよさそうな部分を選んで着陸した。ゼロ戦の脚にはスプリング式のサスペンションはあるのだが、それでも衝撃がきた。爆撃を何度も受けたため滑走路のコンクリートに穴が開き、土で埋めたところに草が生えたのだった。離着陸では、振動が少なさそうなコースを見分ける必要があると思った。

航空要塞というからには、地下でもあって飛行機を隠しておけるのか、などと想像していた。どのような要塞か期待もあったが、なにもありはしなかった。ただの草原で、「これでも要塞か」と少しがっかりした。

夜間爆撃にあう

クラーク基地での最初の宿舎は、アメリカ軍がフィリピンを撤退するときに壊さずに残した兵舎だった。中飛行場の西端、つまり滑走路のマニラ街道と反対端から少しはなれた林の中に、その兵舎はあった。階段を数段上がる高床式で、欧米風の大きな建物だった。中に椅子やベッドはなく、床板の上にアメリカ兵が残した毛布三、四枚をつかって寝床を作った。「これで、ゆっくり眠れる」と思った初めての夜、アメリカ軍の空襲を受けた。大きな音がした。いきなり至近弾だった。

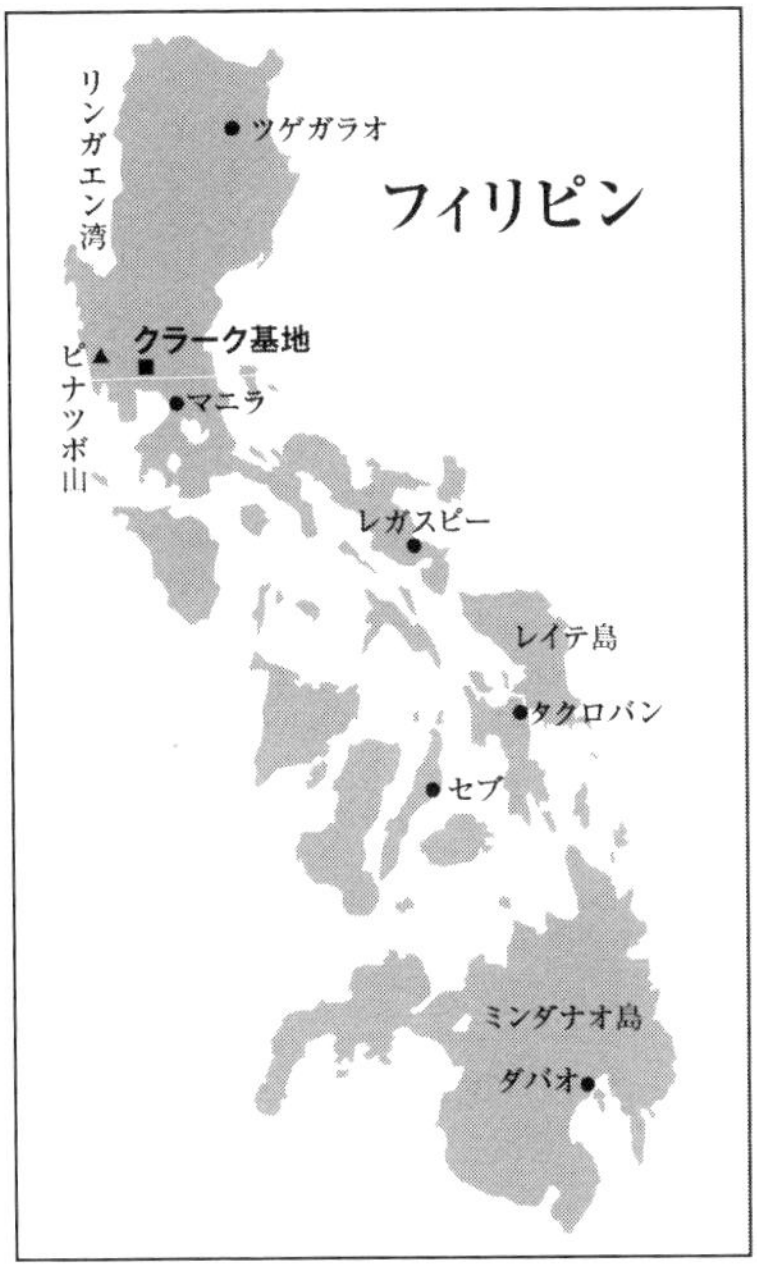

　毛布を丸めて階段を駆け下り、兵舎から離れた大きな木の下に逃げた。夜なのに、アメリカ軍機は高高度から実に正確に兵舎や滑走路に爆弾を落とし

ていった。目標にされている建物や飛行場施設から少し離れれば安全とさえ感じた。アメリカは自分のいたところだからよく知っているのだろうか、と不思議な気がした。その夜は木の下で眠ったが、寝不足で翌日の昼間は居眠りをしていた。二晩目も同じように正確な爆撃を受けて逃げまわった。兵舎も一部が燃えた。

　クラーク基地の西にピナツボ山（一四八六メートル）という火山があり、東側には高くはないが姿のよいアラヤット山があった。マニラ富士と呼ばれていた。抗日ゲリラが深夜、飛行場を中にはさんだ両山の中腹で火を焚き、それを結んだ直線上を爆撃したのではないかとのうわさが流れてきた。

　これでは寝ていられないと思っていたところ、別の飛行場への移動を命じられた。今度は、南隣の南飛行場だった。デッキ（宿舎）は飛行場の西端から少し離れたところにあった。当時はやったマンガ「冒険ダン吉」に出てくるような小屋で、床は板張りだった。裸電球が二個ぐらいボーっと点いていた。やがて、そこも爆撃されるようになり、自分のゼロ戦の翼の下で寝

クラーク基地

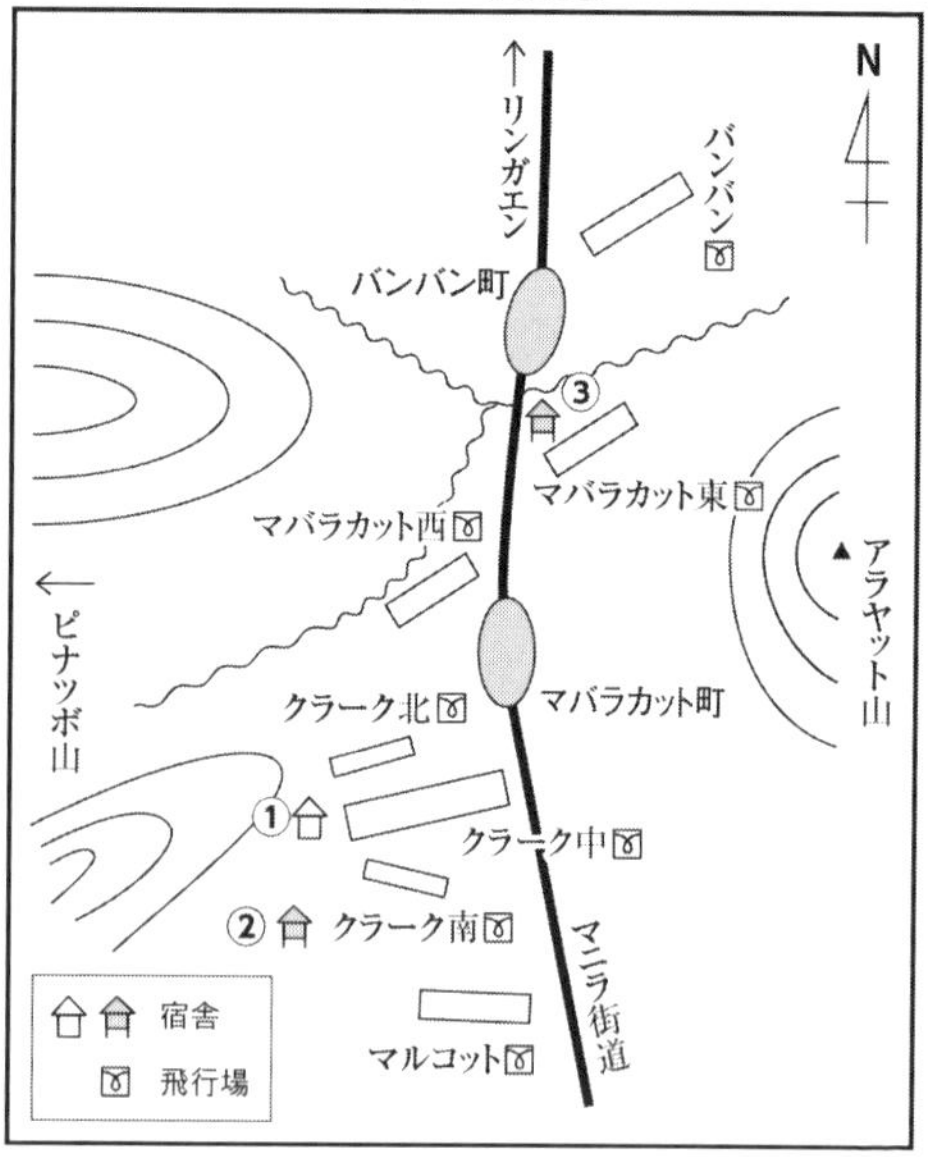

たこともあった。弾がくると機に当たりカンと音がするはず、と思ったからだが、やはり眠れなかった。大型機の空襲は毎日のようにあったが、艦載機の空襲はまだなかった。

レイテ総攻撃の大編隊

レイテ島に上陸したマッカーサー陸軍大将率いるアメリカ軍を援護するため、機動部隊＝空母を中心とする艦隊がフィリピンの東方洋上に接近しているという情報がもたらされた。十月二十三日、二航艦は戦爆連合、つまり戦闘機と爆撃機の混成編隊で出撃した。第一神風特別攻撃隊はすでに二日前から出撃し戦果なく帰投していたのだったが、私は知らなかった。今回の出撃はもちろん特攻ではなく、通常の攻撃で*注百二十機以上の大編隊だった。二百五十機という説もあった。

私はゼロ戦制空隊として、高度四千から五千メートルで先行した。後ろをみると、下の方に、艦上攻撃機、艦上爆撃機、陸攻機ががっちり編隊を組み、太陽の光が翼に当たってキラキラと反射していた。堂々たる編隊だった。血沸き肉躍る—という感覚を味わった。マフラーを締め直し、手袋を脱いで腰の下に押し込んで、異様に高まってくる興奮を抑えつつ右や左、上や下に目を凝らして敵機の来襲に備えた。

戦艦武蔵艦上の天皇陛下と海軍幹部たち

海の上をどこまで行くのかなと思った。やがて行く手に真っ黒い雲の大きな塊がたちはだかった。その中に入れば、ものすごい雷雨にあって方角を見失うばかりか、味方機同士ぶつかる可能性があった。全機、基地に引き返した。

翌二十四日も出撃した。私の隊は敵艦隊を見つけられずに帰還したが、一部は途中で迎撃されて大きな被害を出したという。総攻撃から帰って整備兵に飛行機を渡したところ、電信兵が走りまわっていた。

「何かあったのか」と聞くと、私の耳元に口を寄せて小さな声で「戦艦武蔵がシブヤン海でやられました」という。びっくりした。いましがたシブヤン海上空を飛んできたのだから。攻撃されている武蔵はむろん見なかった。同じシブヤン海でも広いのだろうか。武蔵を守ってやる戦闘機がいなかったから、相手は思う存分な攻撃をしたのだろう。日本の軍隊は本当のことを兵隊に教えない。私たちは電信兵にこっそり聞いたり、仲間同士口づてに聞いたりして戦況を知るようにしていた。

＊注　レイテ戦　アメリカ軍はフィリピン全土を制圧するため、まずルソン島の南に位置するレイテ島に上陸する作戦を展開した。さしたる抵抗のない中、十月二十日、ダグラス・マッカーサー陸軍大将は二十万人の大部隊を率いて、レイテ島・タクロバンに上陸した。島を守る日本軍約八万人は、アメリカ軍との戦闘と飢餓でやがてほとんど全滅した。大岡昇平は『レイテ戦記』に、「ここは太平洋戦争中、最も損害の多かった戦場の一つである。多くの作戦上の不手際があって、旧陸海軍人として最も恥多き戦場である」と記している。

いつのまにか特攻の戦闘機隊に

クラーク基地にきてから、連日薄暮時になると二機、三機とゼロ戦がどこからか飛んできた。日中はアメリカ軍機の空襲がいつあるかわからないが、夕方には母艦に帰っていく。それで、日本軍機は比較的安全な夕方に飛来するのだ。パイロットが私たちのデッキにくれば、どこから来たのかわかるけれど、そうでなければわからない。朝、整列がかかると、知らない顔が混じっていることもあった。

「あの三番機はどこの隊の者だ」「夕べ来たんだよ」といった具合だった。

そういうふうに適当に隊員をくっつけて、出撃隊を組んでいた様子だった。どんな人が指揮し命令を出しているのかも、私たちにはよくわからなかった。私の覚えているかぎり、ゼロ戦はシンガポールやボルネオなどからも集まってきていた。ボルネオから来た隊は、隊長がクラーク基地に着陸したのに隊員はマニラの別の基地にいったとか、わけがわからない状況もあった。いちいち気にしていられなかった。

搭乗機もひんぱんに変わった。もっぱら整備の都合だった。ゼロ戦は一機ごとに癖があったから、乗ったらまず癖を確認することが大事だった。離陸後、操縦桿を左、右ときって、思いっきり引っ張ったりする。それでだいたいわかった。

私たちは、台湾から二航艦二二一空隊員としてフィリピンに来た。ところが、いつの間にか全員が一航艦二〇一空に編入されていた。二〇一空は第一神風特別攻撃隊を出すことになる戦闘機隊で、わずかに残った一航艦の主力だった。一航艦は、フィリピンよりずっと東の方面、パラオなどで戦っていたのだが、だんだんアメリカ軍に押されて消耗し、じりじりと西に退いた。クラーク基地を最後の本拠地とし、フィリピンを主な守備範囲としていた。

「カズ、いつ二〇一空にいったんだ。搭乗割に貴様の名前が乗っているぞ」

「おれ知らないよ」

カズとは搭乗割に使う私の呼称で、「和夫」からきていた。同じ隊に大舘姓が二人いたためだ。もう一人は大舘梅作。ウメと呼ばれていた。原隊二二一空の隊長、分隊長は私たちと別れて到着するはずだったが、当時、どこへ行ったのかわからないままだった。幹部からは何も知らされず、いつ辞令が出たのか誰も知らなかった。

戦局　捷一号作戦と特攻の始まり

フィリピン攻防は太平洋戦争の天王山であると、双方からみられていた。アメリカ軍はマッカーサー陸軍大将を司令官に、フィリピン奪還の大作戦を展開しつつあった。日本はその上陸部隊を殲滅しようと大胆な作戦を考えた。捷《しょう》一号作戦である。同作戦は十月十八日に発令された。ここまで生き残った航空母艦四隻全部をおとりにしてアメリカ機動部隊主力を北方におびき出し、その間に西方から大和、武蔵など戦艦部隊がレイテ湾に突入してアメリカの大輸送船団に砲撃を浴びせて殲滅するという乾坤一擲の作戦だった。この博打のような作戦を成功させるため、フィリピンの基地航空隊である一航艦と二航艦には、アメリカ航空母艦に打撃を与えて連合艦隊を援護する役割があった。

しかし、捷一号作戦は、惨憺たる経過を経つつ進行していった。二十三日別働隊の西村艦隊と志摩艦隊が全滅、二十四日本隊・栗田艦隊の戦艦武蔵が撃沈された。この両日に二航艦の大編隊が、レイテ方面の洋上機動部隊への通常攻撃に出撃して大打撃を受けた。そして、アメリカ機動部隊を北方におびき出すことには成功したものの、大和など主力艦のレイテ湾突入は見送られ（栗田艦隊謎の反転）、すべての航空母艦が沈められた。日本には大和のほかわずかな海上戦力を残すばかりになり、機動的、能動的な作戦は不可能な状態に陥った。

このような背景のもとで「特攻」が始められた。特攻産みの親といわれる大西瀧治郎中将が、次期一航艦司令長官としてマニラに到着したのは、十月十七日だった。二日後の十九日にクラーク基地・マバラカットの二〇一空本部へ行き、そこで一航艦の猪口力平参謀、二〇一空の玉井浅一副長、指宿正信飛行隊長、横山岳夫飛行隊長に特攻の考えを示した。四人は賛成した。玉井副長らは、特攻の隊長として関行男大尉を選んだところ、彼は承諾。さらに予科練甲飛十期生を中心に志願者を募ったうえで指名したといわれる。その時の様子は、最近まで次のように語られてきた。

「戦局と長官の決心を説明したところ、感激に興奮して全員双手をあげての賛成である。（中略）キラキラと目を光らして立派な決意を示していた顔つ

戦艦大和

きは、私の眼底に残って忘れられない。（中略）これは若い血潮に燃えるかれらに、自然に湧きあがったはげしい決意だったのである」（『神風特別攻撃隊』猪口力平、中島正著）。

「特攻志願説」の根拠とされてきた記述である。著者の猪口はまさにその現場にいた人物である。翌二十日朝、大西長官がこれらの搭乗員に訓示し、神風特別攻撃隊・敷島、大和、朝日、山桜隊と命名した。四隊は二十一日から特攻出撃を始め、二十二日には新たに葉桜、菊水、若桜の三隊が編成された。

南十字星の下で〝特攻志願〟

台湾から進出して間もない夜のことだった。レイテ攻撃の前か後かは、覚えていない。私たち台湾から飛んできたゼロ戦搭乗員は、南飛行場近くの冒険ダン吉のデッキで日本酒を飲んでいた。あるいは飲み始めるころだったかもしれない。

「搭乗員、総員集合。南飛行場へ」と誰かが二度、三度、怒鳴る声が聞こえた。総員集合はやたらにはかからない。なにごとかと飛行服をひっかけ帽子をかぶって、星明りを頼りに南飛行場の指揮所にあわてて向った。途中、宿舎から滑走路に上る数メートルの草の生えた斜面で滑って尻もちをついた。

灯火管制でまっ暗な南飛行場の指揮所の前に行き、密集隊形で整列した。満天の星明り、あるいは月がでていたのかもしれない。ともかく夜でも、あたりはかなり見えた。指揮所は竹か丸太の柱にキャンバスの屋根がかけられたテントだった。テントの周囲に高級将校がずらりと並んでいた。幕僚や各隊司令などだろうか。テントの中は星明りが届かずよくわからなかったけれど、長椅子がひとつあって黄色の太い参謀肩章を付けた人がいた。それまで見たことのない礼服を着て、金ぴかに光っているように見えた。全部で十四、五人もいたような気がする。私はクラーク基地にきて間もないこともあり、どの顔も初対面同様だった。なにか異様な雰囲気を感じた。

集まった搭乗員は五十人から六十人ぐらいだった。たぶん南飛行場を根拠にした戦闘機搭乗員だったのだろう。ボルネオのバリクパパンから来た同期生やマレーシアのほうから転進してきた知り合いもいた。私は三列目だった。前は誰だかわからず、後ろのほうは列になってないようだった。

「搭乗員前へ」と分隊長クラスの声がした。みんな一歩前へ出た。真ん中のひときわ階級の高そうな人が立って話し出した。名前の紹介はなかった。「急に集合をかけたのはほかでもない」と戦況から語りだした。「いまや重大な危機に陥っている。飛行機が補充されることがだんだんなくなってくる。爆弾をかかえた飛行機ともども肉弾攻撃をする以外になくなった」などと抽象的な言い方だった。話の意図を理解するのがたいへんだった。

「君たちの忠誠をもって敵艦に体当たりして葬ってほしい。そのような特別な攻撃をとることにした」というあたりから、だんだんわかってきた。

そして「これについて、異議のあるものは申し出よ」という。さらに「この趣旨をよく理解して賛同してもらいたい。賛同するものは挙手してほしい。これは命令ではない。諸君の意志で決めてもらいたい」とあった。いまや意味がはっきりとわかった。

シーンと静まりかえって、手を上げる者は一人もいなかった。隊員の体が硬直し揺れ始めたとき、

「ただ今の趣旨に賛成する者は、挙手の表示をしてもらいたい」と、強い声がした。別の高官だった。

前の者は後ろを気にし、後の者は前のほうに注意をはらっていることが、気配でわかった。やがて、前の数人かがゆっくりとおずおずしているような動作で、手を途中まで上げかけた。つられるようにして後ろの幾人が上げ始めた。それに合わせて、残った者がパラパラと手を上げ、結局全員が挙手した。私も上げた。そのとき、私はなぜか空を見上げた。手の先に、南十字星が強い光を放っていた。

「あと幾晩この星を見て寝られるのかな。あと何日かすれば、おれはもうこの世にいないんだな」との思いが突然頭をよぎった。あの星の輝きは目に焼きつき、七十年以上たっても忘れることができない。

「快く全員賛成してもらって満足である。人選は任せてほしい」という意味のことを言って、高官は去っていった。そのときに「特別攻撃」という言葉は聞かなかった。「特別な攻撃」をとらない限り戦局を挽回できないという言い方だった。

散会になり、だらだら歩いてデッキに戻った。みんな押し黙っていた。「くるときがきたな」とつぶやくような言葉がかすかに聞こえた。その夜も、みんなで酒を飲んだ。なにを話し

たかは全然覚えていない。

私は、翌日から特攻要員となった。いつなんどき、「特攻出撃をせよ」と命ぜられるかもしれない立場に置かれたことになる。しかし、フィリピンにいる約三か月間、爆装（爆弾吊下）して特攻出撃することはなかった。それがなぜかはわからない。元々の二〇一空隊員ではなかったためか、あるいは年齢を多少でも考慮されたためなのか。私は十七歳だった。

南十字星の夜、私たちは、自分の命を差し出すか拒否するかを問われた。しかし、軍人として拒否する勇気など普通ありはしない。「異議のある者は申し出よ」と言われても、とても言える雰囲気ではなかった。志願という体裁をとっても強制するのと同じだった。あの夜の〝志願要請〟について語るのは、今となっては私ぐらいかもしれないが、あのようなやり方は、いまでも疑問に思っている。

敷島隊出撃を見送る

私たちの二度目のデッキ（兵舎）も爆撃の標的になり、居られなくなった。三泊か四泊して、私たちは三番目のデッキに移ることになった。マバラカット西飛行場のそばに小屋がいくつか建ったという。

暑い日の朝だった。台湾からの仲間と、南飛行場からマニラ街道の舗装道路を歩いて、三番目のデッキへ向かった。飛行服を着て、歩くのには不向きな飛行靴を履いてグダングダンと歩いていった。引っ越しであるから、ボストンバックを各自手に提げていた。三十分も歩いただろうか。マバラカット飛行場から出撃する戦闘機隊があるということを聞き、私たちは見送ることにして、滑走路わきに並んだ。それが、関行男大尉*注を隊長とする第一神風特別攻撃隊敷島隊の出撃だった。十月二十五日午前のことだ。爆装機（爆弾を抱えたゼロ戦）と直掩機《ちょくえん》（援護機）が飛び上がっていった。私たちは帽子を脱いで振った。振りながら、ひとごとではない気がしてきた。いずれ送られる身になるのだから。

帽振りで特攻機を見送る

関行男大尉

奇しくも私は、最初の特攻出撃を見送り、そして最後の特攻出撃命令がでた翌年八月十五日に自分自身がまさに出撃するところだった。十か月余りのゼロ戦特攻の全期間、私はずっとその現場に在りつづけることになる。

敷島隊を見送ったあと、私たちはマバラカット東飛行場の南側に新築されたデッキに向って歩いていった。どぶ川の岸辺に小屋はあった。竹で作った柱の上に、椰子の葉の屋根をかけた、やはり冒険ダン吉風の小屋だった。下から一メートルぐらいのところに、竹を縦に二つに割ったものが床として渡してあり、梯子で上がった。いわゆるニッパハウスだ。四畳半ぐらい広さで、そこに四人ずつ割り当てられた。米軍の残した毛布を使っても、背中に硬い竹が当たって痛く、よく眠れなかった。それに、床には竹と竹との間に隙間があって、そこから刃物で突然刺されるような気がしていた。反日ゲリラの恐怖だ。外で陸軍の歩哨が守ってはいたけれど。

敷島隊が特攻に成功したことは、その日のうちに隊内に知れわたった。特攻機がアメリカの航空母艦に突っ込むのを、直掩機が上空から見とどけて、セブ基地の司令に報告した。そこからクラーク基地にあてた無線を受信したとき、周りで聞いていた人がいたらしい。伝わるのは早かった。空母一隻を撃沈、空母一隻と巡洋艦一隻に各一機命中大火災というものだった。*注

「やったぞ」「よしおれも航空母艦をやろう」とおおいに湧いた。

神風四隊の半分は、セブ基地とダバオ基地へ動いていた。特攻隊員の最初の戦死は、実は関大尉より前で、二十一日にセブ基地からでた学徒出身で大和隊隊長の中尉だったと、後から聞いた。ただ、戦果は認められていない。

＊注　関行男大尉　大正十（一九二一）年生まれ、海軍兵学校七〇期。台南空から前月末に二〇一空に転属になったばかりだった。根っからの戦闘機乗りではなく、もとは艦上爆撃機のパイロットだった。二〇一空の生え抜きではない関大尉が、なぜ特攻一号の隊長に選ばれたのかについては、諸説ある。

＊注　アメリカ側の資料によれば、護衛空母一隻沈没、同一隻大破、同二隻小破と、日本側の確認より大きな被害となっている。

ロープで爆弾をくくりつけ

神風特別攻撃隊は元からの一航艦・二〇一空の隊員を中心に編成された。ところが、その中に、二航艦・嵐戦闘隊の仲間が二、三人入っていて、びっくりした。その一人がK二飛曹だった。整列した隊員の中に並んでいるのを見つけた。彼がどうして……と。

もうひとつ驚いたのは、二百五十キロ爆弾をワイヤーのようなロープでゼロ戦の腹に縛りつけてあったことだ。私はこの後も、爆弾をロープで縛って出撃した特攻機を、この目で何機も見た。ロープで爆弾をしばりつけたゼロ戦はいったん飛び上がったら、二度と着陸することができないのではないかと思った。着陸のときに爆弾を抱いたままだと、でこぼこの滑走路でバウンドして地面に接触し、爆発するかもしれない。飛び上がったら死ぬよりほかない。一緒にいた仲間もみんな同じことを感じたらしく、おし黙ってしまった。

私たちは、見送りの位置で帽振《ぼうふ》れをした。ところがまもなく、K二飛曹のゼロ戦だけが戻ってきた。エンジン不調らしい。腹にロープで縛った爆弾を抱いたまま滑走路へ入ってくる。まだ残っていた見送りの人や整備兵は、爆発するのではないかと飛び散った。私も身を守りながら成り行きを見ていた。彼は上手に着陸して、爆発はしなかった。

風防を開けて降りてくるなり、「飛行機！　飛行機！」と狂ったように叫び、整備兵に「すぐ替えの飛行機に爆弾を積みかえろ」と怒鳴った。再び出撃しようとしている。殺気ばしっていて、「どうしたんだ」と聞くことすらできない雰囲気だった。そこに、本部から伝令がきて「司令から『出撃マテ』がかかった」と伝えた。これを聞いて、見送りの人々はぞろぞろと引きあげていった。だけど、私たち数人は同じ隊だったから帰るわけにはいかなかった。

K二飛曹は『マテ』に従おうとしなかった。

「俺は昨日、一緒に死のうとみんなと約束したんだ。俺一人生き延びるわけにはいかない」と叫んでいた。

「そうか、約束したんだ」と、私は彼の気持ちがわかる気がした。

彼は立ったままで待っていた。十五分ほどかけて別のゼロ戦にロープで爆弾がくくりつけられた。K二飛曹は白いマフラーをパッと巻きなおしてエンジンをかけ、残った人たちに敬礼をして一機で飛び発っていった。彼は帰ってこなかった。

K二飛曹は予科練の丙飛（水兵から選抜）だった。歳が一つか二つ上で、いつもにこにこしていて気持ちのよい男だった。二航艦・嵐戦闘隊員として、私より一足早く台湾からフィリピンにきたようだ。フィリピンにきたばかりで、いきなり特攻に組み入れられたことが不思議でならなかった。

私たち嵐戦闘機隊は、整備のできたゼロ戦から数回に分かれてバラバラに飛んできた。降りた基地で誰の指揮をうけるのか判然としていなかった。このとき二〇一空には、ゼロ戦はわずか三十機ほどしか残っていなかったらしい。二〇一空の幹部にしてみれば、増員要請をしているところに、あちらこちらからゼロ戦が次々と飛んできた。しかも命令する者がいないとなれば、搭乗員とゼロ戦をまるごと自分の配下に入れようと考えても不思議はなかったかもしれない。すでに指揮系統が乱れていたように感じられた。

Ｋ二飛曹には「ともに死のうと約束したのだから、行く」という頑固さがあった。それで行ったのだから立派だと思っている。

特攻で戦死した人の名簿（『特別攻撃隊全史』特攻隊戦没者慰霊平和祈念協会）に、Ｋ二飛曹の名はない。特攻機で戦死しても「特攻死」としては扱われなかったのだ。あるいは、司令の『マテ』の命令に違反したからなのか。「特攻死」すると二階級特進する。その判断は、現場の指揮官がしていたようだった。

ゼロ戦にはもともと爆弾を付ける装置がなかった。ゼロ戦に爆弾を抱かせるという思想は、開発当初はなかったはずだ。南の方で戦っていたゼロ戦には、そういう装置は当然なかった。特別攻撃に対応して改装は簡単にはできなかったと思う。だからロープでくくりつけた。ワイヤーロープが多かったが、自動車の積み荷をしばるようなロープもあったように思う。増槽タンクを吊るでっぱりがボディの下にあったので、そこに結びつけたのだろう。*注

＊注　反跳爆弾攻撃　爆弾を魚雷のように使う攻撃方法があった。始めたのはアメリカ軍で、スキップ・ボンビングと呼んだ。日本では反跳爆弾と呼んだ。『神風特別攻撃隊の記録』（猪口力平、中島正）によれば、日本では、二〇一空戦闘機隊が十九年八月下旬から訓練を始めた。爆弾を抱いたゼロ戦が高度わずか十メートルで敵艦に接近、目標の二百メートルほど手前で二百五十キロ爆弾を投下すると、爆弾は海面を数回跳ねて船の横腹に命中するという。機はすぐに高度を上げて退避する攻撃方法だ。ゼロ戦の燃料タンクの取り付け装置の改装によって、二百五十キロ爆弾を吊下できるようにしていたという。したがって、初めての特攻編成時に、二〇一空には二百五十キロ爆弾を吊

せる機能をもったゼロ戦が存在したことになる。この時期、二〇一空の反跳爆弾の訓練をしたゼロ戦以外には、爆弾吊下装置は取り付けられていなかったとみられる。爆弾吊下機能をもつゼロ戦は五二型以降とされる。

＊注　ゼロ戦に爆弾を針金でくくりつけたという記録はほかにもある。鹿児島・鹿屋基地で特攻要員だった海軍飛行予備学生の杉山幸照・元少尉が、『特別攻撃隊　日本の戦史別巻4』（毎日新聞社）の「悪夢の墓標」で、次のように書いている。「零戦の腹に、針金でくくりつけられた五百キロ爆弾は重く、このような離陸の訓練を、一度もしたことのない友らは、気力だけで飛び上がったものである」。二十年春以降のことのようである。このころになっても、まだ機械的に爆弾を吊るせないゼロ戦があったのだろうか。ロープや針金でくくりつけた爆弾は、搭乗員の意志によって落とすことはできない。敵戦闘機と対した時、空戦ないし回避行動はとれず標的とされるばかりであり、不時着の場合は爆死する可能性が高かった。

■〝特攻志願〟の夜はいつか

航空機による特攻隊編成の経過について、これまでの〝定説〟は以下のとおりだ。

①十九年十月十九日夜から二十日朝にかけ、第一航空艦隊（一航艦）の大西瀧治郎司令長官が二〇一航空隊に、第一神風特攻隊（敷島、大和、朝日、山櫻隊）を編成し、二十一日から出撃した。二十五日に敷島隊が四度目の出撃で特攻を遂げた。

②第二航空艦隊（二航艦）の福留繁司令長官は、当初大西長官からの特攻編成の申し入れに応じなかったが、二十五日の敷島隊の成功で特攻編成を決断した。

大舘二飛曹の二二一航空隊は、福留長官指揮下の二航艦に属す。〝定説〟を前提とすれば、大舘二飛曹らが南十字星の夜に特攻志願をさせられたのは、長官が決断した二十五日以降でなければならないことになる。また、こんな記録もある。「日付は明らかでないが、十月末のある日」、福留長官が二航艦二二一空隊員らに特攻訓示をし、志願者を募集した。ただし、その場は「ぎらぎらと太陽が照り付ける滑走路」（『特攻の真意』神立直紀）であり、大舘氏の記憶とは異なっている。

大舘氏の記憶にある星明りのもとでの〝特攻志願〟に関する記録や裏付ける資料は、私たちが調べたかぎり見当たらない。しかし、大舘二飛曹らに対する特攻志願の要請が二十五日よりも前になされたことは、十分に考えられる。大舘氏は「はじめは意味が分からず、聞いているうちにわかってきた」のである。もし、それが敷島隊成功の後であったとすれば、大舘二飛曹らに対する特攻の説示は、「敷島隊が成功した。貴様らも続け」といった明瞭な言い方となったであろう。また、敷島隊の成果はその日のうちに隊内に広がったと、大舘氏は言っており、〝特攻志願の要請〟が二十五日以降であれば、幹部の発言意図はすぐに理解できたであろう。

さらに特攻に関する諸著作や記録に、大舘証言が不自然ではないことを示す記述がある。

①二航艦二二一空は数次にわたってフィリピンに進出した。その際、同空の三隊（三〇八、三一二、三一三）のうち第一陣は十月十八日の三〇八隊で、二十三日までに二二一空の全機がフィリピン入りしたとの説がある（ウィキペディア）。大舘氏の記憶では、自身のフィリピン進出は第一陣ではなかったものの、比較的早い時期だった。

②二十日の特攻隊の編成命令の中には「司令は今後の増強兵力をもってする特別攻撃の編成をあらかじめ準備すべし」（『戦史叢書　海軍捷号作戦〈2〉』防衛庁防衛研究所戦史室）とあり、大西

長官は当初から特攻拡大の方針を採っていたともみられる。
③十月十九日夜に集合させられたのは、玉井浅一副長の子飼いといわれる甲飛一〇期生二十三名にすぎず、二〇一空の全員ではなかった。また、敷島隊などが編成された二十日、中島飛行長は大和隊員らを率いてセブ基地に進出し、全隊員を招集して特攻の説明と志願要求をしている（『神風特別攻撃隊の記録』猪口力平、中島正）。
④十九日クラーク基地に到着した第一三航空艦隊三八一航空隊の黒澤丈夫隊長（戦後、群馬県上野村村長）らは、大西長官の指示で特攻のために二十三機の飛行機を提供させられた（『零戦最後の証言』神立尚紀）。
⑤二十四日夜、第三航空艦隊二五二航空隊の宮崎勇一飛曹は、同隊の飛行長から「二五二空から特攻要員五名を二〇一空に派遣する」と言い渡された（同）。
⑥当時海軍においては、戦闘機は、所属組織に関わらず、着陸した基地でそこの指揮官の命令下に入ることになっていた（空地分離の制度）（『戦史叢書　大本営海軍部・聯合艦隊〈6〉』防衛庁防衛研究所戦史室）。

以上に照らせば、二十日以降、二十五日の福留長官の特攻編成決断に先立ち、順次クラーク基地群に飛来してきていた一航艦二〇一空の隊員以外に対して、大西長官の特攻増強の強い意志を受けた一航艦幹部が、中島飛行長がセブ基地で行ったような特攻志願要求（③）をすることは十分あり得ることだろう。

このことは「いつの間にか一航艦二〇一空の隊員になっていた」など、当時の指揮系統の乱れを暗示する大舘氏の記憶とも符合する。そして、大舘氏が南十字星の夜にすでに〝特攻志願〟をしていたとすれば、二十五日以降に福留長官が二二一空隊員らにぎらぎらと太陽が照り付ける滑走路で訓示をした際、大舘氏がそこにいなかったことはむしろ自然だ。

大西長官は二十日夕にマニラに戻っており、再びクラーク基地にきたのは敷島隊突入の後であった。したがって、大舘氏の記憶にある特攻志願要求をした幹部の中には大西長官は含まれず、猪口力平参謀、玉井浅一副長らだと考えられる。

以上あくまで著作文献による推測の域をでないが、大舘氏の証言は特攻戦史の未解明部分に新たな光を当てるように思われる。

タクロバン攻撃

十月下旬以降、レイテ島タクロバンのアメリカ輸送船団を攻撃した。それが特攻志願を要求された〝南十字星の夜〟の前か後かは覚えていない。あるいは前にも後にも攻撃はあったかもしれない。マッカーサーの軍はタクロバンへ上陸し、物資を揚げ飛行場を作っていた。その輸送船団を叩きにいったのだ。出撃前夜、「明日攻撃する」と告げられたとき、「タクロバンってどこだ」などと話しあった記憶がある。米軍がレイテ島に上陸したところがタクロバンであると、それまで私たちには知らされていなかった。

その夜、私たちのデッキにおおぜいの航空隊員がいきなり入ってきた。誰かわからなかったが、懐中電灯で顔を照らして、艦上攻撃機と艦上爆撃機の搭乗員だとわかって、「おう」となった。「明日の制空をよろしく」という挨拶をしにきたのだった。明かりはろうそくだけで顔はぼやっとしか見えなかったが、酒を飲み交わし、一体感が生まれて前夜祭のようだった。まだ士気は高かった。

タクロバン攻撃の規模はレイテ総攻撃よりは小さかったが、戦爆連合の攻撃だ。後ろをみると、爆撃機、雷撃機が各二、三十機並び、その後ろに一式陸攻が密集隊形で編隊を組んでいた。はるか後ろには、高度五千から五千五百メートルで、後押さえの戦闘機がついていた。クラーク基地から南南東へ約五百キロ。もしも不時着するときは、ルソン島南部のレガスピー基地へ行けと言われていた。途中で島の形がはっきり見え、あれがレガスピーだとわかった。セブ島があって、その東がレイテ島。地図の通りだった。

前の方の戦闘機隊は、早くいきすぎるといけないので蛇行して調整し、編隊のままタクロバンへ入っていった。私は前衛の戦闘機隊。目をタカのようにして前を見ている。ちらりちらりと後ろや上下も見る。相手の戦闘機が上がってきたら、のしかかってやろうと思っていた。

十キロ手前がひとつの勝負どころだった。そこでひと戦《いくさ》する。向こうの戦闘機はやはり上がってきた。艦載機ではないようだった。基地から陸伝いに来た飛行機らしい。数は少なく、高度はこちらが上だから、僚機がみんな墜としてしまったようだ。だれが撃ったかはわからなかった。

目的地に着き、爆撃機はそのまま高度を下げて敵船を爆撃した。下からものすごい対空砲火を撃ってきた。砲煙がたなびいて、どこが海でどこから陸かわからなかったが、風で煙がさっと引いた瞬間、船がいっぱい見えた。まるで海が船団で埋まっているようだった。

ゼロ戦は上で旋回しながら哨戒していた。下から砲火がくるから、自分の機を滑らせて、ちょっと下見るのが精一杯。だが、ともかく制空権をとっているから、安心して爆撃できたはずだ。爆撃機は爆弾を落としたら仕事は終わりだ。戦闘機も一緒に帰った。私の護衛した爆撃機は全機が無事だったが、爆弾が命中したかどうかは砲煙でわからなかった。

攻撃中に、私の近くで翼から火を噴いているゼロ戦があった。パイロットが風防を開け、にこっと笑ってこちらに手を振り、キューっと一直線に急降下して突っ込んでいった。「やった！　俺も死ぬときはこうやって死のう」と思った。寄せ集めの部隊だったから、誰だかわからない。翼をひどくやられて、もう基地へは帰ることができないと判断したのだろう。下は弾幕で全然見えず、彼がどこに突っ込んだのかわからなかった。タクロバンへはくり返し攻撃にいったが、アメリカ軍の反撃はすさまじく、台湾沖で仕留めたはずの航空母艦は、ほんとうは傷んでいなかったことを実感した。

グラマンから機銃掃射

タクロバン攻撃から帰ってきた日のことだったと思う。着陸してゼロ戦を整備兵に渡し、基地の指揮官に報告しようと、滑走路を駆け足で指揮所に行きかけたとき、はっと後ろを振り返った。百五十メートルぐらいの距離にグラマンが一機、超低空で来ていた。風向きで、至近距離でも爆音が聞こえないことがある。私は顔を飛行機に向けた。機銃の軸線がこちらに合っているかどうかを見るためだ。合っていなければ安全だ。ところが、軸線はぴたりとこちらに向いている。とっさにぱっと飛び伏せた。同時にバラバラバラと機銃掃射があった。伏せた両側と前と後ろに、パッパッパと土煙があがった。一発も当たらなかったのは、たまたま弾と弾の間に体を置けたからだ。ほんとうに幸運というほかはなかった。ゼロ戦を狙わず、降りたパイロットである私を殺そうとしたのだと思ったら、怒りが込み上げてきた。

グラマンに機銃掃射を浴びた経験はもう一度ある。しばらく後、空襲情報のない日に仲間五、六人とマニラ街道を歩いていたときのことだ。いつも基地の中ばかりだったから、まだ一度も見たことがない近くの町に行ってみようと。着ているのは飛行服。マニラ街道を歩いているうち、なにか妙な気配を感じて後ろを見たら、グラマンが一機超低空で、すーっと迫ってきていた。前の経験とまったく同じ状況だった。

みんな気がつかないふりをして、そのまま我慢して歩きつづけた。グラマンとの距離を勘で測って、銃口が火を噴くぎりぎりまで待った。そして、誰かが「いまだ！」と声をかけたとたん、一斉に両側へぱっと横跳びし道脇の茂みに飛び込んだ。次の瞬間、ババッと撃ってきた。街道の上に土煙の筋が上がったが、誰にも当たらなかった。

街路樹だと思って飛び込んだところは、サボテンの茂みだった。高さは数メートルで棘《とげ》の長さは十センチ以上もあるものだった。棘が背中や顔に刺さって傷だらけになって痛かった。目を突かなくてよかったと思った。その時はサボテンと確認する間もなかった。フィリピンにこんな大きな棘のあるサボテンが生えているとは、そのときまで知らなかった。みんな血だらけになって悔しがった。

息を合わせて冷静な対応ができたのは、全員が戦闘機の特性を知っていたからだ。飛行機の機銃は向きが固定しているから、急に横に動かれると、機銃はこちらの動きを追っては動けない。早くから逃げると飛行機が向きを変える。だから、我慢して向きを変えられないところまで引き付けたのだった。

町に出るときは後ろにも用心しなきゃだめだぞと、隊に帰って話したが、私はそれ以降町に出かけなかった。いつどこで命を落とすかわからない。いま命があっても、夕方に思いがけず死んでしまうかもしれない。そんなことを思い知らされた。

戦闘機がただ一機、はぐれ鳥みたいに来て機銃掃射していく。狙いはパイロット。これはアメリカ軍の得意わざみたいだった。みんな「きたないマネをする」と言っていた。こういう場合、私ならパイロットを銃撃するなんてしない。武士道に反する。日本の海軍機がそういうことをしたという話も聞いたことがなかった。戦闘機乗りは戦闘機に乗っているときが勝負だ。先祖が活躍した鎌倉時代は、武人は武人としての死に場所が与えられただろう。自分の意志で戦をした。我々のように、ある日ある瞬間、突然死に投げ込まれてしまうような戦争ではなかったのではないだろうか。

出撃の日々

フィリピンに着いてからしばらくの間、毎日のように出撃した。基地の上を高度五千メートルでぐるぐる回って守った。船団護衛もした。陸軍兵があふれんばかりに乗った船がルソン島西部の海をやってきて南下していた。何日も交代で護衛した。護衛は四機編隊で八機だったり二十四機だったりした。私はいつも三番機で、隊長機は海軍兵学校出の大尉だった。結局その船団が無事にレイテ島に着いたかどうかはわからない。途中で沈められたとも、うわさに聞いた。

ある日、基地が空襲されるとの情報が入った。敵機は東から来る。私たちはゼロ戦に飛び乗り、ピナツボ山を越えてはるか西海岸を目指した。そこまでいったん飛び、同山の陰にかくれた。そして六千とか七千とかの高度をとって基地の上空へ戻った。敵機が、迎撃の日本機はいないと思い、基地攻撃に夢中になっているところに、いつの間にかゼロ戦が現われ、上空から急降下してきた。あわてた敵機は散り散りになって帰っていった。なにごとも基本どおりではなかった。離陸は、風に向って上がるのが基本だが、風が北に向いて吹いていても、東に向って飛び上がらなくてはならないこともあった。あっという間に敵機が頭の上に来てしまうから。

隣りの中隊長は撃墜王

複数の中隊が同時に出撃する機会がしばしばあった。別の中隊で、とても元気がよく目立つ中隊長がいた。掛け声が私たちのところにまで届いてくることもあった。

「あの人誰だろう」と話していると、「あれが、菅野直大尉だよ」*注と誰かが教えてくれ、有名な撃墜王であることを知った。出撃のときは必ず真っ先に立って行くという感じで、とにかく迫力があった。若い戦闘機乗りが休んでいるところに、菅野さんは入っていって、どっかとあぐらをかき、「みんな元気か」「しっかり休めよ」などと話しかけている姿をよく見た。「あの時はちょっとまずかったな」と、豪快に笑い飛ばしていることもあった。菅野さんの周りには、若い隊員がサイダーを片手に自然に集まり、「戦う仲間」という雰囲気ができていた。

私は直接話をする機会はなかったが、新選組の近藤勇はこんな人だったのではないだろうかと想像し、菅野中隊長の隊で一緒に飛びたいなと思った。兵学校出でこのような魅力をもった人に、私はほかに会うことはなかった。

＊注　菅野直（かんの・なおし）　大正十（一九二一）年生まれ。海軍兵学校七〇期。太平洋戦争後期の撃墜王の一人。戦争末期には、新鋭戦闘機紫電改で編成された第三四三航空隊（剣隊）で、B29などの大型機を相手に激闘を続け、昭和二十年八月一日戦死。

ゼロ戦がなくなる

アメリカ軍の爆撃はますます激しさを増し、昼となく夜となく一日に何波も攻撃がくるようになった。日中安閑としていられず、夜もおちおち寝ていられなくなり、力の差が身にしみた。

飛行機はできるだけ掩体壕《えんたいごう》に入れたが、限りがあり、多くは林の奥に運び葉っぱを乗せてカモフラージュした。高い木があまりなかったから、隠すのがたいへんだった。滑走路のわきにそのまま置いた飛行機は、爆撃で次々とつぶされていった。目の前で燃え上がるのをただ見ているほかなかった。

アメリカ軍の爆撃が終わると、みんな自分の飛行機が無事かと見に行った。私のゼロ戦はそれでもかなりの期間残っていた。クラーク基地に比較的はやく到着したから、条件のよいところに隠すことができたのだ。あとからきた戦闘機は隠す場所に恵まれず、たちまち燃やされてしまった。フィリピンへきて景気がよかったのは、初めの数日間だけだった。

　使える飛行機が減るにつれて、次第に搭乗員のほうが飛行機の数より多い状況になっていった。すると、だんだん隊内の空気が変わってきた。

「こんどの特攻は、どこの隊がいくのか」「ボルネオからきた者かシンガポールではないのか。最近でていないから」などと、だんだん後ろ向きになっていった。最初のころとは、気分が全然違ってしまっていた。やがて隠してあったゼロ戦も一機残らずつぶされてしまった。

　暑くて汗をたくさんかくのに、むろん風呂などはなかった。フィリピンにいた三か月半、一度も風呂に入らなかった。だれもが体が臭く、みんな疥癬《かいせん》にかかって痒《かゆ》がっていたが、つける薬はなかった。

　空襲がなさそうなときをみはからって、基地のそばを流れるバンバン川で水浴びしたことがあった。戦闘機隊の全員が一度に入るわけにはいかず、交代で入った。すぐそばで水牛が入っている泥水だったが、かまわず顔や体を洗った。わずか十分間ほどで体もふかずにでたが、それでも十分に気持ちがよかった。たった一度だけの水浴びだった。

　私はこの間、ひげを剃らず髪も刈らなかった。みんな髪もひげも伸び放題で、山男みたいになっていた。ひげをハサミでそろえている者もいたが、左右で長さが違ったりしていた。下帯（褌）を洗っている暇もなかった。あまり汚れたのは捨てて、自分で手拭に紐を付けて作った。いろいろな模様のがあった。

新名丈夫記者

フィリピンから特攻がさかんに出るようになったころ、毎日新聞の有名な記者がクラーク基地にいて、取材活動をしていた。新名丈夫《しんみょうたけお》さん*注といった。私たちより早くからクラーク基地にきていた。私たちの隊に朝から晩まで一緒に生活しながら、いろいろ写真を撮っていた。私たちは親しみを込めてシンミョウサンと呼んでいた。

新名さんほど特攻隊員に食い込んでいた新聞記者はいなかった。現場で取材し、見たことを克明に記録していた。私たちとはまったく違うところからものを見ていた。

「うろ覚えですけれど、そのとき、〇〇さんと〇〇さんはこうでしたよ」などと、搭乗員の消息にも通じていた。

新名さんは「オヤジさん」というような雰囲気を持っていた。年齢が離れていたこともあり、私は父親みたいな感じがしてつきあいやすかった。私たちが飲んでいるところにきて、「今日は一杯やりましょう」と、すっと座り込む。「なにか役に立つことがあったら、苦しんでいることがあったら、家族に伝えてあげましょう」などと気配りのある人だった。本当の酒飲みのつきあいだった。私たちはすっかり気を許していた。そんな新名さんだから、「明日ゆきます」とわざわざ告げて出撃していった者もいた。

各社いろいろな記者がいたけれど、記憶には残っている人はほかにいない。他の記者は私たちには接触してこず、自分では爆弾を抱いていく気のないような人のところにばかり話を聞きに行っていた。そのことに私たちは感づいていた。だからそのような記者がたまに私たちのところにきても、なにも話さなかった。記者は若い人が多くて、我々の生活に関連した記事などには関心がなかったこともあるだろう。

戦後、新名さんと何度も会った。私は戦友会「二〇五空会」の幹事をしていた。招待状出したわけではないのに、どこからか聞きつけて必ず来てくれた。特攻隊員の気持ちを理解してくれている人だった。

＊注　新名丈夫　昭和十九（一九四四）年二月二十三日の毎日新聞一面記事で、「竹槍では間に合わぬ飛行機だ、海洋飛行機だ」と書いたところ、東条英機首相が激怒し、三十七歳で報復徴兵された。しかし、海軍がかばい、まもなく除隊になった。フィリピンに派遣されたのは、この事件の後のことだった。戦後、毎日新聞社論説委員。

山ごもりせよ

爆撃に耐えるばかりの日々になったころ、私はマラリアにかかってしまった。三十八度から四十度の熱が出てひどい悪寒がし、ブルブルと震えがとまらなかった。それが何日も続いた。栄養不足で抵抗力がないこともあり、隊員は次々と発症した。私たちのデッキは、衛生環境からいったら最悪だった。寝るところはニッパハウスか木の下だから、マラリアを媒介する蚊がどこからでもやってきて刺した。蚊は大きくて、飛ぶ音もブーンとやけに大きい気がした。蚊帳や蚊取り線香はとっくになかった。

軍医はキニーネの錠剤をくれた。処方はそれだけだった。これを真水で飲んでおけばよいという。だが、その真水が危なかった。沸騰させた湯冷ましはあるにはあったが、十分ではなかったから、そこらのチョロチョロした流れの水も飲み、下痢などいろいろな症状に見舞われた。キニーネは飲んでも全然効かなかったような気がする。ひどくなるのを抑える程度の効き目はあったのかもしれないが。もっとも飲まないで死んでしまった人もいるようだった。

小康状態になって峠を越したかと思うとまた発熱した。その繰り返しだった。熱がひいてもゾクゾクして、毎晩微熱がある感じがしていた。夜になるのがいやだった。また蚊が襲ってくるから。夜はだれもがぐったりしていた。軍医はどうしようもないと言っていた。

劣悪な環境の中でも、特攻出撃はあった。マラリアが発症したまま出撃した者もいた。熱を出してヤケで行った者もいた。熱がでているとき、酒はさすがに飲まなかった。

二十年一月、クラーク基地からみて北西約二百キロのリンガエン湾に、米軍が上陸してきた。すでに三か月前に南のレイテ島にマッカーサー軍が上陸していたので、マニラやクラーク基地の日本軍は南北から挟み撃ちされる形になった。クラーク基地には、海軍と陸軍のさまざまな部隊がいたが、その大部分が残され、山ごもりして戦うように命じられた。*注

*注　この時点で、クラーク基地には海軍機の搭乗員が四百数十人いた（『海と空の涯で』門司親徳）。

ゼロ戦のパイロットはインドネシア、マレー方面から集められた経験のあるパイロットが多く、空戦ができる点では、九州の基地で特攻のためだけに訓練された学徒出陣のパイロットより練度が高いとされていた。本土以外での最後の戦闘機隊ともいわれていた。そのパイロット

の大半は、ルソン島北部のツゲガラオ基地までの四百キロの山道を徒歩で行くことを命じられた。リンガエンに上陸し、マニラ街道を南下してくるアメリカ軍を避けて、マニラ街道の東側に数十キロ離れて並行する道を、アメリカ軍と山地越しにすれ違うように北上したのである。飛行服と飛行靴でいったから、歩きにくかったことだろう。

途中ところどころで、陸軍のトラックに乗せてもらった人も中にはいたらしい。食糧が少なく、ゲリラも出てたいへんだったようだ。ゲリラが夜襲ってくると、パイロットは持っていった拳銃で対抗したので、ゲリラは簡単には近づけなかったようだ。ツゲガラオ基地に着いた者の大部分は、飛行機で台湾へ脱出していった。そのことは台湾で再会した先輩の角田和男さんたちから聞いた。

一方、私を含めマラリアにかかった搭乗員は、死地に残されることになった。ほかにも下痢の者や胃の悪い者も残された。そのとき、私はテント張りの野戦病院に入院していた。軍医がいいと言わなければ、どこへも行けない。もうキニーネもなくなっていた。高熱はあるし、どうなるんだといっているうちに、「山へ入るから」とテントはたたまれてしまった。どうやら、残った搭乗員も地上要員とともに山に入って戦えという命令があったらしいが、私には伝えられていなかった。でも、みんなと一緒にゆくしかなかった。

一月中旬、私たち病気の者もクラーク基地の西方にそびえるピナツボ山を目指した。山に仮ごしらえの救護所があって、そこに向った。整備兵らの中にもマラリアにかかっている人はたくさんいた。同じ境遇のゼロ戦パイロットは二十人ほどだった。戦うために、というより病を治すために山へ入るという気分だった。

山ごもりが決まってから、飛行機を失ったパイロットへの風当たりが変わった。整備兵やほかの兵隊が「いままで搭乗員はいい思いをしてきたのだから、これぐらいは持っていってくれ。持っていかないと食うものがないぞ」と脅された。倉庫にあった米俵をわたされた。日本に昔からある藁で編んだ俵で、一俵十六貫（約六十キロ）もあるものだ。マラリアで苦しんでいる者にも、俵をひもで背中にくくりつけられた。重たい俵をやっとの思いで担いで、細い山道をあえぎあえぎ登っていった。ほかに荷物といえば、拳銃が二丁と弾丸があるばかりだった。

ピナツボ山は火山灰の山で、険しい岩場と密林があった。少し行っては休み、少し行っては休みして登った。頭が割れるようで、冷や汗がタラタラでた。だんだん気持ちが惨めになって、「あとどれほど生きていられるのだろうか」と真剣に思った。精神的なショックもあって、限界を感じた。ひどい負け戦だった。

標高五、六百メートルの山腹まで上がった。山へ入っても安心できる生活はなかった。蚊が平地よりたくさんいた。竹を切って岩と岩の間に渡し、そのうえに毛布を敷いて寝ていた。食べて寝るだけ、という日々だった。飯は、米に麦や雑穀を混ぜて炊いたものがでた。みんなほほがこけ、髪もひげも伸び放題で、目だけがぎょろぎょろと光っていた。若い志願兵は比較的元気だったけれど、応召の三十代、四十代の人はかなり弱っていた。

山籠もりするにつれて規律は崩れていった。誰が指揮をとっているのかもわからない状態だった。隊の形が崩れ、もう戦う軍隊の体をなしていなかった。その中で炊事担当の烹炊兵の立場が強くなった。食糧を握っているからだ。自分たちの食べ物をまず確保し、他の兵には文句の出ない程度少しずつ食事を作っている様子がうかがわれた。戦闘機隊担当の烹炊兵らの態度もそれまでとは違ってきた。

「搭乗員、搭乗員と威張っても、乗る飛行機がないんだから、もう搭乗員ではない」「搭乗員の白い飯を半分にしろ」などと、わざわざ近くへ来て、聞こえよがしに言う若い整備兵がいた。搭乗員とうまくいっていた整備の分隊長や班長は、少数派の搭乗員をかばってくれた。しかし、そうではない整備兵は搭乗員を目の敵にした。

　山には、飛行機の機銃をはずして持ってきていた。海軍航空隊の大型武器といえばそれがすべてだった。岩の上にそれを据え付けていた。ただ、弾はあまりなかったようだ。陸上部隊の一部は歩兵銃を持っていたが、整備兵など武器を全然もたない者もいた。

　パイロットの武器は十四年式拳銃。筒が長く、命中率はけっこう高い。私はそれをベルトに左右から差し、弾を飛行服のズボンのポケットに入れていた。パイロットはもともと、不時着したとき身を守るために拳銃を持っていた。鳥や獣を撃って食べなくてはならなくなったときに頼りになる。山には野ブタがたくさんいて、食べたことがあった。いよいよとなったら野ブタを撃って食べようと考えた。拳銃でアメリカ軍と戦う気持ちはあったが、弾を撃ち尽くしたらどうするかなんて、その先のことは考えようがなかった。どうせ死ぬのなら、飛行機乗りは飛行機で戦いたいとの思いは捨てがたくあった。

間一髪の脱出

電信兵はどちら側にもつかずにいて情報をくれた。山ごもりから半月ほどたったある日、班長が来て「新しい情報が入りました」という。手動発電式の無線機で、無電をキャッチできたらしい。「搭乗員は全員台湾へ行け」という命令だった。フイリピンから脱出する最後の飛行機が、指定日の深夜に飛んでくるという。

搭乗員だけが帰る——という情報はあっという間に隊内に広まった。それから、妙な雰囲気が山に満ちた。

「台湾へ行けば腹いっぱい食えるんだから、一食ぐらい抜いてもいいだろう」「拳銃を置いていってくれ」などという声が聞こえた。

しかし、ほんとうに迎えの飛行機が来るかどうかわからない。来なければ結局ここに戻ることになるのだから、拳銃をやってしまっては自分の武器がなくなる。そのような声は無視した。ただ、山を下りるとき毛布は置いてきた。米軍の兵舎にあったものだ。口ではいろいろ言っても、下山に際してトラブルはなかった。整備兵には私より若い人もいた。不快な思いはしたが、残された人たちはみな帰ってきたと思いたかった。しかし、山へ入った時点で、どうみても組織的戦闘能力はなかった。

電信兵がもたらした電報は、「〇〇時に、輸送機が戦闘機搭乗員を迎えにゆく。中飛行場にて待て」との命令だった。迎えまで三日ほどあったが、搭乗員はコメをもって早々に山を下りた。十五人から二十人ほどだったと思う。ゲリラの襲撃を避け、昼間は中飛行場の西端に近い小屋に隠れていた。

夜更けに小屋を出て飛行場に近づき、穴を掘り枯れ草を集めて火を起こした。火が敵に見つかるといけないので、穴の上をテント地のような厚い布ですっぽり覆ってコメを炊いた。久しぶりに温かい飯を腹いっぱい食べた。あとはおにぎりにして、その後に備えた。こうして二晩ほどすごした。

その夜は月明かりか星明りで、ものの形がはっきりわかるほど明るかった。輸送機はこの明るさだけをたよりに滑走路に降りてくることになる。

月や星が明るいとはいえ、誘導灯もなく着陸できるかどうかわからない。そうとうの操縦技量が必要だ。だいたい、ほんとうにダグラスが来るかさえ、半信半疑であった。来るとすれば、東にあるアラヤット山のほうからだろうというのが、一致した推測だった。北も南も敵だし、西には高いピナツボ山があり、高度を落とすことを考えると東からくるしかないということだ。

みんな草原に伏せ、東のほうに目を凝らして待っていた。やがて、アラヤット山の北側、星々の間に飛行機の灯りらしきものが小さく見えた。大胆にも両翼端の灯りをつけて飛んでいるらしい。やがて飛行機は南に針路をとって、中飛行場へ向ってくる様子。ブーンブーンという音もかすかに聞こえてきた。

「ダグラスの音だ」というつぶやきが聞こえた。開戦前にアメリカから買い入れた双発の輸送機だ。武装はなく、アメリカ軍に見つかったらおしまいだ。

「間違いない。ほんとうにきた」「見捨てられなかったんだ」と、口々に小さく叫び、小さく手を叩いた。アメリカ軍戦闘機に比べたら情けないようなダグラスの爆音が頼もしく聞こえた。

中飛行場はマニラ街道に対して、西側にほぼ直角に設けられている。機はマニラ街道の上をすれすれに横断して着陸し、滑走路を減速しながら走った。西端まで行くとやおらユーターン、ものすごい土煙をあげて止まった。みんな飛行機に向って夢中で駆けた。機体左側の扉が開き、中から「早く、早く」の声。土ぼこりが舞うなか、まさに脱兎のごとく駆けて飛び乗った。最後の一人が乗ると、「これで終わり!」。扉が閉められた。

ダグラスはエンジン全開で滑走路を走りだした。しかし、ゼロ戦に比べると滑走速度はなんとも遅く、なかなか離陸できない。「もっと早く。全速!」とどなる声が聞こえた。やっと離陸し、ほっとしたのもつかの間、窓の外にパッパ、パッパと赤い光が見えた。マニラ街道あたりから、こちらを狙って機関銃を撃っているのだ。すぐそこまで米軍が来ていたのだった。ダグラスは機を滑らせて弾を避けている。生きた心地がしなかった。

機内に座席はなく、十数人が床に胡坐をかいて座り、ロープにつかまっていた。まだ戦闘機が追撃してくる可能性がある。みんな必死に窓から外を見ていた。まず東に向かい、それからルソン島の上空をひたすら北にむかった。ルソン島の北部はまだアメリカ軍に制圧されていないはずだが、油断はできない。やがてルソン島を離れバシー海峡の上にでてから、ようやく「助かった」と思った。

リンガエンから南下するアメリカ軍に対して日本軍の抵抗はほとんどなかったようで、その進軍速度は早かった。それでもまだクラーク基地の全体を制圧していなかったことが、私たちには幸運だった。もし脱出の設定日が少し遅れていたら、ダグラスは近づくこともできなかっただろう。というよりほんの数分、いや数秒差で失敗したかもしれなかった。間一髪の脱出だった。

追撃の恐れがなくなったところで、「こんな危険な思いまでして救出にきたんだ。後がこわいぞ。ただではすまないぞ」という声がでた。それに「行きはよいよい、帰りはこわいだ」と返す余裕がでていた。決死の救出作戦に、みんなありがたさとその後の怖さを感じとっていた。命が助かったとはいえ、愉快な旅ではなかった。急激に歳をとったと感じた。

救出作戦は日吉（連合艦隊司令部）が考えたことではないだろうか、とみんなで話した。いったん見捨てた搭乗員を救出しろとは、それまでの日本軍のやり方からすると想像できないことだった。しかも、日本の軍隊にしては珍しく組織だっていた。私たちが山へ入ったことを上層部が把握していたのだろうか。ともかくゼロ戦のパイロットが一人でもほしかったのだろう。それだけ戦闘機乗りが少なくなっていたのだ。

戦争が終わって二十年ほどたってのこと。横浜に住む二〇五空会の戦友が、神奈川県内の別の搭乗員会に出席したところ、岩国で私と同期生（特乙一期）だった人と会い、彼がそのときのダグラスの操縦士だったことがわかった。さらにそれから何年もたって、靖国神社の慰霊祭で彼と再会した。

「大舘、おれを知っているか」と声をかけてきた。「フィリピンから脱出するとき、誰がダグラスを操縦していたと思っていたのか」と。

「あ、お前だったのか」と私。

フィリピン脱出時、誰が操縦しているかは関心の外だった。逃げ出すことだけで、気持ちの余裕がなかったから。あんな敵だらけの中、しかも星明りだけが頼りの夜に危険この上ない敵中救出作戦を成功させてくれた。改めてありがたいと思った。

■残された部隊

大西瀧治郎長官、福留繁長官ら一航艦と元二航艦の幹部は、一月十日から相次いで台湾へ脱出した。残された海軍航空隊員はクラーク複郭陣地防衛軍に再編成され、その防衛を命じられた。後方部隊を含め合計一万五千四百人といわれる。武器、弾薬、食糧、医療品がまったく不充分な各隊は悲惨な運命をたどることになった（『海と空の涯で』門司親徳）。城山三郎の『指揮官たちの特攻』では、「防衛軍」の生存者は、わずか四百五十人だったという。他は、米軍の厳しい掃蕩作戦にあって玉砕したのだった。ただ、クラーク中基地の佐多直大司令の第十六戦区部隊だけは無理な戦いをせず、ピナツボ山麓で自活の道を選び、敗戦後、隊伍を整え白旗を掲げて山を下った。

陸軍の大部隊も磨滅していった。結局、フィリピン戦では軍民合わせて計五十一万八千の日本人が死んだ。そのうち遺骨が収集されたのは約三十七万柱で、約十五万柱が依然野に埋もれている（読売新聞二〇一五年五月二十五日朝刊）。また、フィリピン人の死者は民間人を中心に百万人を超え、米軍の死者は一万五千人とされている。

第五章
❁ 台湾から特攻出撃

神風特別攻撃隊　大義隊

　フィリピンを脱出したダグラス輸送機は二十年二月三日未明、台湾・高雄基地に着陸した。三年二か月前に対米英戦を始めたとき、フィリピン方面の攻撃にこの高雄基地からも大編隊を送り出した。数時間前に離陸したクラーク基地も攻撃の対象となっていて、日本軍の圧倒的な強さを見せつけた。しかしいま、高雄基地はアメリカ軍の爆撃で荒れはてていた。

　まずは朝食がでた。炊き立ての白い飯、それに生卵をかけて食べた。これはほんとうにうまかった。烹炊兵が心配するほど食べた。それから四か月ぶりに風呂に入り、ひげをそった。高雄には一晩いて自動車で台南に移り、汽車で台中基地へいった。

　台中に着いたのは、五日の朝だった。クラーク基地から徒歩でツゲガラオに脱出したパイロット仲間が先に着いていていた。シンガポールやボルネオなど南方の生き残り部隊も台中に集結していた。フィリピンの山の中で死ぬほかないだろうと思われていた私たちが戻ったので、大騒ぎになった。

神風特別攻撃隊大義隊の47人

これで全部そろったと「総員集合」がかかり、第一航空艦隊二〇五航空隊が編成され、戦闘機搭乗員全員が改めて特攻隊員に指名された。司令には、フィリピンで最初の神風特別攻撃隊をだした二〇一空の司令だった玉井浅一中佐が就いた。私も、福留繁一航艦司令長官から口頭で辞令をもらった。福留長官は二航艦長官から一航艦長官になっていた。

神風特別攻撃隊大義隊の発足である。それまでは出撃のたびに特攻の隊名がつけられていたが、組織としての隊自体に特別攻撃隊と命名されたのは初めてで、一つしかないということだった。本土外では、空戦能力をもつ唯一の戦闘機隊ともいわれた。ゼロ戦の定数は百四十四機。戦斗三〇二、三一五、三一七の三隊が各四十八機という内容だ。初日から台中、新竹、台南基地で特攻待機に入った。

特攻用ゼロ戦を調達しに

しかし実際は、残っていたゼロ戦は多くなく、私の乗る飛行機はなかった。二月中旬、十数人に、内地にゼロ戦を取りにいけとの命令があった。ゼロ戦は鈴鹿の三菱重工業と群馬県太田の中島飛行機で造られていたから、二手にわかれた。私は鈴鹿へ行くことになり、新竹基地からダグラス輸送機で古巣の鹿児島・笠ノ原基地へ向った。

笠ノ原基地に着陸し、テントをはった指揮所へ申告した。そこには司令などが詰めている。先任者が「海軍二〇五航空隊〇〇以下何名、新機受領のためただ今到着」と仁義をきった。海軍航空隊では、到着の報告を「仁義をきる」といった。たしかに当時の航空隊の雰囲気はどこかやくざと似たところもあった。

指揮所には、偉そうな人が長椅子に座って威儀をただしていた。その脇に学徒出陣の少尉がおよそ二百人、四列に並んで指揮所の両側にあぐらをかいていた。分隊長は、以前笠ノ原基地で嵐戦闘機隊の分隊士だった浅井大尉であった。

目があうと、浅井大尉は「カズ」と大声で呼び、にこにこしながら近づいてきた。あのころ、といっても一年もたっていないが、分隊士だった大尉が分隊長になり、その基地にいた。彼は海軍兵学校出だが、なんとなく私たちと通じるものがあると感じていた。私が台湾に進出してから会っていなかったので、しばしその後の体験を話した。月日が随分経ったような気がした。

翌日、私たちは汽車で鈴鹿に向った。三重県津市の古めかしい旅館に泊まり、久しぶりに軟らかい布団の中で寝た。翌朝、三菱重工業から迎えの高級車がきて飛行場に行き、夕方から完成したばかりのゼロ戦のテストパイロットをした。このなかの調子のよい機に乗って帰るのだ。この数日間、特攻出撃の命令を受ける心配はなく、死の束縛から解放されたようで、気楽な時間を過ごした。

テストしたゼロ戦は六二型だった。笠ノ原で最初に乗ったのは三二型だった。ゼロ戦はこの間に改造が繰り返されていた。工場の滑走路を使ってテストをした。第一印象は「これは重いな」だった。なかなか浮力がつかない。滑走が長く必要で、操縦桿を引っ張る時間が長くなった。三二型だと三十メートルほどいくと浮く感じがあったが、六二型はエンジン全開にして七十から八十メートルいっても浮く感じがしなかった。

三二型では同体内の七・七ミリ機銃二基と翼に二十ミリ機銃二基だったのが、六二型では胴体内の機銃は十三ミリ一基になったが、翼には、従来の二十ミリ機銃二基のほか新たに十三ミリ機銃二基が設けられ、左右の翼に計四基の機銃が並んだ。弾倉も大きくなった。つまり、武装を強化したため機体が重くなったのだ。それなのに、エンジンはもとの千馬力のまま。攻撃力は強くなっても全体の性能としては改悪ではないかと感じられた。そして、爆弾を吊下《ちょうか》できる装置がとりつけられていた。

「三笠宮」を護衛し上海へ

二月二十四日か二十五日だと思う。真新しいゼロ戦で台湾へ帰る途中、再び鹿児島・笠ノ原基地へ寄った。群馬の中島飛行機へ行った仲間と合流して十数人になっていた。これを浅井分隊長は待っていたようだった。

「基幹隊員としてこのままここに残って、学徒兵を引っ張ってほしい」と私たちは懇願された。当時、海軍の搭乗員は、降りた基地の指揮官の命令にしたがうことになっていたらしいのだが、これは命令ではなかった。

「まずいな。弱ったな」と思った。学徒出陣の搭乗員の教育係になって、宙返りや攻撃方法を教えてほしいということだ。その場では答えず、みんなで相談して返事をすることになった。

その夜、宿舎に割り当てられた畳の部屋で、全員が酒を飲みながら相談した。みな年若いけれど、フィリピンなどの最前線で苦しい戦いをしてきた者ばかりで、どこかに戦塵の臭いをまとっていた。そんな私たちの経験を浅井大尉は知っていて、「引っ張ってくれ」と言ったのだった。笠ノ原にも人材が払底しているということなのだろう。私たちは、これまでに学徒出陣組の練度を聞き知っていた。

「引っ張ってくれといわれても、困ったな」とみんな言った。

全員がすでに特攻隊員だから、台湾に戻れば特攻で死ななければならない。ここに残れば生き残れるかもしれない。専任教員として同じデッキの中でも特別室に入ることが約束される。しかも分隊長に直に頼まれて残れば、出陣学徒の二百人と同じ兵舎で同じ飯ということではないだろう。しかし、みんな残るのはいやだという。

「命が惜しくて残ったな、と言われたくない」

「内地の飯を食ったら、とたんに気が弱くなったと言われるぞ」

それは、私もいやであった。原隊に帰る──それがみんなの気分だった。生き残った者たちはそれで気持ちが一つに固まっていた。

「みんながいるところへ帰ろう」「みんなと一緒に死にたい」という。

命令一下で死地に赴くひとつの塊がすでにできあがっていた。その塊に戻りたいということなのだ。しかし、分隊長が自ら多くの部下の前で言ったことだ。無碍には断れない。杯を口にしながら、「俺はいやだ」「俺もいやだな」などと、同じことを繰り返すばかりだった。

「カズ、貴様が分隊長を知っていたから声をかけられたんだぞ。貴様は残らなくてはしょうがないよ」という発言がでた。たしかに私は浅井大尉にかわいがられていた。が、冗談ではないと思った。

「俺だけ残して、みんな帰るのか」と言うと、「そうだカズだけ残すわけにはいかない」と助け舟がでて、喧々ごうごうとなった。

そのとき、入り口の引き戸が静かに開いて、これまで見たことのないような軍装の人が入ってきた。みんな一斉にそちらを見た。白っぽい幅の広い帯を肩からかけていた。その白さが真っ先に目に入ってきた。なぜか立って敬礼をしようとする者はいなかった。「なんだろう」とけげんな顔つきだっただろう。その人は、丁寧な言葉づかいで言った。

「あなたがたは、明日台湾へ戻られる搭乗員ですか」

「そうです」とみんな向き直った。そして、続く言葉に息を飲んだ。

「じつは、私は三笠宮崇仁殿下の侍従でして、宮様は明日、陸攻機で中国の上海にわたられるのですが、護衛の戦闘機が一機もついていないのです。宮様の身が案じられてなりません。あなた方は台湾へ帰ると聞きました。まことに申し訳ありませんが、上海まわりで台湾へ帰ってもらえないでしょうか」

みんな茫然として、顔を見合わせた。そんな高貴な人がなぜこのようなところに、このような時間にいるのか、誰も理解できないでいた。私の記憶では、この人は確かに〝侍従〟という言葉を使った。あとで仲間と話したのだから、私一人の記憶ではない。

＊注　三笠宮崇仁《みかさのみやたかひと》親王　大正四（一九一五）年十二月生まれ。大正天皇の第四皇子。陸軍士官学校を出て終戦時少佐。古代オリエント学の研究者でもある。皇位継承順位五位。

＊注　侍従　天皇の近くにつき従う文官。ほかに「侍従武官」がある。各宮家には「宮家付武官」が置かれたが、当時三笠宮家にはいなかった。ここでは、軍服の人が「侍従」と自称した、との記憶をそのままに掲載する。

ようやく、一人が「じつはそのことで、みんなで話し合っていたところなのです」と私たちの置かれた立場を説明した。

すると、「上海まわりで行ってくれれば、その話は消えるでしょう」という。そうであれば渡りに船といえる。しかし、私たちだけで決めることはできない。本隊は台湾にあり、「飛行機を調達したら、帰ってこい」が命令だ。私たちは相談して態度を決めることにし、〝侍従〟には部屋の中で待っていてもらったが、結論は初めから決まっているようなものだった。

「私たちに異存はありません。しかし、本隊の意向を聞いていただきたい」と先任者が答えた。すると、〝侍従〟は喜んで出ていった。その人はその夜のうちに、またやってきた。

「上海に送ってくれたら、福建省回りで台湾に帰っていただくことになりました」という。どのような手順を踏んだかわからないが、ともかく私たちはその言葉に従うことにした。浅井分隊長には、私が報告にいった。

「宮様のたってのご要望ですので、我々は従います。よろしくお願いします」

浅井さんはすでに事情がわかっていたようで、苦い顔をしてニヤニヤ笑っていた。なんとも気まずかった。

翌朝、天気はよかった。私を含めて八機、二個小隊が三笠宮様機を護衛した。笠ノ原基地を離陸して、すぐそばの鹿屋基地の上空で旋回して待っていると、やがて宮様が乗っているはずの一式陸攻が上がってきた。陸攻機の左右に四機ずつの編隊を組んだ。私は右側の編隊の三番機。つまり一式陸攻の右側に一番近い位置だ。

私たちは鹿児島湾を西に横切り外海にでると、やや右に針路をとった。目標は済州島だ。右手前方に島影がかすかに見えたところで、こんどは操縦桿をやや左に倒して西南西に向けた。その先に上海がある。一旦済州島を目指す針路をとったのは、安全なコースを選んだように思われた。

陸攻機の右側には、窓が幾つもあって、前から三番目か四番目の窓だけに人影があった。ほかの窓には誰もいなかった。陸攻機がちょっと揺れた時、私はゼロ戦を一式陸攻の翼の近くにすーっと寄せた。機体が水平に戻ったとき、その窓から宮様とおぼしき方がこちらを向かれ、手を振って挨拶してくださった。にこやかなお顔で喜んでいるように見えた。三、四十メートルの距離で、表情がよく見えた。この方が三笠宮様に違いないと思った。私はかるく会釈した。

そして、真剣に護衛しなくてはならない――と改めて思った。

針路を変えてしばらくすると、海水が青と黄色にくっきりと分かれている海域となった。それまで、鹿児島から台湾に行くには沖縄諸島の上を飛んだから、黄色い海の水を見るのは初めてだった。だんだん黄色の海域が広く濃くなってきた。黄海とはこういうことなのか、と知った。そろそろ大陸が見えるはずだと思っていたが、なかなか見えてこない。後でわかったことだが、私たちはすでに揚子江の河口に入っていたのだ。あまりに広くて、まだ海だと思っていたのだった。揚子江の色も黄色かった。

翼下待機

やがて上海の海軍基地に着いた。一式陸攻が無事着陸し、乗員数人が降りて建物のほうに歩いていくのを、上空で警戒しながら見とどけて、私たちも着陸した。ほっとしたのもつかの間で、指揮所に仁義をきりにいくと、現地の司令から「翼下待機」の命令がでた。降りた基地の指揮官の命令に従う決まりは、「空地分離」*注と言っていたらしい。

＊注　空地分離の制度　昭和十九年七月、嶋田繁太郎軍令部総長が、航空兵力の迅速な移動集中を目的に、空中部隊と地上部隊との分離など奏上した。これより、海軍機は、所属外でも降りた基地の指揮官の命令に従うこととなった。指揮系統乱れの一因との批判もある。着想者は源田實中佐とされる。

翼下待機とは、片時も機から離れず翼の下で寝ろということ。太平洋にいたアメリカ機動部隊が沖縄―台湾の線を突破して東シナ海に入ってきた、という情報がもたらされたからだ。ところが驚いたことに、このとき中国大陸に海軍の戦闘機は一機もないというのだった。私たちは朝から晩まで、四機交代で三時間ずつ上空にあがって警戒した。へとへとになった。数日後、アメリカ機動部隊が去ったとの情報があった。でも、また戻ってくるかもしれないと、さらにとどめられた。機動部隊が戻ってくる気配がなくなるまで、十日ぐらい上海にいたのではないだろうか。

翼下待機が解けた後、酒保（軍用の売店）に行くため上海の街になんどか出かけた。ヨーロッパ風のビルが整然と立ち並ぶきれいな街だった。中国にこのような立派な街があるのかと驚いた。ほどなく、中国大陸の海岸線を南下し、福建省上空経由で台湾に帰った。

三笠宮様を乗せてきた一式陸攻はすぐに帰っていったようだった。宮様の目的はもちろん知らされず、その後の行動は知る由もない。どのようにして帰国されたのかもわからない。こうした護衛は、本来なら上から命令の形でくるべき話だ。宮様の侍従という人が、我々などに直に頼みにくるなど、普通なら考えられないことだ。そのような方が私たちの宿舎に来ること自体がおかしいと思った。いかに飛行機が足りないとはいえ、護衛の戦闘機が一機もないこともありえないことではないか。面倒を見てくれるところがどこもなかったのだろうかなどと想像し、強い違和感が残った。ただ、その時はあまり深く考えなかった。私たちにしてみれば、台湾に帰りたい一心だったのだ。

三笠宮様は、東条内閣に対し特異な行動をとったことがあると、戦後聞き及んだ。それにしても、あのような時期に危険のある戦地にどうして行かれたのだろうか。宮様は陸軍に籍のある方なのに、搭乗機を陸軍ではなく海軍に頼む。海軍も一式陸攻一機を出しただけで、護衛機をださない。昭和天皇の弟宮に対して、軍はなぜこんなに冷ややかだったのだろうか、不思議に思えてならない。

否定も肯定もしない三笠宮様

三笠宮上海行護衛について、私たち（太田・西嶋）はさまざまな資料に当たったが、裏付けをとることができなかった。そして、二〇一五年秋、宮様ご本人に書面で質問を差し上げたところ、「（当時のことは）思いだせない」との否定でも肯定でもない答えをいただいた。その後の調査によっても確認はできていないが、私たちは、三笠宮様は戦争早期終結のため極めて高いレベルの意を受け、蔣介石政権を相手に日中和平工作のために活動した、との見方を強めている。調査や質問などは、巻末の「付記」で詳述する。

白鞘の短刀を拝受

上海から戻ってまもない三月九日、大義隊の命名式が台中基地であった。辞令に百三人の名前が書かれていた。それぞれが、白鞘の短刀一振りを頂いた。鞘に『贈　神風　豊田副武』と連合艦隊司令長官の墨書があり、我が分身と思うことにした。

大義隊の主な任務は台湾と沖縄の防衛で、アメリカ機動部隊の動向に応じて特攻攻撃するこ

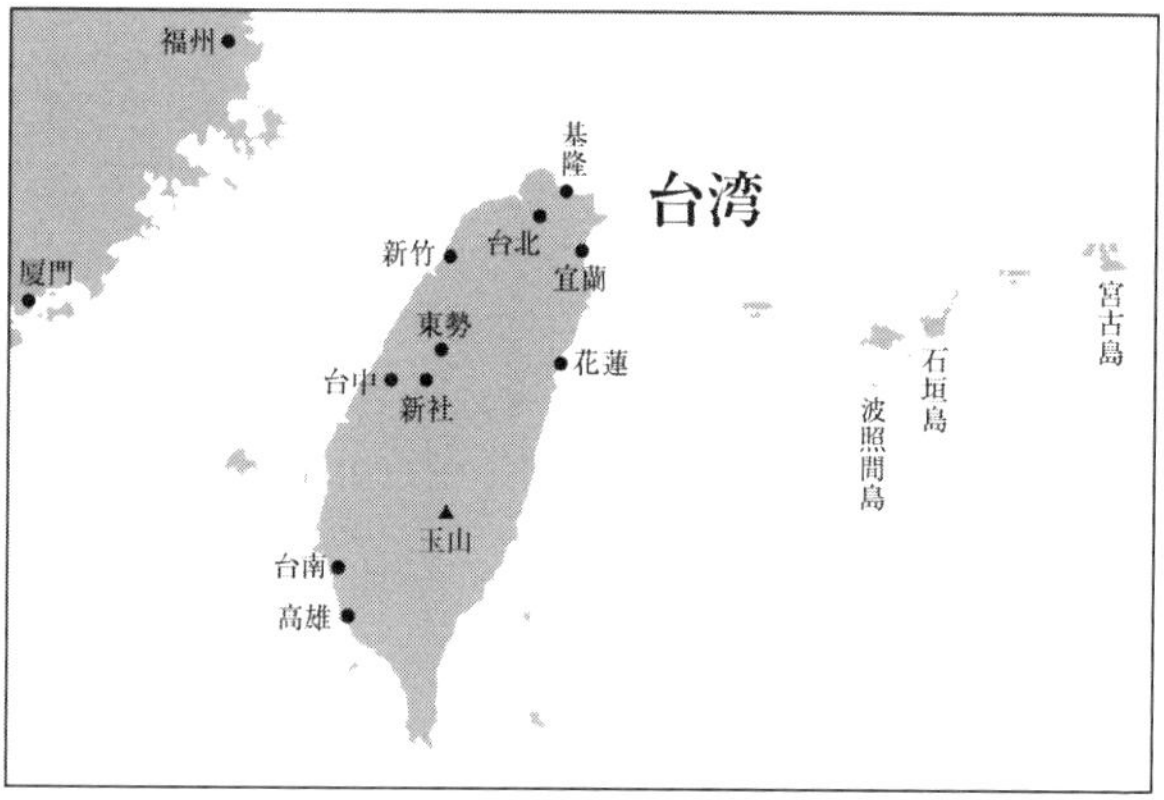

とだった。当時としては比較的練度の高い搭乗員で構成されていたため、一義的には輸送船などは対象とせず、第一の攻撃目標は航空母艦にあった。本拠は台中基地で、新社、台南、新竹、宜蘭、石垣島、宮古島基地などに分遣隊が置かれた。中国大陸から大型爆撃機の来襲はしばしばあって、邀撃《ようげき》し、敵機動部隊接近の情報がないときは、あいかわらず激しい戦闘訓練があった。

　台中基地では、デッキ（兵舎）から滑走路まで一キロか一・五キロあった。朝食が終わるころ、迎えのトラックがきた。トラックが着くと、「おーい、きたぞ。遅れるな」と誰かが叫ぶ。するとたいがい「ちょっと待ってくれ、あと一分」などという者がいた。最後の一人を収容して、滑走路まで荷台に立つか座るかしていった。我々は荷物と同じ扱いだった。トラックは飛行場の指揮所で止まる。指揮所の脇に、私たち特攻隊員の待機所があった。テントの中に汚れた毛布が敷いてあった。飛行靴を脱いで、横になったりあぐらをかいたり、ゴロゴロしながらおしゃべりをし、眠りたい者はそこで寝ていた。アメリカ軍の情報がときどき伝えられていた。そうして、出撃命令を待つのだ。特攻出撃のほかに訓練もあり、台南とか高雄の基地に書類を運ぶ要務飛行もあった。

　三月半ばになると、アメリカ機動部隊が台湾東方海上で策動する、との情報が入るようになった。やがて大義隊は、台湾の東海岸北部にある宜蘭に主力を移し、石垣、宮古島を前進基地として特攻攻撃をすることになった。私も宜蘭に飛んだ。司令部も宜蘭に移っていった。

五百キロ爆弾は重かった

ゼロ戦の抱く爆弾は、五百キロ爆弾が多くなっていた。長さ二メートル五十センチもある。とにかく大きい。地上に置いてあるとき、それをポンポンと叩いて「あー、おれはこれと心中するのか」と、思わずつぶやいてしまったこともある。ゼロ戦六二型の重さは二トンを少し超えるぐらいだ。そんなゼロ戦の腹の下に自重の四分の一もある爆弾を吊り下げる。爆弾を乗せる台車を離すと、機体がぐっと沈むのがわかった。脚のスプリングが縮み、タイヤや脚がミシミシと気持ちの悪い音をたてた。ゼロ戦はもともと爆弾を抱くようには作られていない。重たい爆弾をつけて滑走するときはスプリングが効かず、滑走路の穴の衝撃がもろにきた。

　爆弾を抱かない場合、弱い向かい風だと百から百二十メートルぐらいで離陸したが、二百五十キロ爆弾を抱くと、エンジンを思いっきりふかして五百メートル前後になった。離陸してからも上昇角度が鈍かった。五百キロ爆弾になると、滑走路の一番端から全速かけていかないと上がらない。滑走路が短いと上がらない気がするほどだ。「飛び上がってくれ、頼むよ」と毎回祈るような気持だった。そもそもエンジンを思い切りふかさないと、動き始めようともしなかった。

五百キロ爆弾を抱いて巡航するときは、レバーを前に押し続けた。エンジンをふかし続けるということだ。飛んでいるだけでやっとという感じで、航続距離も短くなった。爆装していないときとは、操縦感触が全然違った。爆装のゼロ戦に初めて乗った者は、これで戦えるのかと口が重くなった。戦闘機に五百キロ爆弾を積むなど、苦しまぎれの発想にほかならないと感じていた。

台中の大舘和夫

穏やかなひととき

二度目の台湾でも、休日には床屋へいってきれいにしてもらった。爆撃はあったけれど床屋へ行くぐらいの余裕はあった。台湾は日本だ、としみじみ感じる時間だった。ある日、仲間と写真館へ行き、写真を撮ってもらった。今日それが残っている。開襟の半袖シャツにカーキ色の軍服。わりとさっぱりした格好で台湾の町を歩いていた。ここでは、飛行服では出歩かなかった。一緒に写真屋へ行った二人は特攻で戦死した。

台中にいるときに、下宿しに来てほしいといわれた家があった。下宿とは、休日に訪れて泊まる日本人の家庭だ。早稲田の工科を出て台湾へ渡り、軍需工場の工場長をしていた人が主人だった。台湾の日系工場の「長」の付く人はほとんど日本人だったようだ。台湾銀行に勤めていたお嬢さんがいた。私たちと同じぐらいの年かちょっと下だった。仲間四人とここを下宿に決めた。外出許可がでたときに泊まることになる。下宿へ行く前に、必ず飲む所を決めていた。それから下宿へ行き、「今夜は宴会をするので帰るか帰らないかわかりません」と告げることもあった。

外出するときは、バスをチャーターして基地から町まで送り迎えしてもらった。町一番の目抜き通りにあった台湾銀行本店の前で乗降した。そこに女の子の〝ファン〟がたくさん待っていた。出撃すれば生きて帰れるかどうかわからない身に、平和な一瞬だった。

戦局　沖縄戦と特攻

フィリピンを完全制圧したアメリカ軍は、次のターゲットを沖縄に定めて、まず慶良間諸島に上陸し、昭和二十（一九四五）年四月一日から大規模な上陸作戦を開始した。日本本土の攻撃に向けて、台湾を素通りする形となった。沖縄作戦でアメリカ軍が動員したのは、正規空母十六、護衛空母二十八、戦艦二十三、巡洋艦三十九、駆逐艦二百五隻、それに多数の輸送船で沖縄周辺の海はアメリカ艦船で充満した。陸海軍合わせて四十五万人、うち地上軍十八万人の空前の大部隊だった。

これに対して、日本軍は陸軍を中心に約十二万人の戦力で、沖縄本島を要塞化して激しい迎撃戦に持ち込んだ。空と海からの特攻攻撃も盛んに行われた。「本土決戦」までの時間稼ぎという認識が軍指導部にはあったといわれ、三か月間に渡って最大の国内戦が行われた。地上戦だけで民間人を含めて約二十万人が亡くなった。アメリカ軍の死者は一万二千人だった。

第205海軍航空隊の「戦時日誌」
（昭和20年２月）
「侍従武官搭乗機直掩護衛ヲ実施スベシ」などの記述がある
（防衛省防衛研究所蔵）

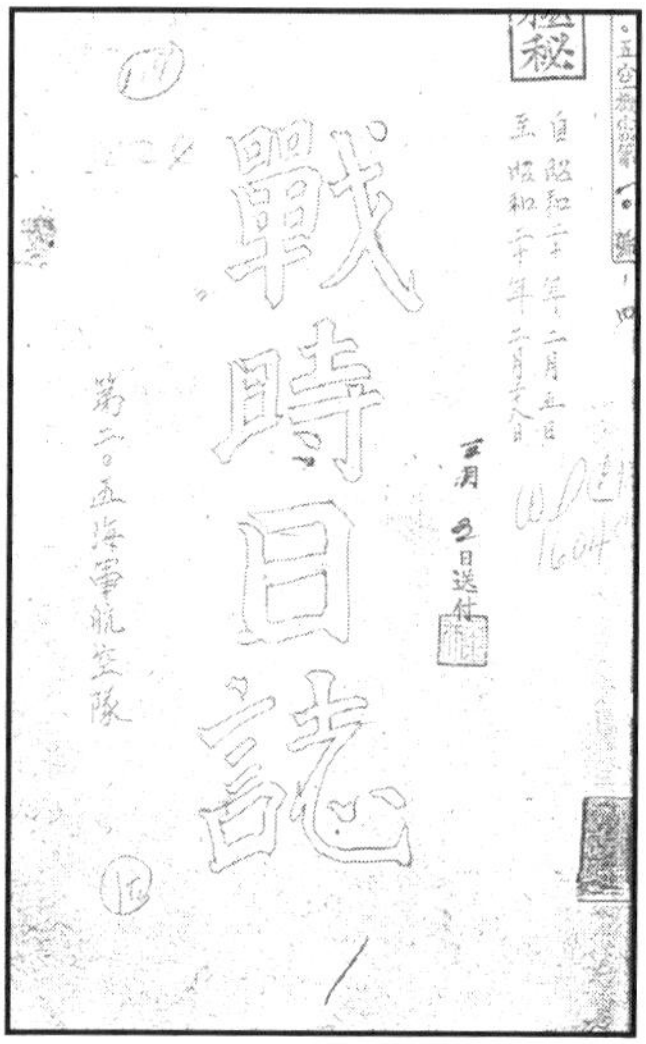
秘

自昭和二十年二月一日
至昭和二十年二月末日

戦時日誌

第二〇五海軍航空隊

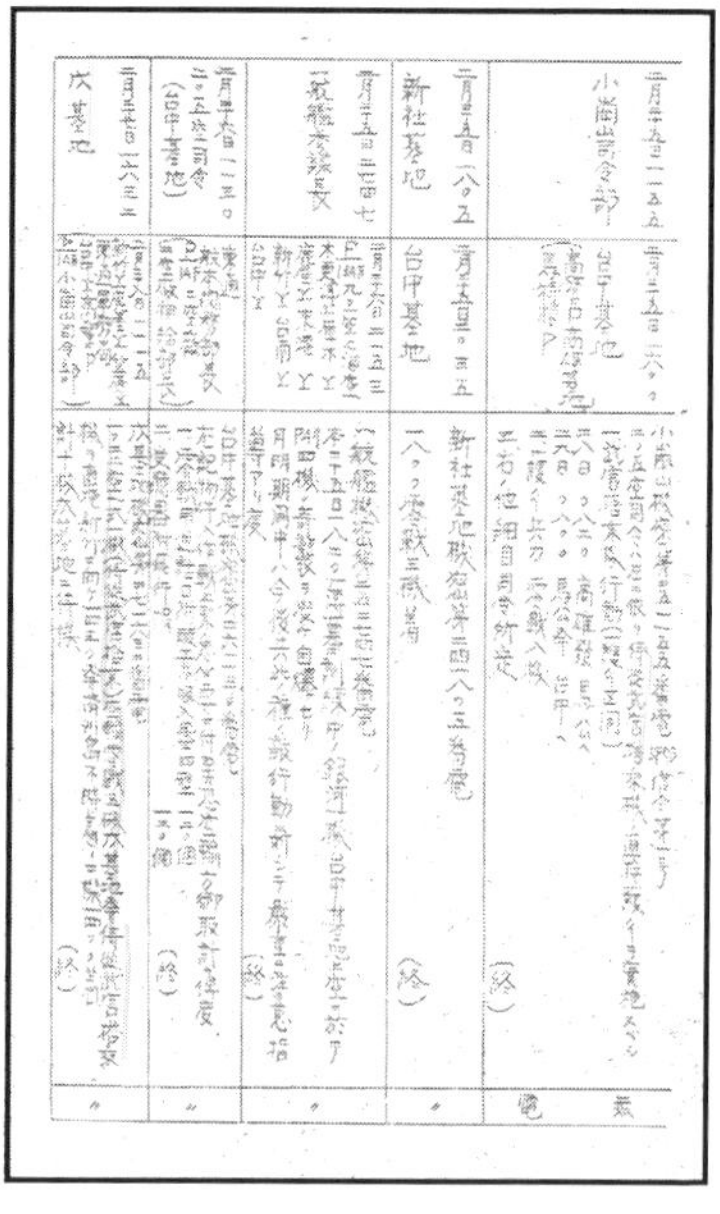

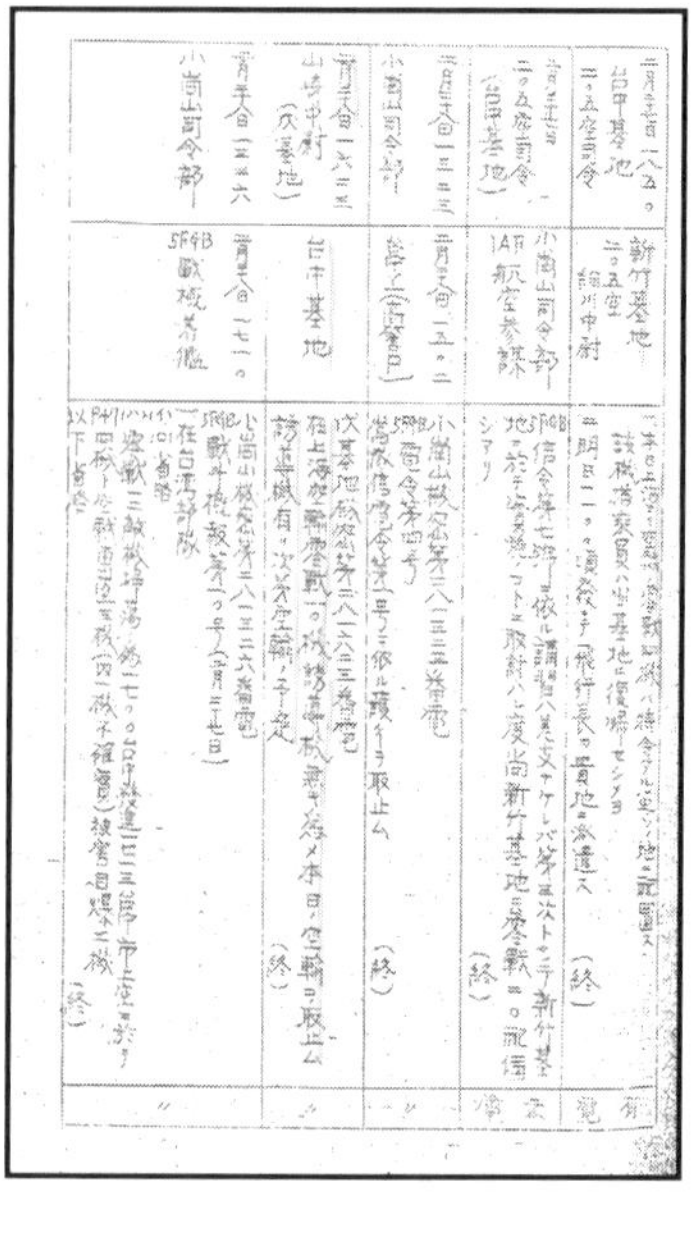

海軍の内部資料「戦斗詳報」「戦時日誌」（防衛研究所蔵）などを元に、戦後、二〇五航空隊生存者が記録冊子『海軍第二〇五航空隊　神風特別攻撃隊大義隊　戦斗概要綴』をまとめた。これによると、四月一日の第一大義隊以降、沖縄を攻撃する艦船に対し二十三回にわたって特別攻撃が行われた。

第一大義隊は、沖縄方面のアメリカ機動部隊攻撃のため、宮古島、新竹、台南基地から、ゼロ戦計二十機が四波にわかれて出撃した。爆装のゼロ戦は六機、直掩《ちょくえん》十四機で、四機が未帰還だった。宮古島から出撃した第二索敵線の三機は、宮古島の南九十浬（約百四十キロ、一浬＝千八百五十二メートル）でアメリカ機動部隊を発見、航空母艦に突入、命中した。この後、六日間連日特攻出撃があった。

初めての特攻出撃

ゼロ戦の特攻出撃には、爆装と直掩の二通りあった。爆装機は二百五十キロか五百キロの爆弾を吊下《ちょうか》して米英の艦船に体当たりする。直掩機は、爆装機を敵戦闘機から守るとともに上空から戦果を見とどけ、帰還して報告する役割を担っていた。

私が初めて特攻出撃したのは、四月四日の第四大義隊、五百キロ爆弾を抱いての爆装出撃だった。四機編隊のゼロ戦は午前七時三十五分、石垣島基地を離陸した。爆装は二機。偵察機が空母四隻を発見していた。これに突入するために空母群を追跡した。

高度わずか十メートルから十五メートル。レーダーに感知されないように海面すれすれに飛ぶのだ。この高度で敵戦闘機に見つかれば、劣位戦などというものではない。相手に上から降ってこられたら避けようがない。高度があれば、劣位でも下に向い、加速度をつけつつ逃げることもできるが、十メートルでは下には行けない。旋回すれば、翼端が海に触れ、その瞬間墜ちてしまう。しかも、この高度で五百キロ爆弾は落せない。爆風やしぶきで飛行機の腹をやられてしまう。落とすには、二百メートルぐらいまでは上がりたい。だから、敵より少しでも早く相手を見つけなくてはならない。

高度計に微妙な高さはでないから、目測でいくしかなかった。海面ばかり見ていて、空はもう目に入らない。一瞬でも気が緩んだらおしまいだ。凪のときは紺青のうねりの上を畳の上をいくように操縦できるが、荒れた海は怖い。黒々とした海面から波が数メートル持ち上がっては砕ける。その白い波頭がゼロ戦のすぐ下で激しいしぶきをあげている。プロペラや翼にかかったら墜ちるのではないかと強い恐怖を感じた。黒い海と白い波頭。今も目に焼き付いている。

この日、海は荒れてはなく、前ばかり必死で見ていた。やがて、右十五度ぐらいの水平線の少し上、雲のあたりに芥子粒が点々と見えた。僚機もほとんど同時に気がついて、合図しあった。それが敵機なら、高度四千ぐらいだろう。みんな風防にのしかかるようにして目を凝らしている。私たちはすでに高度を上げつつある。爆弾を投下して空戦するか、あるいは帰投するかは搭乗者各自が判断する。芥子粒が小豆粒ぐらいになり、「敵機に間違いない」と感じたとき、私は空戦する決心をし、爆弾を落とした。機体がふわっと浮き上がった。ほとんど同時に僚機も落とし、五百キロ爆弾が二発連続して海面で爆発した。これで相手もこちらにはっきり気づき、高度をさらに上げてくるだろう。私たちもぐんぐん高度を上げ、ときどき水平飛行をして相手を確認した。急上昇ばかりだと、前が見えず相手を見失ってしまう。

グラマンF６F四機が近づいてきた。高度は六千ぐらい、こちらはやっと二千ほど、これでは勝負にならない。上からの一撃だけは避けたいと思いつつ、機銃をまともに受けるつもりで真っ直ぐいった。プロペラで相手の腹をかんでやろう、という気でいった。相手がもし回避しようとしたらこっちのものだが、相手はスピードがついていて、こちらはスピードがでていない。圧倒的に不利な状況だ。相手はまっすぐ向かってくる。こちらはもっとスピードをつける必要がある。私は機首を下に向けた。すると、相手に後ろにつかれ、あっという間に近くなった。「危ない！」と思った瞬間、片足のペダルを思いっきり踏んで、同時に操縦桿を反対側に倒した。ゼロ戦が斜め前方に滑ると同時に、相手が機銃を撃ってきた。弾はそれていった。滑らせることで、相手の機銃の弾道をずらせたのだ。その動作の瞬間がほんのわずか早すぎても遅すぎても相手の餌食になったかもしれなかった。

グラマンは重なるようにやってきた。どのように交戦したかはもう覚えていないが、ともかく危機を脱出した。空戦は数分で終わった。ものすごく疲れた。僚機とも離れ離れになってしまった。

基地に帰ろう——。ところが、自分が今どこにいるのか、わからな

グラマンヘルキャット

くなっていた。ものすごい緊張と集中の後だからだ。しばらくして感覚が戻ると、まず恐れたのは敵のいる方角に向っているのではないか、ということだった。左足の太ももにチャート（航空地図）を止めてある。右足の太ももにはジュラルミンの板の上に記録盤というメモ帳をバンドで止めてあった。上空へ上がれば上がるほど記憶力が落ちるから、いろいろ書き留めておく必要がある。自分の向かう方向などを鉛筆で書いておけば、帰る方角がわかる。行きは何度の角度で飛び、帰りは何度で……などと。

しかし、敵機が近くにいるうちはそれを見ることができない。安全なところまで飛んで、前後左右、上と下の方角を確認してから、記録盤と航空地図を見た。百三十五度で来て、このへんで空戦に入って、確か二回宙返りをしたから、向きはこっちだろうか、と羅針儀を見ながら考えた。帰路は、行くべき角度を口の中で繰り返しながら行った。「二百六十度、二百六十度……」と。そうしないと、忘れてしまうような気がした。

結局、出撃した石垣島基地ではなく宮古島がみえたので、宮古島基地に着陸した。一番機も飛んできた。他の爆装機は石垣島の西北端に不時着し、直掩機は石垣島基地に帰った。全機無事だと知った。私たちはその日のうちに石垣島に戻った。同じ日の午後、石垣島から別の八機が飛び発ち、一機が高速輸送艦に突入した、と聞いた。

連日の爆装特攻

石垣島に来襲したアメリカ機が撃墜され、脱出したパイロットの所持品からアメリカ機動部隊の位置を記した航空地図が見つかった。五日早朝、「ただちに出撃！」との命令がだされた。待ったなしだった。連日、五百キロの爆装出撃。第五大義隊である。

午前七時二十分石垣島基地から二機（爆装一、直掩一）が宮古島南方に出撃、やや遅れて五機（爆装三、直掩二）が出撃した。私は後発の隊だった。命令内容は、石垣島南方の波照間《はてるま》島に向い、そこを起点に進行方向に対して右に一一〇度の角度で八十浬《かいり》（約百五十キロ、一浬は千八百五十二メートル）を行き、そこでさらに右に方向転換して十浬（約十八キロ）の索敵攻撃だった。まもなく爆装の一機がエンジン不調で引き返し、四機となった。

それから十分ほど飛んだとき、一番機で直掩の竹内好人中尉機のエンジンが突然止まった。高度わずか十五メートル。中尉が必死にエンジンをかけようとしている様子が、私の右斜め前を飛ぶ機内にちらりと見えたが、たちまち海に突っ込んでしまった。水を切るような角度だったから、水しぶきもあまり上がらず、あっという間に海中に没していった。ほんの数秒間のことだった。

五機で出たのがあっという間に三機になってしまった。一番機の位置に二番機の堀幸一上飛曹が上がり、代わって指揮をとった。残ったのは、堀機のほか直掩の香川克己一飛曹だ。

空母から発進する特攻機

数分後、前方の海面に潜水艦の潜望鏡がスーッと上がってきて、白波が立つのが見えた。アメリカの潜水艦に違いない。これをどうするか。一番機から「やるか？」と風防越しに手信号がきた。この潜水艦を爆撃するかという意味だ。ゼロ戦に無線機はあったが、全く役に立たないシロモノだった。私は「いやだ」と手信号で返答した。二番機も「いやだ」。潜水艦を攻撃すれば命令違反になるし、それよりもっと大物、つまり航空母艦を狙いたい気持ちが強かった。三人とも同じ考えであることがわかり、攻撃しないことにした。潜水艦は白い泡を残し、慌てて潜航していった。

その後、予定進路を索敵したが、敵はついに見つからなかった。「敵見ず」と戻る。それはいやなものだった。石垣島周辺は豪雨のため着陸不能と判断されたので、西進して台湾東海岸の花蓮基地を目指した。前方に台湾の島影が見えた地点で爆弾を落とすことにした。状態の悪い滑走路に爆弾を抱いたまま着陸すると、爆弾が滑走路に接触して爆発する恐れがあるからだ。下をみると、青い海に魚の大群がみえた。爆装の二機が五百キロ爆弾を投下し、花蓮基地に着陸した。基地で、電信兵に別に出た仲間はどうしたかを聞いた。未帰還だった。その二機については、「敵機動部隊攻撃以后消息不明」と『戦斗概要』に記されている。

翌日、宿舎の朝食に、魚料理ばかりが山のようにでた。昨日の爆弾投下で死んだ魚が大量に打ち上げられた、とのことだった。漁民は喜んでいたようだけど、それほど魚ばかりは食べられなかった。第五大義隊は七機が出撃、三機が未帰還となった。

戦後二十年を経た桜の咲くころ、靖国神社で二〇五空慰霊祭が行われたとき、竹内中尉の姉さんと妹さんが出席されたので、戦死した時の状況を詳しく説明した。戦死公報だけでは最期の様子がわからず、知りたく思っていたのだそうだ。見逃した潜水艦については、戦後アメリカで戦史の記録を閲覧してきた人がいて、私たちと思われる日本機と遭遇したとの記述が潜水艦艦長の報告書に記載されていたと聞いた。「潜望鏡を上げようとしたら、日本機が飛んできた。爆弾を一個でも落とされたら助からなかったろう」といった意味の記述があったそうだ。

デッキの中で

兵舎にはわずかな電灯しかなかった。ろうそくのうすぼんやりした明るさの中で、毎晩のように酒を飲んだ。チビチビと口にもっていくだけだった。先輩たちはさかんに気合を入れていたけれど、こちらは未成年だ。酒の味などわからないから、雰囲気で飲むだけだ。誰言うともなく、「明日の戦闘はどうかな」。「貴様と俺はしっかり編隊組んでいこうな」という話になってしまう。

搭乗員だけに配られる航空食が二日か三日に一回あった。中には清酒の二合瓶が一本と煙草、操縦中に眠くならないような菓子もあった。酒を飲んでいて、食べ物が足りなくなると、烹炊《ほうすい》場から手に入れてきた。

「カズ、貴様行ってこいよ」

「じゃあ、行ってくるか」と拳銃を二丁持ち、死んだ仲間が残した拳銃弾を飛行服のポケットに入れジャラジャラと音を立てながら烹炊場へ。

「班長、食べ物がなくなった。頼みます」

班長が「もう食べちゃったの」などと言ったら、二発ぐらい上に向けて撃つつもりだった。実際、発砲した仲間もいた。班長はしぶしぶ倉庫を開けて缶詰をくれた。明日は死ぬ人たちだからしょうがないと思ったのだろう。「缶詰来たぞ」と持って帰り、ろうそくの灯りのそばで開けた。カチャカチャと音がした。開けたばかりの缶に、箸が三膳も四膳も突っ込まれた。

毎日の戦闘で、二個小隊出撃して三分の一は帰ってこなかったとか、二、三日してまた出撃して十六機のうち六機帰ってこなかったとか、「死んだ、生きた」を繰り返す日々が当たり前になっていった。「俺も早く戦果を挙げて、後を追いたい」と、焦るような気分になることもあった。やがて搭乗員同士では、「明日は誰が行くのかい」「俺だよ」と妙に軽い調子でやりとりするようになった。誰が生きて、誰が死ぬか、ということにあまり関心をもたなくなっていた。頭にあるのは、うまくやれるかどうか、だけになっていった。

酒を飲むと、「みんな先に逝っちゃったな」という話になった。「お前、先に逝ったら靖国神社の桜の木の上で待っていろよ」とか「極楽へいったら、二〇五空の旗を立てておけよ」とか、そんな話もした。あの世のことなど本気で考えてはいないのに、死んだら旗のところへ行けば、またみんなと会えると思っていた。命令されてお国のために死ぬのだから、地獄に行くはずはないと、だれもが思っていた。飲んだら、最後は歌を口ずさんだ。

♪花の都の靖国神社　春の梢で咲いて会おうよ

大声で歌うことはなかった。飲むけれど、酔えない。生殺しだから。『嗚呼神風特別攻撃隊』（作詞・野村俊夫、作曲・古関裕而）の替え歌も流行っていた。

♪生きるも死ぬも今生の　別れと知れど微笑みて　爆音高く基地をける
♪あの戦友も　あの友も　壮烈空に散ったのに　不覚や俺は　まだ生き延びて
　椰子の葉影で　一人泣く　友よ　思えよこの胸を

『戦闘機隊の歌』とかなんとか呼んでいたが、本当の名前は知らない。[*注] 戦地では歌詞が変えられて、はやったのではないだろうか。『同期の桜』や『ラバウル小唄』も歌ったが、『海ゆかば』は歌わなかった。

＊注　曲名は『海鷲だより』（作詞・作曲不詳）

コックリさん

そのころ、搭乗員の間でコックリさんがはやっていた。うす暗いデッキで、箸を三本ひもで束ねて立てた上に帽子入れの丸い箱の蓋を裏返しに乗せる。それをコックリさん、コックリさんと言いながら回し、止まったところで占った。コックリさんに聞くのは、明日の死に場所を得られるかどうかだ。明日死ぬとでたら、「あーそうか。いよいよ俺は明日か」と思う。ただそれだけだった。そして「俺のバッグの中に、カメラとタバコが入っているから処分してくれ」と。私はそのような占いは、信じていなかった。当たるとか当たらないとかに期待するのではなく、ただの気まぐれでやった。トランプとか麻雀とか、ほかに何もないのだから。こればかりしていた。

沈黙の特攻前夜

出撃の前に、狙いどころについて打ち合わせがあった。偵察機が撮ってきた写真をもとに研究、検討する。各隊員が狙うところがあらかじめ決められた。出撃に指名されなかった者も含めてみんなで聞いた。明日は我が身だからと。

「一番機はこの航空母艦の後部エレベーターを狙う。二番機は前部エレベーター……」などと決められた。

航空母艦の狙いどころは、前後二か所のエレベーター。艦載機を格納庫から飛行甲板に上げるための昇降機だ。エレベーターの下は空洞だから、当たれば一番下まで突き抜け、船倉の爆弾を誘爆する可能性がある。船底で爆発したら、たった一分間で轟沈することがある。航空母艦最大の急所だ。上から見ると、エレベーターは約十メートル四方のスジが見えてすぐわかるはずだという。空母の前部と後部には対空火器が少なめだから、前か後ろから接近する。

戦艦は煙突を真上から狙えといわれた。煙突から真っ直ぐ下の方まで突っ込めば、機関部を直撃することができる。しかし、それは非常に難しいことだ。舷側は鋼鉄が一段と厚く、対空火器がたくさんある。

「言われたところに突っ込まないと、男がすたる」などと言っていたが、命令されるまでもなく、誰もが航空母艦を狙っていた。

特攻の編成は、前夜九時ごろ要務士の士官がデッキにきて告げた。

「明日の搭乗割を達する。爆装一番機だれだれ、二番機……。直掩だれだれ……。以上」と。

「あーあー」とか「おれか！」とかいう声が、たいがいもれた。死刑宣告みたいなものだった。いやなものだ。酒を飲んでいても、いっぺんに酔いがとんでしまった。

「明日は貴様か。じゃあおれが一日遅いかもしれねえな」などと慰めにならない慰めを言うばかりだった。そのうち、要務士のコツコツという足音が聞こえただけで、シーンとなった。

特攻出撃の前夜は、特有の雰囲気だった。部屋の灯りは、缶詰の空き缶に立てた一本のろうそくだけ。明日爆装でいく者を真ん中に、残る者が囲んでいた。うす暗いところに顔の輪郭だけが並んでいる。異様な光景だった。みんなおし黙って飲んでいた。明日逝く者がしゃべるわけがない。だから、ほかの者もしゃべるわけにはいかない。いつまでもそうしていた。眠くなるまでそうしていた。私が出るときもそうだった。

残る者が「私物はないのか」とポツリと聞けば、「そんなものはないよ」で終わることが多かった。まるでお通夜だった。お通夜が夜ごとに続くようなものだ。なんともいえない時間の経過だった。十八、十九歳の者が逝くのだもの。本人たちの体はピンピン元気で、病気でもなんでもない者が、明日は死ななくてはならない。自分の運命は自分が一番よくわかっていた。

だれかが、「明日行く者は先に寝てくれ。よい戦をするには、よく眠ることだ」といって、ようやく寝つくこともあった。特攻前夜に一晩中眠れなかったということを、後に本で読んだことがあるが、私はそういうことはなかった。そこにいた仲間の多くもそうだったと思う。冷酒を飲んでいたこともあるが、特攻隊員としての在り方、つまり日常そのものがすべて、死が前提であったから。

死後に「突入前に、あいつはこんなことをしていた」とうわさされたくもなかった。泣いて騒いだら、末代までの笑いものになると思っていた。誰もがそんな気分を持っていたと思う。そして翌朝、特攻出撃するときは、何ごともなかったようなさっぱりした顔をして出ていった。角田和男さんも『修羅の翼』で、似たような特攻出撃前夜の雰囲気を書いている。どこのデッキでも同じような状況があったのだ。

次々と逝く同期の桜

五月四日午前、「宮古島南方六十浬に敵機動部隊発見」。二度目の大規模な特攻出撃が行われた。第十七大義隊。爆装二十一機と直掩機五機。これがその日の可動機のすべてだったのかもしれない。直掩機の割合が減っていた。東方に出撃しやすい宜蘭基地から三隊が三つのコースに分かれ、航空母艦を求めて飛んだ。私は爆装し第二索敵線を四機編隊で出撃した。しかし、ついに敵を見つけることができなかった。基地に帰る途中、先に出た機から基地に向けた無電を傍受した。

「ココココ、トトトトツー」と打電してきたのは、近藤親登二飛曹とわかった。「コ」は近藤の頭文字だから。「ト」は突入を意味する。鉢村敏英一飛曹は「トトト…ホヘハミ」と打電してきた。「我空母に突入す」という意味だった。

私より二十分前に出撃した第一索敵線の五機が、アメリカの機動部隊とぶつかったのだ。常井忠厚上飛曹機は空母に突入、空母は轟沈。谷本逸司中尉と近藤二飛曹は別の空母に突入して大火災を起こさせたのだった。この時の様子は、直掩した角田さんの『修羅の翼』に詳しい。

「やがて敵艦隊が左四十五度付近になり、主力空母四隻、護衛の駆逐艦七隻の輪形陣、進路東とはっきり分かった頃、谷本機が遂に敵を発見、と同時に突撃開始のバンクをしてしまった。(中略)谷本機は、一気に右前方の大型空母に突っ込む。まだ防御砲火は認められなかった。見事に飛行甲板の中央に自爆、五百キロの爆弾の爆炎はたちまち大火災となって船体を覆った。三十秒後、二番機が後方の中型空母に命中、私も高度を下げて超低空で東方敵前方に避退しつつ三、四番機を追う。(中略)約二分後、左後方の大型空母に三番機らしき突入があり、大爆発する。一瞬、四番機を見失ってしまったが、一分後、再び三番機の命中した爆炎の中に大爆発を認め

突入寸前の特攻機

た。おそらく四番機の命中によるものと判断した」

私は、戦場を離脱した。追手がかかる心配がなくなると、急に寂しさがこみあげてきた。

「あー、チカトも逝ったか。あいつも、あいつも逝っちゃったんだな」と、なんともいえない寂寞感に襲われた。チカトとは近藤親登二飛曹のことだ（口絵写真）。特乙一期の同期の桜。岩国、名古屋、大分基地、そして嵐戦闘機隊と、異動のたびに戦闘機乗りとして適性で選別され、人数が減っていったが、チカトとは彼の最期まで同じ隊だった。フィリピンや大義隊で何度も死地を越え、ここまで来たつき合いだった。真面目で、いつも文句も言わず黙って命令に従う男だった。このとき死んだ仲間とは、誰ともとくに仲がよかった。みんないいやつだった。

さっきまで一緒にいてばか話をし、将棋を指していた人間が飛び上がって三十分かそこらで仏になってしまう。生きて戻った者は、指しかけの駒を黙して片づける。それが特攻の現場だった。突然「行け」と言われれば、なにも言わず、顔色も変えずそのまま飛び乗っていく。仲間の多くはそうやって死んでいった。当時の名簿を見ると、いまでも一人一人の顔がすぐに浮かんでくる。この日、もし行く索敵線が入れ替わっていたら、私が死んでいた。

石垣島に帰ってきたとき、基地の者が総出でブルドーザーやスコップで滑走路の穴を懸命に埋めているのが、上空から見えた。私たちが出撃している間にやられたのだ。小さなブルが各基地に一台ぐらいあった。この辺に着陸せよと、下から手を振って合図をしているのがわかったが、燃料計器のゲージをみればゼロすれすれ。早く着陸しなければならない。穴の少なさそうなところを選んで降りたが、ひどい振動がきた。

すでに命は捧げた

出撃のたびに仲間が減っていった。帰ったとき、「おー、残ったか」があいさつ代わりになった。先に逝った仲間に線香をあげて酒を飲み、さあ明日は我が身だと毎晩思う。こういう生活をしていると、かえって淡々としてくるから不思議だった。だんだん生きることと死ぬことが同じに感じる不思議な感覚になった。生死の境目がわからなくなるのだ。生きることは死ぬことで、死ぬことが生きることだと。そして生死そのものにあまりこだわらなくなってしまう。むしろ人間、明るくなってしまう。あのような日々を送ると、人間の命というものはどういうものか、十八歳でもある程度わかるようになる。私の仲間には、「いつでも死ねる」と一種透徹した考えを持つようになった者が多かった。挙措においては、気持ちのよいものがあった。

私自身、「俺は戦闘機とともにこの世を去っていくのだ」「早くみんなの後を追っていきたい」という心境になっていった。戦闘また戦闘で痛めつけられていたから、自分の体でわかっていた。アメリカとはもはや五分五分どころではないと。空戦によってアメリカの艦載機八十機を落とすなど到底できるものではないが、航空母艦のエレベーターに飛び込むことができれば、たった一機で航空母艦と飛行機八十機、四千の兵を屠ることができる。それが自分の命と引きかえなら悔いはない、そんな特別というほかないような心境だった。

この時期になると、出撃の都度、国家のために死のうとは考えていなかった。みんなそうだったと思う。ただ、パイロットになった時点で大君あるいは国のためにすでに命を捧げてしまった身である、という自覚はあった。どうせ国のために死んでいく身体なのだ、という諦めでもあった。それが自分の最後の任務だということが染みついてしまっていた。故郷には家族もいれば親族もいる。みんなが無事に生きるための礎とならんと死んでいく。それならば、なにもくよくよすることはないと。自分自身は戦闘機乗りとして恥ずかしくない命を終えるだけ、そんな意識が強くあった。拝受の短刀を自宅に送った以外、家族には手紙一本出さなかった。遺書も書かなかった。どうなるかわかっていることだから、文章として残すものは何もなかった。遺書を書いた仲間も、私は見たことがなかった。

九州の基地から出撃した学徒動員の飛行予備学生の中には、遺書を残した人が多い。私たちがまだしも航空母艦を狙えと言われていたのに対し、あの人たちはただ死だけを与えられていたのだから。それはやりきれなかったと思う。予備学生は階級だけはどんどん上がっていった。一つの隊に少尉、中尉が二十人もいたことがある。ただ、同じぐらいの年齢で同じ階級でも、兵学校出とは処遇が違っていた。兵学校出は規律を遂行する権限などを予備学生などには渡さ

戦艦ミズーリに突入直前の特攻機

ないという気持ちが強いのが感じられた。兵舎の中でも歴然と差別があった。ある予備学生出身の中尉は、士官室にいくのが嫌なものだから、私たち下士官の部屋によくきておしゃべりをしていた。同じ部隊でありながら、隊としての一体感はなく、グループごとに別々の意識をもっていたあの雰囲気はいやだった。その予備学生が多く死んだ。予科練出身の下士官はもっとたくさん死んでいった。

沖縄玉砕後は

私はその後、五月十八日の第二十大義隊で爆装出撃した。全八機。直掩二機のうち一機は角田和男中尉であった。宮古島南方の敵機動部隊を攻撃するためだが、途中で天候が悪化したので引き返した。私は四回の爆装出撃のほか、『戦斗概要』には記されていない出撃が三回あり、計七回の爆装出撃を経験した。

六月下旬、特攻命令が急に出なくなった。上からの説明はなかったが、沖縄が玉砕したという情報が流れてきた。特攻出撃がなくなって、私たちは息をつくことができた。沖縄陥落で、アメリカ軍にとって機動部隊は必要がなくなり、石垣、宮古島の東方沖にいた部隊は引き上げたのかもしれない。本国かオーストラリアに戻って休養しているのだ、と私たちは想像していた。沖縄の次は台湾——というような話は聞こえてこなかったが、私は助かったとも考えていなかった。こんどアメリカ軍が来るときは、元気はつらつの新手がくる違いない、いつ来るのだろうか、という気分が強かった。こちらは疲れ切っていた。飛行機だって、ツギがあたっているようなものばかりだった。

特攻出撃がなくなった台湾の基地に、相変わらずＢ29の編隊が中国本土の方向から飛来しては、爆撃していった。偵察も兼ねているようでもあった。高度七千から八千メートルできて、小さ目の爆弾、多分六十キロぐらいのものをパラパラと落としていった。一度に百発とか百五十発ぐらい落としたのではないだろうか。

Ｂ29が来ると、飛行機の進攻方向の軸線を見た。それで、あれは大丈夫、あれは来るなと判断した。軸線がこちらにむかっていても、真上で落とした爆弾はずっと先にいって落ちるから心配はなかった。

B29爆撃機

仰角が三十度か四十度ぐらいの角度のところで爆弾を離されると、こちらへ来る。それ以外なら、それていくから大丈夫だった。それでも宜蘭基地にいたときのこと、爆弾が急に降ってきて、「あ、危ない」と急いで防空壕に飛び込んだら、三十メートぐらいの至近距離に落ちたこともあった。

宜蘭基地では、虎の子のゼロ戦を近くの民家の間に隠していた。基地から三百から四百メートル離れた集落まで押していって、上に山で切った木の枝やむしろをかけてカモフラージュしていた。米軍も民家の間にある飛行機をしつこく狙おうとはしなかった。台湾人の民家に危害を加えたくないという配慮があったのかもしれない。飛行場を使えなくすれば、それで十分と考えていたのではないか。こちらの飛行機が尽きかけているのもわかっていたのかもしれない。

それでも残ったゼロ戦はちゃんと飛べた。ときどき引っ張り出しては、上空哨戒などをしていた。空戦訓練もたまにした。訓練をしないと勘が鈍る。感度を研いでおかねばならないから。ただ、南方の質のよい燃料はもう少なかった。松根油などを混ぜた燃料で馬力がでず、ときどきエンジンがストップした。このころは、敵機が来ても、邀撃もしなければ、追撃もしなかった。

ホタル乱舞

八月十五日の数日前、第二十四大義隊が編成された。「沖縄周辺の敵艦船を目標に、可動全機をもって特攻片道攻撃をせよ」との命令が下った。六月下旬から二か月近く特攻攻撃は編成されていなかったから、そのときの命令には唐突さがあった。しかも可動全機出撃。誰もがおかしな命令だと感じていた。

こんどこそ命はないだろう――と直感した。そのとき私は台中基地にいた。特攻出撃するため宜蘭基地に向かう前の晩、私は仲間四人と基地近くの小さな集落にある居酒屋に出かけた。わらぶき屋根の兵舎の南側は田んぼで、小川が流れていた。細い畦道を「転んだら、田んぼに落ちるぞ」などと言いあいながら歩きはじめた。

闇の中に出ると、田んぼの上をホタルが無数に飛んでいた。ホタルが体にぶつかってきた。顔にもあたった。あたりいちめんホタルの世界。幻想を見るようだった。小さなホタルだった。*注 日本によくいる小型の平家ボタルよりもずっと小さなホタルだった。誰かが「ヌカボタルだ」

と言った。私はその名を初めて聞いた。故郷の小手指村には大きな源氏ボタルがいて、子供のころ捕えて遊んだことを思いだした。けれど、顔に当たるほどの大群にであったことはなかった。

「ホタルってこんなにいるのか。でも、俺はまた見ることはないんだな」

青白い光が夜空に糸を引くように飛んでは消え、飛んでは消えた。ホタルの命は短い。自分の命とどこか似たところがあると思った。

小さな集落には居酒屋が一軒あった。私たちは奥の座敷に上がって飲み始め、窓を開けてホタルの乱舞を眺めていた。酒はいつものように、ちびりちびりと口にもっていくだけ。みんな言葉少なだった。毎日のように飲んでいても、酒が美味いと思ったことは一度もなかった。この夜も。

窓の外に向けて、「ホタル、入ってこい」と言ったら、本当に入ってきた。

そのホタルに、「お前らともお別れだ。明日は、おれはこの世界にいないんだから」と言ってやった。

この夜、一升瓶を一本あけたまでは覚えている。けれど、酔いつぶれることはなかった。二時か三時まで飲み、『特攻隊の歌』を口ずさみつつ、畦道をふらつきながら帰った。あのようなホタルの乱舞を見たのは最初で最後だった。翌朝はピシッとして宜蘭基地へ飛んだ。

＊注　ヌカボタルはヒメホタルの俗称。体長七ミリ前後で、日本では関東から西日本にかけての平野部に生息する。台湾には約三十種類のホタルが生息するといわれ、この夜飛んでいたホタルはヌカ

ボタルに近い種と思われる。

八月十五日

大義隊は、機動部隊に対抗する特攻隊で、目の前に輸送艦がいても突っ込まなくてよいとされていた。ところが、敵機動部隊がいるかいないかわからないのに、全機が爆装して沖縄の海に行けという。直掩機のない爆装特攻は裸も同然で、「死ね」と言われたのと同じだった。台湾各基地に分散していたゼロ戦が宜蘭に集められ、一部は石垣島へ進出した。私は「いよいよ最期のときを迎えた」と覚悟した。

しかし、十三日の出撃は天候が悪化したため中止となった。翌日、「明日、出撃」との命令が再びくだり、搭乗割がでた。やはり全員爆装だった。いままで一度も特攻出撃したことのない海軍兵学校出の分隊長までが一番機で行くという。私の仲間はみんないぶかしく感じた。

その夜は穏やかではなかった。アメリカからの攻撃が止んでいたこともあり、「へんな命令だ」とみんなどこか納得していなかった。

「情報がないのだから、航空母艦が必ず見つかるわけではない。輸送船に突っ込んで死ねということか」

「ふざけたこと言ってやがる」と声にだす者もいた。

死ねと言うなら死んでやる――みんなそういう腹だっただろう。

「それなら、よし、一番でかい輸送船にぶつかって死んでやろう」と私は決めた。

八月十五日。まもなく正午。暑かった。濃い緑色に塗ったゼロ戦のボディは触れると火傷をするほど熱かった。飛行服を脱いで薄いシャツだけを着ている者は、上空にいってから飛行服を着るつもりなのだ。帽子もかぶっていない者もいた。可動全機をもって――といっても宜蘭基地に集まったゼロ戦は三十機を少し超えるほどにすぎなかった。それでもこれだけのゼロ戦がそろうのは久しぶりのことだった。かつては百五十機ほどあった大義隊だが、特攻と空襲で減り、これが精いっぱいだったのだろう。

敵艦がどこにいるかの情報がなく、したがって攻撃目標のないまま、「全機敵艦船群に突入せよ」。そのような漠然とした攻撃命令に、割り切れない思いをもって愛機に乗り込んだ。みんな同じ思いだったと思う。

指揮所のテントが滑走路の脇にあるだけの飛行場だった。テントの脇には上官や整備兵が、見送りのために並んでいた。そこに肩章組の高級将校はいなかったような記憶がある。滑走路は海と並行してあった。長さ千メートルほどの草原の滑走路は穴だらけで、離陸のため使えるのは一部だった。五百キロ爆弾を抱いたゼロ戦にとってはぎりぎりの距離しかない。滑走路の北端に勢ぞろいし、南に向かって飛びあがる。左手に太平洋が光って見えていた。

滑走路の幅は七十から八十メートルほどで広くはないが、この日は三十余機が四機ずつ編隊離陸することになっていた。私は最前列、一番隊の三番機。隊長機のすぐ左後ろに位置した。各機がエンジンを回すと、ごうごうと鳴り響き、土煙がもうもうと舞い上がった。隊長が乗る一番機が両手を左右にパッと開き、チョークをはらう合図をした。整備兵が三角形の車止めを外すと、一番機がするすると出た。それを見て私も「遅れてはならじ」と続いた。ほんのわずか動いたところで、エンジン始動車（起動車、スターター）とトラックが土ぼこりをあげてこちらに向ってくるのに気がついた。乗っている整備兵が大声で何か叫び、両手でバッテン印を作っていた。ただごとではなさそうだった。

「マテ、マテ！」「エンジン停止！」と怒鳴っているのだった。私はゼロ戦を止めた。車は隊長機の直前で急ブレーキをかけて止まった。プロペラから三メートルぐらいのところだった。整備兵がエンジン・オフの手信号をしたのでエンジンを切ると、整備兵がとんとんと翼の上にあがってきた。

「出撃中止です」という。

すぐ戻れというので、ゼロ戦を整備兵に渡し、言われるままにトラックに乗れるだけ乗って指揮所にいった。命令変更が理解できずにいるうちに、これから重大なラジオ放送があるという。何の放送かと思った。感度の悪い受信機はガガガと雑音ばかりであまりよく聞き取れなかったが、天皇陛下の独特の声がしてきた。玉音放送だった。日本がポツダム宣言を受諾し、無条件降伏したことがわかった。

「ああっ、終わった」と、誰かが低くつぶやいた。それだけで、しばらくは誰も口がきけなかった。やがて、「戦争、終わったんだ」「じゃあゼロ戦に乗ってでることはもうないのか」などと口々に話だした。

「敗けた」というより「終わった」という感じだった。「生きられるのだ」とも思った。しばらくして、これから日本はどうなるのか、自分はどうなるのか。もうゼロ戦には乗れない。この服は脱がなくてはならない。自分の家に帰れるのか——などなどが頭の中をぐるぐる回った。あと数秒で発進、離陸するところだった。エンジン始動車が来るのがほんの少し遅く、離陸してしまえば、命はなかっただろう。特攻の〝志願〟は前年の十月だった。長い十か月間だった。私は十八歳になっていた。

まもなく、原隊へ帰れという命令がでて、宜蘭から台中へ帰った。最後の飛行というので、もはや遊覧気分だった。

戦局　大義隊の戦闘

『大義隊戦斗概要綴』のあとがきには次のように記されている。

「八月十三日、二十九航戦司令部ヨリ沖縄本島周辺ノ敵艦船特攻片道攻撃ガ発令サレ、大義隊モ隊長以下全隊員ガ命令ニ従ッテ稼働全機ヲ以ッテ一部ハ石垣島へ進出、残存兵力ハ宜蘭基地ニ展開シタガ、偵察機ノ報告デハ目標ナル、空母戦艦等ガ望見サレズ、アマツサエ天候不良ガ災イシテ発進ヲ遅ラセテイタ。（中略）ヨリ好条件講和ヲ目途ニ特攻ヲ下命シテ来タ玉井司令モ「ポツダム」宣言受諾后の特攻攻撃ニ何ノ意味ガアルダラウカ、常日頃慎重ダッタ司令モ藤松司令官ノ再三ノ要請ニ遂ニ意ヲ決シ、翌十五日出撃ノ命令ヲ下シタガ、発進直前、終戦ノ詔勅ガ放送サレ戦斗行為ハ中止トナッタ。」

第一航空艦隊は六月十五日に解散し、その後、台湾の航空勢力は第二九航戦司令部がまとめていた。「ヨリ好条件講和ヲ目途ニ特攻ヲ下命」とは、当時戦争指導者の間で盛んにいわれていた一撃講和論を指すであろう。「一戦して大勝し、条件をよくして講和に持ち込む」との一撃講和論が、ずるずると戦争を長引かせたとの指摘もある。また、ポツダム宣言受諾の直前に全機特攻の命令を出すよう玉井指令に〝要請〟したのは、二九航戦の藤松司令官であったことがわかる。藤松司令官がなぜ全機特攻を部下に〝要請〟したのか、さらに上部からの〝要請〟、あるいは指令があったのかは不明である。

大義隊の特攻出撃は六月二十二日の第二十三大義隊までに、延べ二百四十五機（人）が出撃、四十六人が戦死した。戦死者のうち下士官（＝予科練出身者）が七六％を占めた。残り二四％の士官は、ほとんどが学徒動員（飛行予備学生）の中尉と少尉だった。また、爆装出撃の八八％が下士官だった。

大義隊の戦果は、撃沈三（小型空母、輸送船、輸送艦各一）、撃破・炎上十（大型空母四、中型空母四、小型空母一、駆逐艦一）、飛行機十数機以上撃墜とある。

夢にみる命令

あの日の出撃場面を、今でも夢に見ることがある。何が目的だったのか、おかしいな、とずっとひっかかっている。この日の動きは、今日に至るまで理解できずにいる。機動部隊を攻撃対象とした我々の特別攻撃隊が、どうして沖縄沖に停泊している輸送船を対象とすることになったのか、だれも明確に答えてくれていない。

玉井司令をはじめ幹部は、十四日以前にポツダム宣言受諾を知っていたのではないだろうか。*注
それなのに、全員飛べる飛行機に乗って沖縄の敵艦船に突っ込め——という。特攻隊のお前たちには一人残らず死んでもらう、と受け取れた。我々が生きていたら講和ができないというのか。特攻隊という危険分子はもういなくなりました、アメリカにそう言うためだったのだろうか。あの出撃命令は、それが本当の理由のように思われる。そうでなければ理解できない。

直掩機のない全機突入の命令を考えたのが誰かは知らない。戦地にある者がそのようなむごいことを考えるはずがないと信じたい。もっと上、日吉（連合艦隊司令部）あたりではないかと、後に仲間と推測した。あの命令には、今も強い憤りを感じている。

＊注　昭和二十（一九四五）年八月十日夜、日本放送協会の海外向け短波放送は、外務省の指示により、日本がポツダム宣言を受諾するとのニュースを放送した。受信した国外の日本軍は騒然となり「怪放送あり」と本国に通報、結局三回放送したあと、軍に制止された（読売新聞二〇一五年八月十三日朝刊）。が、放送の後、うわさは広がったという。台湾の海軍上層部がこの放送を聞いた可能性は否定しきれない。

電波技術の差で助かる？

日本とアメリカの電波技術に大きな差があった。皮肉なことに、だから私は命が助かったのかもしれない。台湾から発進し、情報のあった辺りに行くとアメリカの航空母艦はいない。ゼロ戦の航続距離の限界外に行ってしまったらしい。反対に、偵察機が「敵機なし」と報告して

きたのに、何倍ものグラマンが待っていたこともあったという。アメリカ軍はレーダーや潜水艦で、特攻機が滑走路を上がったときからつかんでいたのではないだろうか。もし、気づかれずに近づいていたら、私は死んでいたことだろう。

日本にも電探（レーダー）があるにはあった。実際に見たことがあったが、画面に白い走査線が走っているだけで、なんだか全然わからなかった。まったく使い物にならないと電信兵も言っていた。飛行機や船の戦闘だけではなく、電波技術の戦いでも負けていた。

埼玉の三羽烏

特乙一期の同期で、埼玉の三羽烏といわれた仲間がいた。粕谷欣三君と豊田博君だ。粕谷君は農村の大きな旧家のたしか長男。豊田君は魚屋の二男坊。頭が良く小学校のときは級長だったらしい。予科練の試験を受けた時も三人一緒で、合格してから行き来をしていた。その時から一緒に死のうと決めていた同期の桜だった。言葉の通り二人は戦死し、私だけが生き残った。

豊田君は、岩国からボルネオの基地にいって戦闘機の訓練を受けた。当時すでに燃料が少なくて、ガソリンのある海外の基地で訓練することが多かったから。十九年十月下旬、私が台湾からクラーク基地に進出してまもないある日の夕方、ゼロ戦の爆音がするので滑走路に行くと数人の搭乗員が降りてきた。その一人が豊田君だった。

「おー、豊田」「おー、カズ」と、岩国基地以来の再会を喜んだ。二人で「お前どうしていたんだ」と言葉を交わしあった。

久保山邸前の粕谷欣三氏追悼の碑

でも会えたのはほんの束の間のことだった。もっと話をしたい。翌朝彼のデッキに行ったら、もういなかった。それっきり行方は知れず、生きているとずっと信じていた。戦死を知ったのは、戦後数年経ってからだった。豊田君があの日の朝向かったのは、マニラの飛行場だったようだ。その後、特攻出撃することになり、爆装して飛び上がったところを、急襲されたと聞き及んだ。戦闘経過は明らかではないが、相応の戦をして死んだものと推測している。二階級特進がそれを物語っている。*注

粕谷君は九州の基地から紫電改で出撃し、B29に体当たりして死んだと、やはり戦後になって聞いた。親友だった。二十年五月、爆撃して帰る途中のB29の編隊を、彼は紫電改で邀撃《ようげき》した。大分県竹田あたりでB29に体当たりし、B29は墜落して搭乗員は落下傘降下した。粕谷君の体は機体から飛び出たが、落下傘が開かなかったという。久保山という地主さんの娘さんがそれを見ていて、落ちたところに助けにいったらしい。

昭和五十五年、久保山さんが門のそばに大きな碑を建ててくれた。彼も二階級特進したと思っている。後に、元米兵も参加した慰霊祭が行われた。私は残念ながら行けなかったけれど。

*注『特別攻撃隊全史』（特攻隊戦没者慰霊平和祈念協会）によると、豊田博飛長（二階級特進）は、

特攻隊・金鶏隊隊員として十九年十二月二十六日、マニラ・アンヘレス飛行場から出撃して戦死。「戦死場所」に「マニラ上空B―二四」とある。B24と空戦したと推測される。

■粕谷氏追悼の碑文

昭和二十年春遅く大東亜戦争末期に方《あた》り、沖縄攻防戦は酣《たけなわ》、主要都市は連日の様、空襲を受け戦局は好転せず国民は悲壮な決意で本土決戦に備えて居た。

五月五日快晴の朝北九州を爆撃して南方基地へ帰還中のB29十数機の編隊が現れた。これを追撃する大村海軍航空隊の日本戦斗機は飛燕の様な速さで襲いかかった。果敢な体当りである。銀翼が傾いて空の要塞B29は火を噴き乍ら東北方明治村の山中へ墜ちて行った。同時に我が戦斗機も亦当地の上流八百米の谷深く突っ込んでいった。この戦闘機こそ当時日本海軍が誇る紫電改であり単身操縦して散華したのは粕谷少年航空飛行兵未だ紅顔十九才の若桜であった。

遺体は久保公民館に安置された。埼玉県入間郡三ケ島村（現所沢市）の出身である。宮ケ瀬川の流れは清く緑滴る渓谷に雄魂は眠ったまゝである。三十余年を回顧して吾々は相謀り茲に碑を建て国家永遠の礎を築いた有形無形の教訓を永く後世に伝えんとす。

昭和五十五年三月吉日

この碑に先立ち、「殉空之碑」が、B29墜落地近くに建立されている。

昭和二十年五月当時日本は敗色濃厚な大東亜戦争末期の極めて悲惨な戦況下にあった。国土は連日Ｂ29に焼かれ、最後の砦沖縄戦も絶望状態にあり一億国民は悲壮な決意を持って本土決戦を迎えねばならぬ運命にあった。

　五月五日快晴午前八時すぎ、久留米郊外大刀洗飛行場を爆撃してその帰途についたＢ29の編隊に対し、日本戦闘機これを追撃。熊本県阿蘇郡より大分県直入郡（当地方）上空において壮烈な空中戦を演じ、日本戦闘機はＢ29に体当たりを敢行。Ｂ29はたちまち火を噴きこの地に激墜した。日本戦闘機も近くの宮城村芹川に墜落し　海軍少年航空兵は母からの手紙を胸に死亡していた。既に落下傘で降下していたＢ29の搭乗員十二名中多数のものは狂乱怒号の村民により暴行殺傷され、その中の八名は所謂九大生体解剖実験の犠牲になった。

　戦後三十三年たって当時を回想するにこれら犠牲者たちの姿が悪夢のように脳裏を去らず、ここに恩讐を越えて日米犠牲者たちの鎮魂供養の儀を行い　冥福を祈るとともに、かかる戦争の悲劇を二度と繰り返さないための貴い教訓となればと念願してこの碑を建立する。

　昭和五十二年五月五日　三十三回忌

　二人とも明るい好青年だった。戦後、同期生七、八人で豊田君の家を訪れ、墓参りにいったことがある。粕谷君が亡くなって、姉さんが家を守ったと聞いた。彼の家にはなにか行きにくかった。予科練に入ったとき、三人とも戦争に敗けるとは思っていなかった。やがて苦しい戦闘になったが、仲間は潔かった。みんな異常だったのかもしれない。一緒に死のうと言っていた者に先に死なれると、後に残る者はほんとうにつらい。

戦後まもないころから三十年間、私は戦友会・二〇五空会の幹事として、靖国神社の例大祭のころに、二〇五空慰霊祭の日取りや会場を決めてきた。神社の近くの旅館をとり、明け方まで飲んで話をした。次第に他の仲間の生死やその後の消息もわかってきた。二人の戦死もそれでわかった。

香川克己さんとは、なんども一緒に出撃した。第五大義隊では、アメリカ潜水艦を手信号で意見を交し見逃してやった。鹿児島から郷里へ復員するとき、同じ列車に乗り合わせた。慰霊祭のあと、我が家に泊まってもらったこともある。昭和四十六年、警視庁交通部の仕事で広島県警に出張したとき、香川さんに「会おうよ」と連絡した。彼は奥さんと二人住まいで、個人タクシーの運転手をしていた。夜中まで話し込んだ。昔の話はあまりしなかった。その後の話ばかりだった。誰々はどこでどうしていると。他の戦友と会ってもそうだった。思い出したくないことがあるし、思い出したくない行動をした人もいた。

二〇五空慰霊祭に出てくるのは予科練出身者と一部の学徒動員の人だけだった。『空と海の涯で』を書いた門司親徳さんは学徒動員で、大西瀧治郎中将が一航艦司令長官だったときの副官だ。彼はいつも必ず来てくれた。公平な目をもち、信頼できる人だった。

特攻を命令した側で割腹自殺をしたのは、結局、大西中将だけだった。確かに大西中将には責任があったと思う。「俺に命をくれ」と特攻の戦法を始めたという責任だ。そのかわり、「俺も生きてはいない」とも言っていたようだ。その言葉のとおり、終戦の翌日腹を切った。二〇五空司令だった玉井浅一さんは自決しなかったが、僧になって亡くなった部下の特攻隊員の供養に専念したそうだ。一人は自刃して特攻隊員の後を追い、一人は坊さんになった。人生観の違いだ。「俺も後から必ず行く」といって特攻命令を出した幹部もいたが、彼らは戦後をどんな気持ちで生きたのだろうか。

■特攻戦死者と戦果

十九年十月に始められた神風特別攻撃隊が緒戦で大きな戦果を挙げたところから、フィリピン戦線で陸海軍の航空機による特攻攻撃が次々と進められた。沖縄戦では、九州と台湾の各基地から特攻機が飛び立ち、沖縄進攻の米英艦船に突っ込んでいった。ゼロ戦ばかりではなく、陸海軍のあらゆる種類の軍用機が使われ、末期には布張りの練習機までが特攻用機とされた。しかし、目標に至る前にアメリカ軍戦闘機によって次々と撃墜された。それをかいくぐっても高性能の対空砲火で多くが撃墜された。それでも、特攻出撃機の約十一％（十六％説もある）は米英艦船に体当たりした。特攻攻撃が通常攻撃より大きな戦果をもたらしたこともまた事実である。特攻に使われた航空機は、二十年八月までの十か月間で、陸海軍合わせて約三千六百機に及んだ。

特攻の戦死者については、さまざまな数字がある。特攻隊戦没者慰霊平和祈念協会が編集した『特別攻撃隊全史』には、特攻死とされた人の全氏名が掲載されている。これによると、航空機による特攻では、海軍二千五百十七人、陸軍千四百四十人、計三千九百五十七人が亡くなった。戦艦大和などの水上特攻を加えると約一万二千人となる。

航空特攻の戦果は、撃沈した艦船は三十四隻、損害約三百隻とされる。撃沈は護衛空母三、駆逐艦十三、その他十八隻。撃破・損傷は正規空母十六、護衛空母等二十、戦艦十五、巡洋艦十五、駆逐艦百一その他。

海軍中央部では、「神風」編成より早い時期から各種の特攻兵器を開発していた。その種類は多岐にわたる。一式陸攻に吊下して相手艦船近くで放つ人間爆弾「桜花」、潜水艦の頭部に爆薬を組み込んだ人間魚雷「回天」、爆装モーターボートの「震洋」などが実戦配備され、さらに多くの特攻兵器が開発途上にあった。特攻の効果について、アメリカ側の資料によると、フィリピン進攻や沖縄戦の時期を遅らせたとされている。

敗戦の日までに戦病死した陸海軍兵士は二百三十万人、空襲などで亡くなった一般人八十万人、計三百十万人の日本人が亡くなった。

第六章 ✿ 帰　国

ゼロ戦ひき渡し

特攻出撃が中止となり台中基地に戻ったら、さまざまな情報が入ってきた。が、私の周りには徹底抗戦などという雰囲気は全然なかった。飛行機は中国軍が接収することになった。そうだ、昔ここは支那の国だったのだ、と思い起こされた。

しばらくして、中国軍が台中の町に進駐してくるというので見に行った。蒋介石軍だった。中国の兵隊は一見作業着風の服装で、天秤棒の両端に下げた竹かごに衣類などを入れ、編笠をかぶってやってきた。裸足の者もいた。あまりの意外さに目を見張った。日本軍の武装解除の総指揮を執っていたのは、日本の陸軍大学校卒で中国軍の最高幹部の中将だった。

「飛行機を頂戴するにあたり、操縦技術を教えてくれ」というので、残った飛行機を修理整備し、ひき渡すことになった。私たちは、ゼロ戦の離着陸など基本的な操縦訓練の指導をした。中将の指導が行き届いていたためか、彼らは私たちを「先生」と呼び礼儀正しくまことに紳士的で、少し戸惑いを感じた。

台湾に残らないか

ゼロ戦を引き渡してから、台中の東方にある村、東勢にゆくように指示された。台湾の背骨である山脈への登山口で、標高五百メートルぐらいのところにある。東西二キロほど幅数百メートルくらいに田と畑があった。青い穂波が美しい農村だった。そこの村長が小高い丘に、幅二間《けん》（三・六メートル）、長さ七、八間のわらぶき家屋を三棟建ててくれた。私たちはそこに移り住み、村長や村民の指導で農作業を始めた。彼らは毎日指導にきて、道具の使い方や修繕などに気を遣ってくれた。

特攻隊とは百八十度違う生活だった。日を追うごとに死への恐怖はなくなり、素足で作業をすると童心に帰ることができた。まず、サトウキビの収穫作業と野菜作りをした。九月初旬になっていたがまだ暑く、土と汗にまみれ陽に焼けて顔色は一変した。夜になると、彼らは小屋に遊びに来て、よくおしゃべりをした。おとなも子供も日本語を話した。雨の日は、大学で中国語を専攻した学徒出陣の人が指導して、中国語を勉強した。

十一月に入ると、野菜が大きく育ち収穫することができた。日本の耕地の三分の一も畑があれば食べていける。生活のしやすい土地であることを実感した。台湾は年中気候が温暖だが、高山があるので標高の高いところではリンゴも実ると聞いた。日本にある果物はなんでもできるということだった。

村民との交流もだんだん滑らかになると同時に、自分たちはこれからどうなるのかと、仲間で話しあうようになっていた。

大義隊で生き残った2人
鈴村善一、西川勇氏

昭和20年9月、台中・東勢街での演芸会の後。後列左から
川崎助二、宮下常信、前列は石原泉氏

大義隊で生き残った12人、後列中央白いシャツが大舘（20年9月2日）

「内地に帰ったら、アメリカ軍に拘束されて刑務所生活か、場合によっては銃殺ではないか」などと言う者もいて、みんな先行きに不安を感じていた。

そのころから村長さんが「土地を提供するから、ここに残ってくれないか。責任をもって嫁さんを見つける」と熱心に勧めるようになった。でっぷり太った人で、日本語がある程度できた。

「コメは二回とれる。野菜は四回とれる。そんなに働かなくても、台湾では十分食っていける。あなた方は日本へ帰ってもいい処遇は受けないから、残ったほうがいいよ」

日本の元気な若い者をこの土地に迎え入れて娘たちと一緒にさせれば、村が活気づき雰囲気が変わっていくと思ったのではないだろうか。日本についての情報がまったくないまま、毎晩話しあった。日本へ帰ってもどうせアメリカに狙われているのだからと、結局十五、六人が残留の意思を示した。私も残って、ここに骨を埋めようと決心した。

ところが十二月中旬になって、アメリカ軍が「台湾に残ることは許さん。全員本国送還」と告げてきた。村長さんは気の毒なほどがっかりしていた。アメリカ軍は、私たちが落ち着いたかどうかをじっと見ていたのだろうか。

海路、鹿児島へ

十二月下旬、アメリカ軍から「基隆《きーるん》港に移動し、船を待て」との連絡があった。集団農耕生活を送った東勢に別れを告げることになった。帰国の準備はあわただしかった。

四か月間お世話になった村民に挨拶をし、基隆に移動した。倉庫が並ぶ岸壁で待機した。四十数人だったと思う。ほとんどがゼロ戦の搭乗員で用務士も少数いた。倉庫から砂糖が溶けて海に流れ込んでいるのを妙に覚えている。まもなくアメリカ軍の厳しい所持品検査があり、拳銃などを取り上げられた。

乗船するのは、アメリカ海軍の海防艦だった。鹿児島へ行くという。当初、日本側の手配した船で帰るはずだったのが、突然の予定変更だ。このままアメリカへ連れてゆかれるのではないかと思った。射殺されて太平洋に投げ込まれるのではないかという者もいた。

「乗りたくないな。乗らないと言ったらどうなるのか」などと、波止場でみんなぐずぐず言っていたが、結局おとなしく乗船した。

開聞岳

暗くなって、嵐のさなかに出港した。沖にでるとますます荒れてきた。千トンもなさそうな船だから揺れがひどい。船の高さの倍もありそうな波がきて、舷側が海につかるほど傾いた。みんな嘔吐してぐったりしていた。

私たちはアメリカの水兵に対して、「なに、この野郎」と敵視していた。それまでアメリカ人に接したことがなかったから。むこうはむこうで危険分子と思ったのか、寄ってこなかった。特攻はアメリカにとっては脅威だったはずだ。特攻隊員は命を大事にしない異常な人間、私たちは狂気の集団と思われていたのではないだろうか。

二日目か三日目、海はうそのように静まっていた。船のデッキで海を眺めていたら、水平線に見覚えのある山が見えてきた。開聞岳だった。笠ノ原基地で訓練していたときに、さんざん見なれた姿だ。

「日本だ！　日本だ！」とみんなで叫んでしまった。

鹿児島市内は焼野原だった。私たちは焼け残り、荒れ果てた小学校の教室のようなところに集められた。アメリカ軍の士官がきて、「君たちは郷里に帰ったら、直ちに就職しろ。ぶらぶらしていたら拘束する」と言った。野放しにするわけにはいかないということだ。戦争は終わったのに、ひどいことを言うなと思った。新聞もラジオも身近になかったから、日本とアメリカの権力関係もわからなかった。ただ故郷に送り届けてもらえばいいのにと、むかっとした。書類に行き先を書かされ、「これで東京駅まで帰れます」と日本人の担当者から切符をもらった。背広を着ている人、軍服を来ている人、日本人はいろいろだった。それにしても随分と手際がいい。話が妙にすいすいと進んでいく。なにか特別扱いのような感じがした。

鹿児島で一泊し、三十日朝、汽車は出た。私と編隊をよく組んだ香川克己さんが広島で降りた。広島は原子爆弾が落ちたと聞いていたから、どうなっているのかと窓から首を出してみた。燃え尽きた跡だけで、何も残っていなかった。それまで多くの焼け跡を見てきた。そこには焼け残ったものがいろいろあったが、広島はただ一面焼け野原でなにもなかった。見たことのない凄まじい光景だった。

香川さんに「住むところあるの」と聞いたら、「これから探すよ」という。ちょっと心配だったが、「じゃあ、いつの日か会おう」と言って別れた。

列車が広島を過ぎたあたりから、「戦争は終わったのだ」と強く感じ始めた。みんなの話の向きが急に変った。

「これからは自分で生きていかなくてはならないな」と誰かが言った。

そうだ、みんなと離ればなれになるのだ。一人になったらどうやって生きていったらいいのだろうと、急に不安が頭を持ち上げてきた。明日からどうやって生きていくか。家に帰って考えるしかないけれど、遊んでいたら拘束すると、アメリカに脅されているし……。

「お前、帰ったらどうするんだ」

「そんなこと、わかるわけないだろう」

故郷に帰ってからも、アメリカ軍が口を出しそうだ、と誰もが感じていた。しかし、職に就けといわれても、仕事があるかどうかわからない。私は二男だし、故郷へ帰っても農業をする気はなかった。一寸先が見えない思いだった。

角田和男さんも東京駅まで同じ汽車だったはずだ。私より八歳上で、まさに歴戦のパイロットだった。彼は終戦のとき、すでに奥さんがい

原爆で壊滅した広島

た。公職追放で、その後苦労したと聞いた。

大晦日、故郷へ帰る

大晦日の夜七時か八時、列車は東京駅に着き、私は山手線に乗り換えた。池袋で武蔵野線（現西武線）に乗り、西所沢駅で降りた。出征したあの駅だ。駅前の親しかった友達の家をのぞいたら、たまたまこたつに入っておしゃべりをしていた。

「やあ」と入っていくと、「お前、帰ってきたのか……」とびっくりされた。そこでお茶を一杯ごちそうになった。痒くてしようがないほど体にシラミがいて、落としたら悪いから早々に失礼しようとした。すると、「その格好でいると、進駐軍に連れて行かれるから用心したほうがいい」と自転車を貸してくれた。私はまだ飛行服だったのだ。街灯がない真っ暗な道を自転車に乗っていったら、向こうから自動車のヘッドライトが見えてきた。用心して自転車を茶畑に入れ、私は隠れた。米軍のジープが通り過ぎていった。見つかったら面倒だったかもしれない。

家に着いたのは午後十時を過ぎていただろう。

「ただいま！」と、大きな声で玄関を開けた。たまたま親戚の夫婦が来ていて、「カズさんだ」と叫びながら飛び出してきた。でも、私はそのまま家に入ることができない。臭いし、シラミだらけだったから。

お袋さんは、もうほんとうにびっくりした表情で私の顔をいつまでもじっと見ていた。それで涙をぽろぽろ流した。ゼロ戦を取りに内地に帰ったとき、笠ノ原基地から出した葉書が最後で、以来手紙を書いたことがなかった。私がどこでどうしているのか、生きているのか死んだのか、全然わからなかったはずだ。予科練に入ってから二年八か月ぶりの帰宅。十九歳になったばかりだった。

どうして中に入らないのかと言うお袋さんに、

「体にシラミがいっぱいついている。風呂にずっと入っていないから」と説明した。

冬の深夜、庭で飛行服を脱いで素っ裸になってから、風呂に入った。着てきたものは庭の隅に片づけておいた。風呂に入りながら、外で薪をくべるお袋さんと長いあいだ話をした。どんな話をしたかは覚えていないが、戦争のことは話せなかった。飛行服は、翌日お袋さんが煮沸してシラミを退治してくれた。

風呂からでて囲炉裏の縁に座ると、ようやく家に帰った気がした。そして、連合艦隊司令長官からもらった白鞘の短刀を囲炉裏の火にくべた。

「もうこんなものは要らない」と。

二日後の一月二日、地元の駐在さんがやってきた。

「危ないものを持って帰ってきたようですな。出してほしい」という。

ずいぶん早いなと思った。

私は「はいっ」といって、焼け焦げた鉄の塊をぽいと渡した。

第七章
✿警視庁採用への道

世の中の変化に失望

大晦日に家に帰り、元旦は一日寝ていた。午後になったら、家の外からいろいろな声が聞こえてきて私が帰還したことを確かめにきたことがわかった。一軒隣の大舘の分家で天理大学の教授をしていた人も、「カズさん帰ってきたの」と訪ねてきた。

寝床の中では「焦ってもしょうがない。世の中落ち着かないとだめだ」などと考えていた。アメリカに言われたから早く就職しなくてはと思っても、世の中が混乱しているので昔のような生活がすぐに成り立つはずはない。

やがて同級生たちも、「帰ってきたのか」と訪ねてくるようになった。それで「お前、何してんの」と聞くと、「軍需産業にいたけれど会社が閉鎖になって無職だよ」などという答えばかり。

帰国して、しばらくは何をしようかと考えることもない。世の中がどうなっているかも分からない。戦地では給料を貰ってもほとんど使い道もなく残っており、それを持ち帰っていたので当分の暮らしには困らない。だから何をするでもなく寝て暮らしていた。みんな、まともな就職口もなく、家にある物を売ったり、近所で何か仕事を手伝ってもらいたいという家があれば手伝ったりしてなんとなく暮らしている。ブローカーのようなことをする連中もいた。軍需工場だったところから部品を持って来て横流ししたり、無断で備品とか工具とかを売りさばいたり。軍隊の物を車で運び出して売っていた奴もいた。他人の畑の作物を荒らすなど犯罪を犯す者さえいる。みんな、ろくなことをせず、食うため、生きるために餓鬼《がき》のようになり、勝手なことばかりする無秩序な社会になってしまっていた。

しばらくこのように暮らしているうちに、世の中がこうなってしまっていることに対し、「俺は国のために身体を捧げたんだ。こんな社会のためではない。全然話が違う」という気持ちがだんだん起きてきた。我々特攻隊員が命を懸けて守った国の国民がこんなにだらしのないことではしょうがないじゃないか。そう思うと腹の中がムカムカしてきた。戦友たちは親兄弟だけのためではない、国民、国家を守るために死んでいったんだ。それをそっちのけにして、儲《もう》け話とかケチな話ばっかりしてやがる。敗戦でみんなの気持ちがガラガラと崩れてしまっていた。

私でさえ気持ちが崩れかけていた。それまで寝て暮らしている間は、人様の厄介にならないように生きていければいい、くらいの退嬰《たいえい》的な気持ちになりかけていた。しかし、周りの者たちが余りにも情けない雰囲気になってしまっているので、崩れかけていた私の気持ちは逆に立ち上がった。「こんな社会のために我々の仲間が死んでいったんじゃないよ」と。でも、その怒りを口に出したことはなかった。むしろ、みんなの気持ちをなんとか前向きにして一本にまとめなくてはいけないと思うようになったんだ。それができるのならなんでもいい。それで思い立ったのがお神楽の再興だった。

お神楽の再興で地域を元気に

地元に北野天神社があった。広大な境内の県社だ。この天神様では、毎年三月二十一日の例大祭の日に境内にやぐらを立て、軽業師《かるわざし》なども招いてお神楽を挙げたりサーカスを呼んだりしていたが、戦争のため途絶えていた。この天神様のお神楽を再興してはどうか。村の青年団がお神楽を復活させればそれをきっかけに地域が元気になるだろう。青年たちの気持ちを一本にまとめるにはこれが一番だ。そう思って陸軍少年飛行兵だった荒畑君という友達と相談し、お神楽再興にとりかかった。

最初は青年団長の説得だ。団長は私より三つくらい年上。一月下旬のこと、団長の家に行き、「この混乱期にあんた何かやる気があんのかい」と言うと、「別にない」と言う。団長に私たちの思いを話し、青年団でお神楽を再興しようと提案すると、団長はやる気がない。「みんな食うために忙しく、声を掛けたって来たり来なかったりだろう。今は昔のように声を掛ければ皆が集まってくるような時代ではない」などと言う。私はこれを聞いて、それまでは肚に収めていた怒りを抑えきれなくなった。私は立ち上がり、「青年団長、貴様、何を言ってんだ。俺たちはそんなことで命かけて戦ったんじゃない。いま立たないのか。いまこそ青年団が立ち上がるときじゃないのか」と怒鳴りつけた。でかい声で言ったものだから、母親とかが、ふすまを少し開けてこうやって聞いている。家族がびっくりして総立ちになっている様子だった。団長は、「いや、申し訳ない」と謝った。それで、私は「あんたが表にでないなら、俺が立つ。俺はもう国に命を捧げた身体だから」と言った。それでようやく団長は、私が動くなら、ということで了解してくれた。

次は神主さんを説得しよう、ということになった。神主さんは小学校の歴史の先生だった。先生を訪ねて、「生きて帰ってきました。実は三月の例大祭の時にお神楽を挙げたいと思います」と言うと、先生は「誰が挙げるんだい」と言う。「私たちがこれから手配して練習して挙げましょう」と言うと、先生は「そうか、挙げてくれるか」と、とても喜んでくれた。

稽古の場所が必要だったが、天理大学元教授の家の物置二階に二十畳位の部屋があった。元教授に訳を話して頼むと、「それはいい、是非使ってくれ」と快諾してくれた。

お神楽にはお囃子《はやし》がいるし、舞の稽古もしなくてはならない。私の家から一キロくらい離れたところにある集落にお神楽の師匠のお年寄りたちが住んでおり、お年寄りたちは、お神楽が途絶え、後を継ぐ者もいないとこぼしているのが耳に入った。私と荒畑君は、さっそくその集落に行き、七十歳過ぎのお年寄りたちにお神楽再興の話をもちかけると、「おお、やってくれるのか」とみなさん大喜び。

こうして、檄文を書いて青年団に呼びかけると二十数人の若者が集まってくれた。三月二十一日の例大祭までみんなで稽古に励んだ。お年寄りたちは、毎回、仕事が終わってから真っ暗な道を歩いて指導に来てくれた。例大祭の当日は、戦後の混乱期なのでそれほどはしゃいだ雰囲気ではなかったが、たくさんの人が集まった。この地域から立川とか福生《ふっさ》とか府中あたりに分家や嫁入りなどで行った人たちも例大祭には帰ってくる。我々はみんな一生懸命稽古したお神楽を挙げた。私は小太鼓だった。最初稽古を始めたときは、仲間同士で女形《おやま》の役の押し付け合いをして、「お前やれよ」、「やだよ」なんて言い合う者もいたが、みんな決まった役を一生懸命やった。お年寄りたちもみんな大喜びで、神主さんも「よくやった」と褒めてくれた。

警視庁からの勧誘

お神楽が終わってしばらくした三月末か四月初めころ、警視庁の警察官が訪ねてきた。その人は、私に、警視庁採用の勧誘に来たのだ。当時、東京では、敗戦で治安が極めて悪化し、外国人が頭を挙げ、徒党を組んで官庁を襲ったり物資を横取りしたりしているという。そのころ、一枚半ぐらいの薄い新聞がきていたが、外国人が新橋や渋谷などで暴れているという記事が多かった。それまで日本人が外国人を随分抑圧してきたので終戦と同時に爆発したのだ。その人は、「治安の乱れを抑えるには警察力が弱すぎるので強化を図っている。そのため、是非警視庁に入って欲しい」と言う。強力な治安維持を担う人材を集めていたのだ。

私は、警察力を強化して治安回復を図ることが最優先、との話に納得した。その人は警察の仕事の内容などを説明してくれたが、交代制の当番勤務の話もでた。当番でないときは柔剣道もやっているとのこと。「警視庁ではどこの署にも道場がある」と言うんだ。私も、以前から、仕事をしながら剣道をやれるのは軍隊か警察しかないと聞いていた。軍隊はもうないのだから、後は警察しかない。剣道は夜だけでなく昼間でもやれるというので、これはよいと思い、「剣道やれるんだったら入ってもいいです」と言った。

ただ、私はまだ十九歳で、その年の十二月に二十歳になる。当時、警視庁の警察官の採用は二十歳以上の成人に限られていた。それで、採用試験はその年の十一月に受けた。無事合格することができ、翌二十二年二月、警察学校に入校することになった。

——埼玉県に住んでいたのになぜ警視庁が来たのですか。アメリカの影響もあったのでしょうか。

そうだと思う。アメリカは元特攻隊員がどこに帰還したのかということも把握していて、いろいろ差し出がましいことをいったんじゃないか。そうでなければ、私が家に帰って間もないときに、どうして警視庁の警察官が訪ねて来るのか。組織的な連絡がなければ私の居所は分からないはずだ。アメリカからみれば、当時、私たちは極左暴力集団よりも過激な自爆テロ集団に見えたのだろう。しかし、そんな連中を野放しにしておくよりは治安要員として活用させる方がよい、と考えたのかもしれないね。

第八章
❁警察官人生

私は、昭和二十二年、二十歳で警視庁警察官に採用され、同五十八年に五十六歳で退官するまで約三十六年間の警察官人生を送った。その間のいろいろな体験は語り尽くせないほどあるが、特に印象深かったことや戦後の世相を示すような事件の思い出などをいくつかお話ししたい。

新人交番勤務は土佐犬タローと

二十二年二月、港区芝の警視庁警察学校に入り、約四か月間の研修を受けた。警察学校は、私たちが入っている間に、芝から九段の今の日本武道館のあたりに残っていた旧近衛連隊の元兵舎に移ったので、後半の研修はここで受けた。学校は近衛連隊の兵舎のままだった。警察学校の一学年は六十人ぐらいだったかな。

同年六月、警察学校を卒業し、新任巡査として早稲田警察署に配属された。早稲田署は後に神楽坂署と一緒になって牛込署になった。

最初に命じられたのは交番勤務だった。懐かしいのは土佐犬タローのこと。馬場下交番から三百メートルくらいのところに女子学習院（現学習院女子短大、附属中高）があった。裏門のそばに会社役員のお屋敷があり、タローという名のでかい土佐犬がいて私たちと仲良くなった。

その家では、夜になるとタローを表に放した。今では考えられないけどね。すると、タローは交番にやって来て前に座る。警察官が好きなんだ。私が警らをするとき、「タロー、行くぞ」というと、立ち上がってとっとっと、とついてくる。当時は野犬が多く、早稲田町や喜久井町の裏町を一人で歩くと五匹も六匹もつきまとってくるので気持ち悪い。空襲で焼けた家の家主がいなくなり、たくさんの飼い犬が野犬になってしまっていたんだ。唸《うな》りながら足にまとわりついてきたりするので警棒で追い払わなければならない。ところがタローは吠えたりはしないが堂々として風格がある犬なので、タローが私の傍にいると野犬は遠巻きに唸るだけで近づいてこれない。私が交番に戻り、次の人が「タロー、行くぞ」と言うとまたついていく。タローは一晩で随分歩いたよ。朝になると、タローはくたくたになって、家に帰ると日中はずっと眠っていたようだ。飼い主さんはでかいタローを自分で散歩に連れて歩くのはたいへんなので、喜んでいた。

タローは頼りになった。不審者に職務質問をするときは一対一だ。何か騒ぎが起きてもパトカーがすぐ駆けつけてくれる時代ではない。警ら中に、交番に置いていた警察官の私物すらしばしば盗まれるような時代で、我々は自分の身を自分で守らなくてはならなかった。当時は街灯が少なく道は真っ暗だから、職質するときは、まず百メートルくらいも離れた街灯のところまで行く。「タロー行くぞ」というと、タローが後ろからのそのそついてくる。相手は逃げるに逃げられなくなる。職質のとき、持っているモノはなんだとか、相手とやりあっているでしょ。でも、タローがそばででんと座っているから、相手は威圧されてしまう。私は、短期間の交番勤務中、職務質問による検挙で警視総監賞を二回ももらってしまった。タローのおかげだからタローにも総監賞をやりたいくらいだったよ。

交番から三百メートルほどのところにパン屋があって朝の三時ごろからパンを焼いていた。風向きによっていい匂いが交番までしてきた。それで「よし、タロー待ってろ」と言って自転車でパン屋に行って自分の朝飯分を買い、「タローが働いてるので屑があったら譲ってほしいんですけれど」と頼むと、パンの耳をたくさんくれる。それをタローにやると喜んで食べる。地域のほかの飲食店でも、タローのためによく残り物を分けてくれた。こうして、野犬が人間を襲う時代にタローのお蔭で安心して警らができたんだ。八か月間の馬場下交番勤務を終えてタローとお別れすることになった。別れる日、交番の前にいつものようにやってきてお座りしているタローの頭を撫でたり首をさすったりしながら「タロー、ありがとう、よく助けてくれたな。もういなくなっちゃうけど、これからも地域のために交番をしっかり助けてくれよ」と語りかけた。意味は分からないだろうけどタローは気持ちよさそうに太い尻尾を振っていた。飼い主のお宅にも挨拶に行ってタローにいつも助けてもらったお礼を言うと、飼い主さんもとても喜んでくれた。

交番勤務から新米刑事に

交番勤務を始めて一年もたたない二十三年春に、交通係を命じられた。交通係を命じられたのは、私がパイロットだったということがわかったからだろう。教養課主催で自動車講習があり、私をそこに割り込ませてくれた。車はダッジなど、みんなアメリカから借り受けたもの。一か月間みっちりアメリカの自動車を運転して都内を走り回った。初めて大きなアメリカの車に乗ったときは、安定しているし、エンジンもブルブルするような強さを感じた。免許証を貰ってから署へ帰り、交通係を担当した。

交通係をやっていくらも立たないうちに、「君は今度は刑事をやれ」と言われ、二十三年暮れに早稲田署刑事課の刑事になった。どうも、交番勤務の時に職務質問で犯人を検挙したことで「あいつは刑事向きだ」と思われたようだ。刑事になったら、係長から「何でもいいから悪い奴は捕まえてこい」と言われた。あるとき、浅草六区へ行って、かっぱらいを捕まえた。それが外国人だった。このかっぱらいがギャーギャー騒ぎ出し、仲間が集まってきて私をとり囲んだ。六区の交番から警察官が数名駆けつけたので、なんとか奪還されずに済んだ。相手錠をかけて都電に乗り、途中秋葉原で乗り換え、署まで連行した。

あるときは、上野公園に行って山の神社で賽銭ドロを現行犯で捕まえ、相手錠をかけて都電でごとごと走って署に引致した。この男には余罪が沢山でた。とにかくホシを取るのはたいへんだったよ。

刑事になったのはいいけれど食糧がないのには閉口した。休みは一か月に一回。その日に食糧配給所に行き、配給券でサツマイモやトウモロコシの粉と交換する。米はなかった。

リュックを背負って配給所にいくと、「はい大舘さん、サツマイモこれだけ」、「なんだこれだけか」、「トウモロコシこれだけ、これで一か月分よ」。これでは柔道や剣道はできないね。それを担いで寮に帰り、自炊する。マキは近所の製材所から貰ってくる。それを切って砕いて、七輪にくべ、火を起こし、鍋をかける。こんな自炊生活、苦しかったよ。

女子医大の寮に住む

早稲田署の寮に約半年いてから、新宿区河田町にあった東京女子医科大学の学生寮に移った。木造の二階建ての寮が敷地内に十いくつあった。というのは、女子寮は女の子ばかりで安全を守る必要があるため女子医大のほうから早稲田警察署に、「信用のおける、志操堅固な警察官を派遣してほしい。住まいを提供しますから」と言ってきたのだ。それで私が選ばれ、この寮に住み込んだわけ。二十二年の秋のことだった。警察官は、同期生三人とあと二人で計五人。

当時の女学生は夜中の三時ごろまで本当によく勉強していた。遊びなんか全然縁のないような。結局、私はこの寮に九年間いた。転勤してもここにいた。最後は主《ぬし》になったよ。この寮では女子学生を守ってあげていた。最初のうちは何度もトラブルがあった。夜中に塀を乗り越えて男が入って来るのでそれを捕まえた。痴漢ですよ。女学生が夜中まで勉強しているから、そこへ変な男が来る。我々が飛び出して措置した。早稲田署へ突き出したのも何人もいた。

フィリピンで敷島隊として初の特攻に成功して戦死した関行男大尉の奥さんが、終戦後、女子医大に入っていた。その後お医者さんになられたと聞いて、ほんとうによかったと思った。

新人警官安田講堂に拉致される

巡査部長に昇進して本富士署の警ら係勤務になった二十六年六月ころのことだ。同署の管轄区域は広く交番巡視はたいへんだった。

当時、署には十八歳で採用された新人が二人いて、私がその一人の指導担当に命じられた。その年、警視庁の歴史で初めて未成年者が拳銃をつけて交番勤務をすることになった。それまで警視庁の警察官は二十歳以上でなければ採用できなかったが、初めて高卒の十八歳も採用することになったのだ。それで、本部の指示で、新人一人に指導巡査部長一人がつけということになった。

当時、東大は左翼の学生たちで荒れていて、私が指導を担当していた新人の若い巡査が安田講堂に拉致される事件が起きた。私は、ある日彼に、「君の受け持ちはここ」と言って森下交番を担当させた。私が交番を巡回しているときに、彼が東大構内で拉致されたという情報が入り、驚いた。この新人巡査が左翼の学生に安田講堂の中に拉致され、拳銃を奪われそうになったので天井に向けて発砲したらしい。幸い怪我人はなかったが、警察予備隊の車両がサイレンを鳴らして駆けつけるなど大変な騒ぎになった。見れば講堂の中はめちゃめちゃだった。若い巡査は相手と対抗できなかったのだろう。それで拉致されてしまった。

この事件があってから、気の弱い警察官は東大の構内に入らなくなった。でも私はしばしば入った。東大構内のバス道を歩いているとき、左翼の学生たちから取り囲まれ、吊るし上げのようになりかけた。東大キャンパスの北側にあった交番に行くために、警官の制服姿で竜岡門から入り、バス道を歩いて東大病院方向へ向かい通り抜けようとした。すると数人の学生が私を取り囲み、「お前はなんだ」などという。警官が自分たちを探りに来たと思ったらしい。彼らは棒を持ったりしていた。私は「なんだとはなんだ。服装を見ればわかるだろう」と言い返した。「ここは大学だ。てめえなんか来るところじゃない」などと言うから、「私は公僕だ。君らを相手にしているんじゃない。ここは天下の公道だ。そこには病院があり、バスも来ているじゃないか。これから通り抜けるのだから妨害するな」などと毅然とやりあうと、彼らはあきらめてぶつぶつ言いながら去って行った。有名な東大ポポロ事件が起きたのは翌年のことだった。

肺結核で入院

二十九年八月の定期健康診断で、胸に影があり、結核だと診断されてしまった。自覚症状は何もなく普通に仕事も稽古もしてピンピンしていたのに。でも当時はろくな食べ物もなく、激しい稽古や仕事で身体が参っていたのだろう。当時の警察官の交代勤務制は過酷だった。第一日勤者の後の第二日勤者は、午後四時ころから翌朝十時までの十八時間勤務。しかも、交番で座ってはならない、という厳しいお達し。これはアメリカの制度に倣ったらしいが、豊かなアメリカと違ってろくな食物もない日本の警察官に同じことをさせるのは無理があった。結局それから三十二年の春まで、二年半も東京女子医大付属病院に入院することになってしまった。当時結核にかかる者は多く、薬で治すか、病巣部を手術で取り除くか、の判断が難しかった。外科手術をやれば治りは早いが、肋骨を三本取るので上半身が傾く障害が残ってしまい、剣道は二度とやれない。健康管理室長に相談し、「退院しても剣道はやりたいです」と話すと、先生は「どちらが良いかは分かりません。でも医学はどんどん進歩していますからね」という言い方をされた。結局、私は手術はやめ、時間はかかっても化学療法で治療することにした。でもストマイはべらぼうに高価で使えなかった。当時は六十歳まで生きられればいいと思っていたが、それでもまだ三十数年は生きなくちゃならない。

入院して間もなく、一方面本部長の景山二郎*注さんが見舞いに来てくれた。景山さんは、私が二十七年五月から第五予備隊で剣道をしていた時、同じ建物内に第五方面本部があって本部長は神田署長から異動された景山さんだったのでご縁ができていたんだ。景山さんが「土田さんも結核をやったが、自宅療法で、半年座禅をやって直したそうだよ。土田さんも見舞いに来るといっているよ」などと話してくれた。まさか当時飛ぶ鳥落とす勢いの一方面本部長が、一介の巡査部長の見舞いに、しかも日中来てくれるなどとは思わなかった。

当時土田國保*注さんは、警視庁警備課長だったが、お見舞いにきてくださった。この縁で、土田さんは私のことをよく覚えてくださり、その後私が所轄の刑事課長になったときなど、特段用もないのに電話をくれていた。ずっと後のことだが、土田さんが稽古中にアキレス腱を切ったとき、私は隣で稽古をしていた。その時は私が見舞いに行った。

＊注　景山二郎　広島県出身。旧制武蔵高等学校を経て東京帝国大学法学部を卒業。熊本県警察、埼玉県警察、神奈川県警察の各本部長を歴任。関東管区警察局長を最後に退官。学生時代から剣道を修練し、大日本武徳会の各地支部の理事、東京都剣道連盟会長、全日本剣道連盟会長を歴任した。
＊注　土田國保　秋田県出身、第二次世界大戦中は海軍予備学生となり、戦艦武蔵にも乗り組み、主計大尉で終戦を迎えた。東京帝国大学法学部卒、第七十代警視総監、第四代防衛大学校校長。警務部長当時、過激派による土田邸爆破事件により御夫人を亡くされた。

結核と言っても、自覚症状もなく、喀血する訳ではなく、病院では将棋や俳句などで暇をつぶしながら淡々と生活した。俳句では読売新聞によく投稿し、月間賞を貰って掲載されたりもした。

「秋晴れの　涯てに広がる　雲の縞」

中里介山の『大菩薩峠』など剣豪小説もよく読んだ。机龍之介の御岳山上での試合なんかに夢中になった。

そのころ、まだ結核の治療法は確立していなかった。入院患者の間では病気の話で持ちきり。みんな早く治って退院したいものだから、どんな薬が効くとか、どの先生がどうだとか、顔を合わせるとそんな情報交換ばかりしていた。私は、早く治りたいのはもちろんだが、そんな話の仲間には余り入らなかった。戦争で命を落としたたくさんの戦友のことを考えると、自分の今の生は余生のようなものだと思っていたからね。患者の中には、早く治さなくては職場で自分の席がなくなる、などと焦っている人も少なくなかった。でも私は、もし治ればまた剣道をしたいな、そして、何か少しでも世の中の役に立つ仕事ができればいいな、という程度の気持ちで、焦りも不安もなかった。少しでも体力をつけようと思って看護婦さんの目を盗んで夜散歩に出て歩き回ったり、新聞紙を丸めて竹刀代わりにして素振りをしたりしていた。看護婦さんに見つかると、「足から病気を治しますから」なんて言い訳してね。結果的に、歩いたのは良かった。二年半が過ぎたころ、ようやく胸の影が薄くなった、ということで退院を許された。

名物検視官の下で検視修行

職務復帰後しばらくは要観察ということで激務は担当せず、捜査四課発足前の暴力団犯罪対策などに従事していた。三十五年には、第一次安保闘争で国会や官邸等へデモをかけるデモ隊に対する警備の業務に没頭した。その後、三十七年春に警部補試験に合格し、捜査係長養成コースの研修終了後、捜査係長配置の順番を待っている間のことだ。私は岩田正義検視官のかばん持ちをすることになった。これはとても勉強になった。

岩田さんは検視官の鏡のような名物人。真のプロだった。毎日、警視庁全管内で五十人から六十人の死体が上がり、各署から変死の報告がくる。事件性がないことが明らかなものが多いが、毎日必ず三件か四件は検視が必要となるものがある。その都度、岩田さんから「行くぞ」と言われ、カバンを持って自動車に乗り込んだ。岩田さんの検視はすごかったよ。ビニールの手袋なんか使わず素手でやるんだ。素手で直接、仏さんの身体を探っていく。頭髪の間に外傷があったり頭蓋骨が陥没しているかもしれないが、頭髪が濃いと見ただけでは分からないから、両手で髪をかき分けながらさぐっていくのだ。頭のてっぺんから足の先までくまなく調べていく。

しばらくたってから、岩田さんは目で、「お前やれ」と言うようになった。それで私がまず調べる。ポイントはもちろん事件性の有無だ。傷があると、傷口へ指を入れて傷の大きさや傷の方向をみて、刃物がどういう角度で入ったかをみる。それで自殺か他殺かがわかることがある。岩田さんは何にも云わずににやにやしながら横で見ている。私が判断の結果を口頭で報告すると、「イヒヒ」という。それはオーケーという意味だった。

検視のあと、岩田さんは手を洗わないんだ。死臭のひどい仏さんの場合でもせいぜい手ぬぐいでふき取る程度。現場で検視をするときは石鹸もなかったしね。岩田さんの手帳なんか、死臭が沁みつき、死体の汚れで色が変わっていた。すごい人だったね。その手で箸を持ってモノを食う。私もやったけれど、箸を持つ手が顔に近づくとプーンと臭うんだ。鼻毛がよじれるほどの腐乱死体もあったからね。

この短期間の経験が、ずっとあと、私が所轄署の刑事課長になった時にとても役に立った。私は三つの署で刑事課長を務めたが、部下たちは検視の経験が乏しいので、私が判断を迫られることがよくあった。

本所署の刑事課長だったときのことだ。そのころ、本所署管内では日に三体も四体も変死者が出ることがあった。新しい署長が変死について極めて細かく神経を使う人だった。課長代理らに検視の報告に行かせても、署長がうんといってくれないとこぼしてくるので、「どんな説明をしたんだ」と聞くと、肝心のことを報告していない。それで、「俺が行くよ」といって直接説明に行くこともあった。

ある年、一月四日の仕事始めに向島で老女の仏さんが出た。第一発見者が戸を開けたら女性が炬燵《こたつ》で死んでいた。炬燵のスイッチがつけっぱなしだったため、死後数日だったが腐乱が始まり、ひどい状態になっていた。私は、事件性はないと判断していたが署長は納得しない。他人の侵入の形跡はなく、発見時に表の雨戸は締まっており、隣の奥さんが開けたとのこと。裏に回ると裏口も閉まっていて、しかも蜘蛛《くも》の巣が張ったまま残っていた。それで外部からの侵入の形跡はないと報告しても署長は納得しない。それで仕方なく、「そんなら署長もご一緒にもう一度見に行きましょう」と言い、署長を現場に連れ出した。室内に入ると死臭がすごい。しかも仏さんが突っ伏した姿勢になっている炬燵の布団をめくり上げると、強烈な臭いがばーっと広がった。なにしろ死亡後も炬燵のスイッチが入ったままなんだから。それで署長は「もういい、もういい」と飛び出した。

私は「この臭いを嗅がないとだめなんですよ。炬燵の状態、腐乱の状態からすると死後三、四日、大晦日の朝方から夕方にかけて死んだんでしょう」と言ったが、署長は閉口して家から出ていってしまった。結局、慎重を期して司法解剖をしたが、死因は脳溢血で、やはり事件性はなかったことが確認できた。でもこの事件のあとは、署長は「君が見たんならもういいよ」と言ってくれるようになった。

職安法違反で暴力団退治

検視修行の後、三十九年の二月、戸塚署の刑事課捜査第二係長を命じられ、暴力犯（マルボウ）と一般捜査を担当したときのことだ。当時は暴力団撲滅作戦が華々しく始まったところだったが、地域住民らに一番喜ばれたのは高田馬場での暴力団による職業安定法違反事件の摘発だった。

山手線の外側の西戸山公園に、朝、暗いうちから多い時は四〜五百人ぐらい日雇い労働者が集まってくる。そこに土建業者がトラックやマイクロバスでやって来て、うちは今日は五人とか十人とか言って労働者を漁りにくる。

しかし土建業者が勝手に労働者を連れていくことはできない。やくざ者の許可を得ないでやると脅されてしまう。業者の車は順番を待って並んでいる。やくざ者が車の上に立ち、派手な格好して「根っきり十人」というと、最初の業者が「オーケー」とか言って車を前に進めて待つ。やくざ者がモンモン（刺青）を見せながら「根っきり十人、根っきり十人、お前行け、お前もだ」とか言って労働者に気合を入れる。根っきりとは穴掘りのこと。次の車では、「片付け十人」と声をかけ、「一人足りない、お前行け」とか言う。後ろの方では、別の組員が「よそ見するんじゃねえ。手を上げるんだ」と言って煽《あお》る。

こうして無理やり十人編成すると、若い衆が運転手に「十人集まった。まとまって持ってけ」と。人間を「持ってけ」って言うんだからね。労働者が乗ったらすぐ発車だ。こうして次々と大勢の労働者を業者の車に乗せていろんな工事現場に送り込むのだ。だいたい午前三時半か四時ころから始めて午前七時半から八時ころには引き揚げる。その間は活気づいていて、とにかくにぎやかだった。

大勢が集まるといろんなことをやる。朝から火を焚いて朝飯を準備し、何が入っているか分からないようなどんぶり飯を食うヤツ、屋台みたいなのをおっ建ててどぶろくみたいのを飲ませるヤツ、いろんな人間がいた。博打《ばくち》をやるヤツもいた。労働者は、朝飯を食うとすぐ工事現場に行くので朝飯が飛ぶように売れる。近くの大久保にドヤ街があり、そこから来る労働者がいっぱいいいた。浅草の山谷のドヤ街と同じ。今の公園では到底見られない光景だった。毎日騒然としているので付近の地域住民からなんとかしてくれと苦情がきていた。

それを仕切っていたのが都内の最大暴力団の下部組織の組だった。組事務所が公園の脇の線路をくぐってすぐのところにあり、誰が仕切っているかもわかっていた。組員全部が公園に出て役割を決め、威圧していた。車を止める役、車を出す役、労働者を誘導して車に乗せる役とか。この労働者の有料斡旋が暴力団のシノギ、資金源となっていた。連中がやっていたのはピンハネですよ。土建会社は、労働者に直接渡すべき賃金をヤクザに渡す。ヤクザは賃金からピンハネして残りを労働者に渡す。その実入りが非常に多かった。おまけに労働者の宿や飲食については、自分らの息のかかった所で泊まらせたり飲ませたりする。へべれけに飲ませて宿賃を払わせると労働者の一日の稼ぎは一杯一杯だ。

当時はこんなことが野放し。本来は都の職安職員がするべきことなのに連中が勝手にやっていた。全部土建の仕事で、当時はこれがたくさんあった。東京オリンピックの施設や道路作りなどのために社会は労働者をものすごく必要としていたんだ。そのためカネが飛ぶように動き、労働者たちも潤っていた。仕事がなかったら「ヤマ」へ行けば食えると言われた。ヤマとはこういう場所のことだ。

このような暴力団によるピンハネを、無許可の有料職業斡旋の職業安定法違反に当たるとして私たちは摘発したんだ。

摘発は、現逮（現行犯逮捕）でいった。我々が普通にヤマに入っていくと顔の色が違うのですぐ連中に見破られてしまう。日焼けした労働者の顔ではないからね。それで顔に炭を塗り、昔の軍隊で着ていたような布を当てたり色が変わったようなボロの服を着ないと紛れ込めない。捜査員はそんな格好をして入り込む。雇い主を説得してトラックに乗せてもらい、寝転んで荷台に乗って現場に行ったり、いろんなことを考えてやった。荷台にシートを張って中に捜査員十人位を潜ませる。私が助手席に乗り、運転手に私の言うとおり運転してくれと言って現場に乗り入れ、いかにも車が故障したような顔をしてトラックを停車させ、「根っきり、根っきり」と呼び込んでいるところを捜査員が小さな隠しカメラで撮る。録音機も使った。顔を知られていない捜査員が呼び込みをやっている者の下へそーっと録音機を持っていき、「根っきり」「片付け」とか叫んでいる声を録音する。当時の録音機はリール式で大きい。しかし、労働者たちは自分の荷物を全部抱えていたから、捜査員が大きな荷物を持っていても不思議はない。

こうして、だいたい証拠はそろったな、というタイミングを見て、トラックの後のトビラを開け、「さあ降りろ」と言うと、隠れていた捜査員が一斉に飛び出す。一網打尽で身柄を確保し、組員を八人か九人逮捕した。ほかに労働者も参考人として署に連れていった。連れてきた者たちを署の講堂に四列に並ばせて座らせ、調書をとった。こういう捜査はそれまでどこの署もやったことはなく私たちが先陣を切ったんだ。こんな摘発を二回か三回やったら暴力団は解体状態になった。当時、暴力団の検挙は恐喝などの事件が主だったが、彼らが肥っていくのを横目でみているわけにはいかない。そこで着手したのがこの捜査だった。そのとき四方面担当の検事さんが鹿児島県出身の人で、この捜査を通じてずいぶん仲良くなり、検事さんも「これは警視庁どころの話じゃないよ。日本で初めての事件だよ」と言って大変喜んでくれた。

白バイ隊の中隊長に

本庁の人事二課や本田《ほんでん》署の刑事課長勤務を経て、四十四年八月には、まったく形が変わり、今度は白バイに乗ることになった。交通部・第八方面交通機動隊だ。私は自動二輪の免許を持っていたが、警部クラスで自動二輪の免許を持っている者は珍しかったので、この人事になったのだろう。「第八方面交通機動隊中隊長」が肩書。この隊に入り、隊員百七十二人、白バイ二百三十四台、六個小隊を束ねることになり、これまででは最多の部下人員を抱えることになった。

第二次安保闘争はほぼ収束し、経済も好転し、生活も向上してきたので、街が活気に溢れ、

白バイ隊員の雄姿

交通社会になってきた。車がどんどん増えるし交通事故も増加したので、これまで闘争警備に従事していた多数の機動隊員を交通安全の方に振り向けることになったのだ。警備部では、第一次安保の苦しい教訓から、装備の充実、隊員の訓練などに力を注いでいたが、昭和四十五年の第二次安保も乗り切れるとの見通しもたっていた。それで、毎年の交通量の増加と交通事故による死亡者の増加を抑え込むため、機動隊員の転用を決断し、交通部と連携して白バイ隊員の増強を図ったのだ。そのため、二十歳代の機動隊員で白バイ隊員に適した人材を各隊から選出し、静岡県修善寺の日本自転車振興会の訓練場を借り受け、各交通機動隊の古参隊員を指導員として訓練を行い、訓練を受けた者が順次既存の交通機動隊に配置された。

これらと併行して白バイの機種の改善も進められた。当時、各隊の古参隊員が使用している車両は、旧態依然としたホンダの三〇〇ccや、カワサキ、スズキの旧車だった。しかし、街を疾駆している若者の単車の方が性能的に優っており、これが隊員の士気に影響していた。そんなとき、一大朗報が入ってきた。ホンダが、七五〇ccの新車を二百台寄贈してくれるとのこと。隊員たちは配車された新車の列線を見て小躍りして喜んだ。続いて、ホンダの増車に加え、新たにカワサキの六〇〇cc、スズキの五〇〇ccの新車も寄贈されて配車になるとの朗報も届き、隊内が活気づいた。

住民泣かせの過積載ダンプ取締り

交通機動隊中隊長時代に一番力を入れた仕事は、幹線道路における速度違反の取締りと過積載のダンプの取締りだった。特に道路管理者や付近の住民が喜んだのは過積載ダンプの取締りだった。

当時は建設ブームで、多数の業者が八王子の美山とか青梅の成木という山などを崩して、大量の砕石をダンプで都心部の工事現場へ運んでいた。その石を、十トン車に十五トン、十五トン車は二十二トンくらい積む。これが「過積載」だ。

こんなダンプがしょっちゅう通るものだから、青梅街道は、上り車線と下り車線では過積載ダンプの重みのために上り車線の方が路面が低くなってしまった。行きは都心部目指して砕石を満載するが、帰りは空だからね。上り車線には過積載のダンプがゴーッとうなりを上げて走ってくる。特に冬期は、地方からの出稼ぎ組がダンプを持ち込んで働くが、地理不案内のため、はぐれないよう数台並んで走るので騒音も甚だしい。道路管理者がこの道路の歪みを直すためには何億というカネがかかる。住民の不満も大きい。青梅街道でも甲州街道でもみんなそうなってしまい、道路管理者は道路の直しようがないと泣いていた。高速道路も同じ。当時は中央高速道路の府中から山を越したところの山梨県境まで、私の第八交通機動隊が担当していた。こんなひどい状況は放置できない。

そこで、私は、各小隊長を集めて道路管理者の道路管理の実態、要望等を説明し、ダンプカーの過積載はこれ以上放置できないので、取締計画ができ次第、過積載の摘発を実行する旨指示した。

問題は場所探しだった。過積載を確認して検挙するためには、車両の重量を測る台貫所《だいかんじょ》というものが必要なので、その場所を確保しなければならない。そこで、主要道路の要所、要所に台貫所を設置することを進めた。横田の米軍基地の脇に米軍が使っている空き地があったので、米軍の空き地の管理担当者を訪ねて、「あそこは土地が遊んでいるから、量りの時だけ貸してもらいたい」と頼んだ。そうしたら、「わかった。オッケー」といってくれた。こうして新青梅街道を入って八高線の線路を越した脇のところに台貫所を作った。

また、地元の地主にも協力を求めなければならず、私は、青梅、福生、八王子など、地元を回って地主さんと折衝した。勤務終了後、一人で地主さんの家を訪ねた。しかし、なかなかうんと言ってくれない。私は「おたくの土地をとるわけではない。これは東京都民の命を救う問題なのです」などと、三日もかけて地主さんにこんこんとお願いし、承諾をもらったこともあった。こうして、三百から一千坪以上もある広い空地を提供してもらうことができ、青梅街道と新青梅街道はここで抑える、甲州街道は府中で抑える、八王子の美山の山から出てくるのは、八王子の街道で抑える、という具合に台貫所を三か所作ることができた。

綿密な計画ができると、まず、各小隊長らに「明日の君らの出勤は午後十一時。内容は出勤してきてから言う。隊員には何か緊急な仕事ができたと言っておけ。内容はいうな」と伝えた。多数の隊員に事前に話すと情報が漏れることが怖いからね。

実施当日、午後十一時に隊員を集めて、「これからやるのは以下の仕事。配置につくのは大体午前三時から三時半。必要な物を準備しておくように」と説明・指示した。必要な物というのは台貫や取締用資材のこと。「台貫」というのは、地面の上に置いて、そこにダンプを砕石を積載したまま乗り上げさせ、積荷とダンプ全体の重さを測る台秤のことをいう。それを引いて行って「台貫所」を作る。それを置く作業は重労働だ。台貫の使い方は、ダンプの四つのタイヤの下に台貫を押し込む。そして、運転手に、「はいエンジンかけて。気をつけろよ」といって、タイヤをちょっと動かさせ、台貫の上にタイヤを乗せて重量を計る。

このような入念な準備の上で、いよいよ取締まりを開始した。上り車線を走ってくるダンプを次から次に台貫に載せて測定した。すると、どの車も五トンから十トンくらいの過積載。

府中の台貫所の入口のところの地主と交渉して、過積載で降ろさせた石を置く場所を作っておいた。石の大きさに応じて、一号石～五号石、と立札をたてた。過積載がバレたダンプの運転手には、「はい、ここで過積載分を降ろしなさい」と指示する。運転手は仕方なく荷台の上に乗って自分で降ろす。運転手が「もうこのぐらいで勘弁してください」と言っても、隊員が「まだだめだめ。二トンしか降ろしてないじゃないか」と厳しくやる。こうして降ろさせた石が山積みになる。彼らは大損だ。文句が出ても、「損するもしないも、自分で積んだんじゃないか」と言ってやる。

この石は、府中の場合は府中市役所土木課へ渡した。こういうことをしていると、それを聞きつけて、国分寺市や東村山市の土木課員が、「過積載の取締りは、うちにも来て是非やって欲しい」と頼んでくるようになった。こうして新青梅街道は、東村山、大和、東大和でもやった。地元住民にも喜ばれ、地元のおばちゃんたちが隊員にお茶を出してくれるようになった。石が欲しい人はリヤカーを引いてくるので、「はい、持っていきなさい」というと、喜んでリヤカー一杯の石や砂を持って帰る。随分地元に喜ばれたよ。

夜中から始めるのだが、明るくなっても、二十〜三十台のダンプが台貫所で列をずーっと作っていた。一個分隊が、過積載のダンプの台貫所への送り込みに専従する。送り込むときに免許証を全部預かってしまうから、運転手は逃げられない。

これを何回も実施した。一回目は四十四年の秋にやり、冬場にもやった。寒いから丸くなるぐらい着こみ、重たいものを動かすので隊員からブーブー文句が出るくらいたいへんだったけど、隊内は活気づいていた。

過積載は、道交法違反で罰金をとった。運転手によっては免停になる者もいた。運転手は「まずいな、このあいだ捕まったばっかりなのに」と愚痴を言うが、「そんなことばっかりやっているから、いくら稼いだって、かあちゃんに送る金なくなっちゃうんだよ」と言ってやった。

高速道路で台貫を実施した時のことだ。八王子の近くに石川というパーキングエリアがあり、そこに五台のダンプが逃げ込んで運転手が一服していた。ダンプは一見しただけでも過積載。隊員が「これは誰の車だ」と聞くと、「知らないねえ。さっきまで運転手いたんだけどなあ」などと言ってとぼけている。そんな連絡が私のところに入ったから、すぐに分隊長を呼んだ。「運転手が出てくるまで絶対に車から離れるな。君たちの今日の仕事は車を監視することだ」と指示し、隊員たちをその場に張り付けた。

最初のうち、彼らは「あんなことしたってね。一晩たったら夜明けには帰るだろう」とたかをくくり、パーキングエリアで飯食って一杯やっているという報告があった。「そういうこと言っている彼らを土下座するようにしてみせるから」と言って監視を続けさせた。二日目になった。昼間は出てこない。夜も出てこない。こうしているうちに過積載のままでダンプを駐車しているので重みでタイヤが歪んでしまった。

四日目になって、運転手たちが「申し訳ありません」とようやく泣きをいれてきた。彼らには、「君らは、あそこで飯を食っていた者たちじゃないか。私も時々見に行ったからね。君らは高みの見物で、一杯やりつつ警察の動きを見ていたんじゃないか。君らは全然反省がない」と言った上でダンプを動かさせた。タイヤがへこんで歪んでいるのでダンプはゴットンゴットンと音をたてながら動く。「勝手にそこらに降ろしたら道路放置物件になるぞ」と釘を刺し、石を降ろす場所まで移動させて石を降ろさせてから彼らを元の採石場まで戻した。

過積載分の石を降ろしてもタイヤが変形したままなので、タイヤもホイールも壊れて使えなくなっている。結局全部の石を降ろさなくては動かせなくなってしまった。タイヤは総入れ替えしなければならない。彼らは会社に泣きつき、それが評判になって運転手たちの間に響き渡った。それ一回やっただけで、車をどこかに置いて、俺は知らないととぼけるような者はいなくなってしまった。だから一回きちっと仕事をすると効果は大きい。彼らが「二度とやりません」と私のところに謝りに来たので、「こういう分かり方が一番いいな」と言うと頭をかいていた。「やるんならまたやってもいいぞ。こちらは断固としてやるぞ」と言ってやった。彼らは、それまでは甘く見ていたんだね。運転手にとってはちょっと可哀想なことかもしれないが、地域住民のためや道路の維持管理上、厳しい取締りが必要だったのだ。

金庫破りの検挙

四十九年春から本所署の刑事課長を務めたときのことだ。ここで取り組んだ事件はいろいろあるが、一つは金庫破りだ。日曜日に家で休んでいたら、某社の金庫が持ち出されて盗まれたと報告が入った。電話で捜査員に「床はどうなっている」と聞いたら、「床はスリッパを履いて上がる事務所で、ちゃんとしたタイル張りです」と言う。私は「待て、現場をそのままにしておけ」と言って自宅から飛んで行き、克明に現場検証を行った。金庫は重い。それに綺麗な床面だと足跡が残る可能性があった。犯人は汚い足の靴で来て、金庫は重たいから力を入れて運ぶ。わざわざ足跡をつけているようなものだ。だから足跡が採れた。

手口から、ある金庫破りの常習者が怪しいと目星をつけ、捜査員一個班をこのホシに張り付けた。捜査員には、「ただ張り番だけしているんじゃないぞ。大きな男は歩幅が大きい。小さな男だと歩幅は狭い。特殊な歩き方するヤツだと、それを頭の中にいれておかないと足跡は採れないぞ」と口うるさく言っていた。一つだけでは心細いから、二つ三つ採るためには歩幅をよく見なければならない。足跡に印がついているわけではないし、アパートだから他人の足跡が付いている可能性もあるので、ホシの足跡であることを見分けなければならない。しかし、普通の人が見ても分かるものではない。何本目の柱付近に左足がかかったとか、足跡が付いた場所の目印を見ておく。それを確認するには足幅もよく見ておかなければならない。特殊な歩き方とは、外向きだとか足を引きずっていないかなど。

張り込みは、ホシに悟られないよう神経を使った。張り込みはアパート近くの路上に車を停めて中から見張るのだが、同じ車が長く停まっていると敏感なホシはすぐ気づいて警戒する。そこで、民間会社から会社名の入った車両を借り上げ、しかも、それを頻繁に取り換えることでホシに悟られないようにした。

こうして張り込みを続けていると、ある時、狙っていたホシが現れた。ホシは自分の部屋の中に入っていった。そこで、捜査員は、「おっ、ホシだ。ホシだ」と気づき、悟られぬようすーっとアパートに入っていって素早く二つ三つの足跡を採った。鑑識で金庫破りの現場に残っていた足跡と照合したら、ぴたりと一致した。それで令状をとって逮捕したんだ。このホシには三百件もの余罪が出た。

もう一つの大きな事件は「のび」。忍び込みの検挙だった。四階建てのマンションの三階か二階に芸者が住んでいた。売れっ子だったので良い物を持っていたがそれをごっそり盗まれた。それまでも墨東地区とか西新井だとか文京区だとかで似たような被害がでていたが、ホシがわからなかった。

なんとかものにしたいと思っていたときに、管内で事件が発生した。マンションでの被害。直ちに鑑識係員を連れて行き、現場を克明に調べた。しかし、ホシが部屋に入るのに、階下や入り口からは侵入した痕跡がない。いろんなことを考えたが、これはもう空中からでなければ部屋には入れない。屋上が最後の決め手だと鑑識係員を連れて屋上に上がった。すると屋上から雨樋が一本スーッと下に降りていた。これ以外にホシが部屋のベランダに降り立つ場所がないと思った。そこで克明に指紋を採取しろと指示したら雨樋から指紋が採れた。なぜかというと、雨樋を伝って屋上から降りるときはおっかない。自分の体重も懸っているので、全身の力を手や指に懸けて雨樋をつかみ、そろそろと伝って降りていったんだ。手袋なんかはめていたら滑るから素手で。だから、雨樋に指紋がはっきりとついていたわけ。それが前歴者の指紋とピタッと一致した。警視庁刑事部では「刑事資料」という冊子を出していて「特異な検挙事例」が紹介されていたが、これにその事例を載せてくれた。このホシは前科が何犯もある男で、余罪はこれも三百件を超した。

頻発した内ゲバ事件

当時、極左暴力集団の革マル派と中核派が対立してお互いに襲撃し、乱闘で双方に重傷者が出る内ゲバ事件が警視庁管内各署で頻発していた。

四十九年十二月十六日未明、「墨田区内のマンション六階で内ゲバ事件発生」との緊急呼出しを受け、直ちに現場に急行した。現場は極度に混乱しており、近くのマンションの住民によれば、「工事現場のような大きな物音で気づいて見たら、マンションのベランダで大勢の男たちが工事現場で使うようなハンマーで窓を叩き割り、中の住人と乱闘になった。すさまじい光景を茫然と見ていた。まるで忠臣蔵の討ち入りを見ているようだった」という。

徐々に判明した事件の全貌は、マンション上階の角部屋に革マル派の七名が無線機等を持ち込んで潜伏している所へ十数名の中核派が杭打ち用ハンマー、鉄パイプなどを持って屋上から伝い降り、ベランダのガラス窓などを破壊して侵入しようとしたため、これを防ごうとする革マル派の住人との乱闘となり、双方に重傷者が生じたものだった。駆けつけた警察官が革マル派を五名逮捕した。双方の重傷者三名が入院したほか、闘争経路に侵入用具等が散乱している現状だったので、私は緊急出署後、宿直員と緊急出署の私服捜査官を指揮して事態の収拾に当たった。多くの刑事課員が慣れぬ警備公安事件の捜査に苦労しながらがんばってくれた。

被疑者らは、双方が別々の病院に入院していたが、事件発生後三日目の夜間、それぞれの組織員が病院を急襲し、担当医の許可なく重傷患者を担ぎ出して逃走したとの報が入った。その後まもなく、革マル派の患者は板橋区内の病院に担ぎ込まれたことが判明したので、東京地検公安部と連絡協議し、被疑者らの逮捕状を請求することとして、即日発付を得た。

そうこうするうち、十二月二十四日午後四時過ぎ、革マル派十名が病院を急襲し、入院患者を連れ去ったとの報が入った。続いて、翌二十五日正午過ぎ、両国近くの病院に入院していた中核派の患者を、中核派の仲間たちが入院費を支払ったあと、車に乗せて連れ去ったとの一一〇番通報が入った。

まもなく第二の内ゲバ事件が発生した。十二月三十一日午後八時ころ、宿直責任者から「錦糸町駅ビルで内ゲバ事件発生」との緊急連絡が入った。緊急出署すると、現場は総武線錦糸町駅ビル一階高島屋ストア内の東側エレベーターの内外で、中核派二名が革マル派一名を鉄パイプで殴打するなどの暴行を加えたが、これを目撃した同店員に追跡されて逮捕され、被害者は逃走したという事件だったことが判明した。

このように、当時頻発した内ゲバ事件は、極左集団相互のすさまじい近親憎悪による凶悪事件だった。相手方を死傷させる重大な被害が生じても、被害を受けた側は入院先から逃走し、絶対に被害について警察に申告や供述をしない。極左勢力が末期的な状況に陥っていたことを象徴し、当時の世相を反映する事件だった。

執念の捜査で連続窃盗犯を検挙

最後の務めは、本部の捜査三課の管理官だった。五十二年秋から五十八年四月の退官までの六年余り。同課は盗犯専門だが、泥棒が現場で殺傷や強姦等を犯した場合には、捜査一課に引き継ぐのではなくそのまま三課でやる。重大事件では所轄署に捜査本部を設置し、そこに本部から三課の刑事を派遣する。それは所轄署の捜査経験がまだ少ない刑事たちに本部事件の捜査を経験させるという教育的な効果もある。担当地域で数か所の署に本部が設置されることは珍しくないので、私は午前中本部で仕事したあと、午後には所轄署の捜査本部を回って指導することが多かった。そのような仕事を続け、この間、警察庁長官賞や警視総監賞を合計十回くらい頂戴する事件を捜査することができた。

この事件は、三百件以上の侵入盗を働いていた犯人を五十二年から五十四年秋にかけて二年がかりの捜査で検挙したものだ。

都心部の麻布、六本木、赤坂、麹町、新宿、渋谷などで、会社社長や俳優など金持ちの邸宅を専門に狙う空き巣・忍び込み（侵入等）が頻発し、手口から同一人の犯行によるものと疑われた。赤坂署に捜査本部を設置した。まずは綿密な現場検証が必要なので、私は捜査員とは別に、刑事一人を連れて、約三十件の被害者の家を全部見て回った。現場を回ることで、犯人の好み、傾向、侵入手口等が分かってくる。このホシの手口は、お屋敷専門で立派な一戸建て、特に古い二階建ての家を狙う。戸締りがされた一階からではなく二階の施錠されていない窓から侵入し、階下を物色し、逃げる時も二階の窓から逃げていた。奪う物は当初はほとんど現金。指紋は遺していなかった。

そこで、このような手口の特徴から、まだ被害にあっていない狙われそうな屋敷を探したところ、あるヨーロッパの銀行の支店長の屋敷があった。ホシは必ずこの家を狙うだろうと予測した。ホシが毎晩様子を窺いながらこの家の前を通っているような気さえした。それで、この屋敷内に刑事を夜間に張り込ませることとした。通訳を連れて支店長に会いに行き、事情を話して、夜、刑事二人を屋敷の庭で張り込ませてくれるよう頼んだら、簡単にオーケーしてくれた。これは後で分かったことだが、支店長の国では、このような張り込みは二時間位で終わらせてしまうので、日本でもその程度のことと気軽に考えたようなんだね。

それから張り込みを開始した。毎晩二人の刑事を深夜から夜明けまで屋敷の庭に張り込ませた。当然トイレに行きたくなるが、放尿で庭木を枯らしてはならないので一升瓶を持っていかせ、それで小用を処理させた。このような張り込みを約一か月続けた。張り込み開始の数日後から、屋敷のメイドさんが、夜十時ころになると刑事たちに暖かいコーヒーを出してくれるようになった。刑事たちは毎晩このような張り込みを続け、終わるころには顔色も変わり、痩せて目がギラギラするほどになっていた。

しかし、結局、この屋敷にはホシは侵入しなかった上、これまで管内で発生していたホシの犯行と思われる事件がぱったり途絶えた。これはおかしいと他県の犯罪を調べると、千葉県の松戸で似たような事件が多数発生し始めた。ホシが千葉に移動したことは確実だった。松戸では六十件もの侵入盗が発生していた。それで刑事たちを松戸に振り向けた。松戸で地域を所轄する警察署に交渉に行き、「これは都心部で発生した事件と手口がそっくりでホシが同一の人物だから」などと説明し、了解を得て部屋を提供してもらえることになった。所轄署にとっては迷惑だったかもしれないがね。自分の管轄区域内で、他の警察が重要事件を捜査するのは面白くないだろうから。このようにしてホシの足取りを追う捜査を続けたところ、今度は松戸での事件がまたピタリと止まってしまった。

次に発生したのは府中と調布だった。このような事件をずっと追っていくと事件の発生には周期があることが分かる。つまり、ホシは多額の現金などを奪うとしばらくの間はおとなしくし、その金が尽きたころ窃盗を再開する。その期間が奪った金の金額と大体見合ったものとなっている。これらの捜査を続けるうち、捜査員は、次第に、次はいつころどの辺りで事件が起きそうか、という感覚が研ぎ澄まされて働くようになる。そして、「ヤツの狙う家はそこにある」と当たりがつくようになる。一つのホシをずっと追っていると、そのうち捜査員がホシのような気持ちになり、ホシと同じような思考ができるようになる。似たような忍び込み事件があった場合でも、それを詳しく調べていくと、若い刑事が「これはこのホシの事件とは違います」と自信をもって言えるようになった。

府中・調布で発生した事件については、すべて再臨場し、現場を見分し直した。そうするうちに、ある屋敷が次には必ずターゲットになるだろう、ということが捜査員の共通認識になった。

ある夜、「今夜はホシが動く。今日は勝負どころだ」ということで狙われそうな屋敷のある地域に捜査員全員を投入し、警戒・待機をさせた。そうすると、屋敷から「今泥棒が庭に入ってきています」との一一〇番通報があった。そこで周囲に張り込んでいた捜査員を直ちに現場に向かわせたところ、庭にホシが忍び込んでいたので住居侵入の現行犯で逮捕した。

このホシは、二十歳くらいで、離島出身でボクシングの経験もある小柄で敏捷な男だった。逮捕されると素直に自供した。このホシは、逮捕当時府中市内のガソリンスタンドで何食わぬ顔をして働いており、夜になると盗みを重ねていたのだ。犯罪の陰に女あり、というがこのホシもそのとおりだった。あるキャバレーのホステスに入れあげるようになったんだね。当初は専ら現金等だが、途中からネックレスや指輪などの貴金属も盗むようになった。質で換金するのでなく、女に渡して貢ぐようになったんだ。中には四百万円、五百万円くらいもする装身具もあった。ブツに手を掛けるようになって、「あー、オンナがいるな」と推測した。松戸から府中へ移ったのは、女が店を代わって府中に来たからだった。

この男は、約八か月の間三百数十件の侵入盗を働いていたことを自供し、大部分は裏付けが取れたので立件送致した。

警察官を装う広域連続詐欺事件

これは「やまし」と呼ばれる広域連続詐欺の事件だった。五三年の十一月、渋谷区内に住む老婦人が代々木署に来て、「私が東京相互銀行幡ヶ谷支店の貸金庫に預けていた現金三、六八〇万円のうち、いつの間にか一、一八一万円が無くなっていた」と届け出たのだ。銀行の貸金庫のような管理と秘密が厳重なところから多額の現金が消えるなど前代未聞のことだ。さっそく捜査三課と代々木署で合同捜査本部を設置して捜査を開始した。マスコミもさっそく過熱報道を始めた。現金が消えた謎がまだ解明できていないうち、十二月七日には、渦中の銀行支店長が新宿駅のホームで列車に飛び降り自殺をするという悲惨な事態になってしまった。

ところが、これに輪をかけてとんでもない事件が発生した。最初に消えた金の謎がまだ解明できていない十二月十四日に、なんと、貸金庫に残っていた現金二千数百万円を老婦人が警視庁の捜査二課の刑事を名乗る男にまんまと騙し取られてしまったんだ。その日の昼ころ、老婦人宅に警視庁の捜査二課の刑事を名乗る男が現れ、警察手帳のようなものを見せて「貸金庫の状況を見たい」と言う。老婦人はそれを信じて貸金庫の鍵と印鑑をこの男に渡してしまった。ところがその後、銀行側が、本人が来ないと貸金庫は開けられないというので、老婦人が銀行に呼び出された。老婦人が刑事を名乗る男と一緒に待っている部屋に銀行員が貸金庫を持って来た。男が銀行員に「立会は要らない」と言うので、銀行員が立ち去って老婦人と二人だけになった。すると男は「札から全部指紋を取らなければならない」と言って貸金庫に入っていた二千数百万円を全部取り出し、持参していたショルダーバッグに詰め込んだ。男は老婦人に「課長が下で待っているから少しここで待っていてください」と言い残し、バッグを持って部屋を出て、そのままずらかってしまった。まさに大胆不敵の犯行だ。

捜査本部では、三十名以上の体制で鋭意捜査を開始し、地取り捜査、手口捜査、要撃捜査などの徹底的な捜査を行った。男はなかなか尻尾を出さなかったが、そのころから、福岡、広島、宮崎、大阪、熊本、佐賀、岡山など全国を股にかけて次々と似たような事件が発生し始めた。これらの犯行に共通する手口は、汚職や選挙違反とか脱税など、社会が注目する事件が発生し、新聞が大々的に報道して捜査が開始されると、その事件関係者をターゲットとする。そして相手の弱い立場に付け込み、自分が警察の者だと名乗り、相手の取引銀行を聞き出し、捜査上必要だと騙して預金通帳や印鑑、キャッシュカードなどを提出させる。それを用いて銀行から多額の払い戻しを受けて騙し取り、逃走するというものだ。

懸命の捜査を一年以上続けた翌年の五十四年の暮れのことだ。中央区築地の北海道漁業協同組合連合会東京営業本部の営業課長が、不正経理で百億円を超える欠損を出し、背任横領事件として築地署が捜査を始め、新聞もこのニュースを報道し始めた。

十二月二十八日、築地署の刑事課から電話がかかり、「今、ホシが都内の銀行を動いています。築地署管内の銀行に立ち寄る可能性があります」と報告してきた。築地署ではその日から水も漏らさない管内の銀行支店への警戒態勢を敷いた。翌二十九日朝、北海道拓殖銀行の築地支店に、弁護士を名乗る男から「北海道漁連のAさんと今日九時半に築地支店で待ち合わせる約束をしたが、今車が渋滞しているので、Aさんが見えたらお待ちになってもらいたい」と電話があった、これもホシが弁護士を装ってかけたニセ電話だった。間もなく築地支店に、北海道漁連総務課長Aと名乗ってホシが現れた。実は、前日の二十八日のことだが、ホシは、北海道漁連事務所に「警察の横山だ」と名乗って現れていた。そして、総務部次長を巧みに騙して、漁連の取引銀行である北海道拓殖銀行築地支店の預金の印鑑を持ってこさせ、次長に席を外させた合間に、持参していた同支店の預金の払戻請求書用紙にその印鑑を盗捺していた。そして、翌二十九日に、ホシは漁連のA課長に成りすまして築地支店にこの払い戻し用紙を持参し、多額の預金を引き出そうとしていたのだった。

ところが、同支店に刑事を張り込ませていたのだが、行員の応対が平素と違ってぎこちないことに感づいたホシは、やにわに外に飛び出して逃げ出し、追跡した刑事に持っていた大型封

警察官時代毎日欠かさずつけていた手帳

SONY

SONY

SONY

SONY

筒を投げつけるなどして抵抗した。刑事らは格闘の末、ホシを取り押さえて緊急逮捕した。投げ捨てた封筒には、同支店の北海道漁連の口座の七百万円の払戻請求書だけでなく、富士銀行築地支店の同漁連の口座の九百万円の払戻請求書も入っていた。連絡が入ったのが二十九日の午後0時半ころのこと。私はすぐに築地署に向かった。ごった返している捜査本部の大部屋で私は被疑者を直接取調べた。ホシは既に観念し、疑いのあった二十八件中二十四件の事実は認めていた。詐欺犯は窃盗犯と違ってよくしゃべる。私は疑いのあった事件についていろいろ聞いていくと、男が本ホシであると確信できたので、本庁の刑事部参事官に電話し、「ホシに間違いありません」と報告し、翌日の記者会見で逮捕の広報をする了承を貰った。

その日は夕方帰宅し、翌三十日朝五時四十分に起きてマラソンをしていたが、家に帰ると読売の朝刊の社会面トップにホシの逮捕がすっぱ抜かれていた。この経緯は、警察官時代毎日欠かさずつけていた手帳の日記に書いている。

しかし、この段階ではホシは老婦人が被害者だった東京相互銀行幡ヶ谷支店の事件は自供していなかった。年が明けた五十五年一月四日の御用始めの日のこと。午前中の訓示などの行事を終わって部屋に戻り、課員で乾杯をして一旦解散した後、中野区内の私の家に課員を招いて新年会をやろうとしていた。午後一時半ころ退庁し、駅を降りて自宅に帰り着いたとたん、捜査本部からホシが東京相互銀行事件も自白したと連絡があった。それで私は課員には自宅でゆっくり飲んでくれるよう言い残して一人で築地署に向かった。

再びホシと対面して取り調べ自供は間違いないと判断できたので、本庁の参事官に報告の上、記者発表の打ち合わせに入った。参事官は「おい、大丈夫か」と聞くので、「大丈夫ですよ。ホシに間違いありません」などとやりとりした。ホシに間違いないかどうかは、ホシしか知らない話をいくつか聴き取っていくとわかる。逃げるときどうやって逃げたのか、とか、ハイヤーでどこまで行ったとか、ハイヤー代がいくらくらいだったとか、いろいろ聞いていくうちに自供がほんものかどうかはわかってくる。詐欺師の場合は、口がうまい。このホシもそうだった。人を見てものを言う。本物のベテラン捜査官だ、と思うと態度が変わるんだ。ふつう、泥棒の前科十犯もあるような男なら、最初、捜査官には口をきかない。グーッと睨んでいて二時間や三時間は会話にならない。しかし、詐欺のホシはよくしゃべる。感触を採るには、どれかの事件を捉えて尋ねていくと詐欺師は頭の転換がいいのでぺらぺらいろんなことをしゃべる。その中に、まだ新聞にも報道されていないような事実が含まれてくると、本ホシだ、と感触がとれる。

こうしてついにホシを逮捕でき、本件はもちろん、全国に股をかけた類似手口の広域詐欺について、次々とホシを追及、観念させて、一連の捜査を終えることができた。結局このホシは全国で二十五件の同種事件を自供した。それらの事件では、当初の捜査開始のきっかけとなった老婦人の貸金庫の現金詐欺事件を始め、弁護士、医師、大学関係者、県会議員、市会議員など、様々な事件で捜査の対象となった社会の有力者・著名人が被害者となり、被害総額は七千万円を超えた。この事件でも、我々捜査三課と築地署が、警察庁長官賞、警視総監賞を頂くことになった。

刑事生活に悔いなし

刑事生活を振り返り、自分として納得できているのは、管理職になっても徹底的に現場を自分の足で歩いたことだ。刑事課長や管理官になっても、事件現場に行くとき、自分の使える車があってもそれは捜査員に使わせ、私は必ず電車を使っていた。重要事件の窃盗の被害者宅は必ず自分の足で歩いて回った。既に現場の実況見分は終わっていても、やはり自分の目で確認しなければならない。被害者宅に行き、了解をもらって家の中を見せてもらう。そしてどこから侵入したのか、どこから逃げたのかなどを考え、ホシの手口の癖などを感じ取る。被害者から話を聞くときは鉛筆もメモも持たない。相手の顔を見て話す。メモを取ろうとすると相手が警戒して敏感になってしまうので話を聞きだしにくい。メモは相手と離れたあとで素早く取る。

このようなことを重ねていると、連続窃盗事件などで、多数の犯行が、一人のホシがやった事件なのかどうかということや、ホシの手口や癖などが浮かんでくる。なぜこんな作業を自分でするかというと、捜査本部を設置するに値する事件かどうかを、管理官として判断しなければならないからだ。やまほど事件があり、捜査員は限られている以上、捜査本部を設置するのなら成果を上げないといけない。本部は設置したものの、いくらやっても狙いのホシの犯行ではなかった、ということなら多大の労力が無駄に終わってしまうからね。こうして、これは本部設置の必要性ありだ、と判断して初めて本部を設置する。このようなことを続けていると、所轄署の方から、「うちで抱えている未解決の重要事件について、是非本部を設置してください」、「うちの刑事たちに経験させて鍛えてください」などと積極的に求めてくるようになった。

亡き戦友に励まされて

警察官生活では確かに、辛いこと、大変なことはたくさんあった。でも、どんな激務でどんなに苦しいときでも、散っていった戦友たちのことを忘れたことはなかった。夢にもでてくる。なにか苦しいことがあると、いつも戦友たちの顔がすーっと浮かんでくるんだ。「カズ、お前いまなにやってんだ」「なにか心配ごとあんのか」と言って。浮かんでくる同期の桜の粕谷君、豊田君はじめ、散っていった仲間たちは、あの時の十七、八歳の紅顔のままだ。

私は年をとっても彼らはいつまでも変わりのない少年なんだ。私は、仕事をして、結婚して、家族もできたが、彼らにはその人生がなかった。苦しい時、彼らの顔が頭に浮かんでくると「自分は生き残ってここにいる。弱音なんか吐いておれるか。死んでいった彼らの分まで頑張らなくてどうするんだ」という気持ちになる。どんなに苦しいことでもそれは生き残った者の務めだという思いが、どれほど私の心の支えになったかしれない。

私は自分にも部下にも厳しかった。部下に優しい上司、部下によく思われたいと思う上司もいるだろう。しかし、私はそんなことは一切考えなかった。自分の部下に対する厳しさはよくわかっていても、だから緩やかにできるかといえば、私にはできなかった。時間がくればハイご苦労さんと仲間と酒を飲みに行き、そんなことで世渡りをするために生まれてきたんじゃあない。もっと厳しく生きるためだ。そうでなければ戦友たちに顔向けができない。人様から、あそこの警察署はたるんでいるなどということは言われたくなかった。私の厳しさを敬遠したり、陰で悪口を言うような話が耳に入ることもあった。でも、死んだ戦友たちが頭に浮かぶと、人の悪口など気にならなかった。私が厳しく仕事をし、その部署から異動したあと、また以前の生ぬるい状態に戻ってしまった、ということも噂で耳に入ったことがある。

ただ、部下に厳しくするには、よくその人を見なければならない。厳しく言ってそれができる者とそうでない者がいる。できない者はできる者につけて仕事をさせた。職場教育で人を育てることが大切だ。現場に行くときは、手の空いている者は連れていって経験を積ませた。本所署刑事課長のときは、事件も忙しかったが、巡査部長の昇任試験で若手の刑事だけで九人も合格したことがあった。

私の厳しさから逃げず、どこまでもついてきてくれた部下後輩たちは、その後立派な刑事に成長してくれている。死んでいった戦友たちの分まで自分が頑張らなければという思いが、妥協を許さない私の厳しさを支えてくれたのだ。

第九章
退官後の職業人生や戦友たちの慰霊

警視庁を五十六歳で退職し、ある大手損害保険会社A社から請われて再就職して十二年勤務し、その後別の大手証券会社B社からも誘いを受けて再々就職し、いろんな仕事を経験することができた。刑事の経験がずいぶん役立ったことはいろいろある。あるときは、関東のある新しい工場団地にできた工場が火事になり、三億円の保険金が掛けられていたが、これが保険金目当ての放火であったことを見抜き、その請求を断念させたこともあった。

刑事経験が活きた暴力団対応

大手保険会社A社では、東京支店の調査役ということで、私に期待されたのは保険契約に絡む暴力団対策だった。当時この業界はヤクザが深く食いものにしていた。保険事故があるとヤクザがいろんな無理難題をふっかけてくる。何かあると、すぐに「事務所に来い」と担当社員が呼び出される。多かったのは交通事故に絡む不当な要求。当時、弁護士が対応する態勢のある保険会社もあったようだが、同社にはそれがなく、担当社員が、脅し同然に不当な要求を突きつけられることが多かったのだ。それで、私はヤクザの事務所から呼び出しがかかるたびに、担当社員と一緒に出かけていた。

例えば、ヤクザの高級外車が事故を起こすと、ヤクザが加入の自動車保険とこちらの顧客加入のA社の保険とで、過失の割合に応じて保険金を出すことになる。ヤクザは、自分の過失の割合が大きくても、無理難題を言ってこちらの負担を大きくさせようとする。それに、車の損害が八百万だと主張し、契約上は五百万が限度なのに差額を補てんしろとか、高い個室に入院して保険ではまかなえない分まで上乗せで支払えなど、保険の対象とならない出費についても散々難癖をつけてこちらに負担させようとする。手口は、担当社員を呼びつけ、最初二十分間くらい怒鳴りまくるんだ。社員の後ろには屈強な組員が腕組みをしてふんぞりかえっている。社員はおびえきって頭をテーブルにすりつけるようにするだけで反論などとてもできない。

そんな状況が当たり前だったので、会社は、こんな事態に対応するため私が社員に同行することを期待していたんだね。当然、私は必要あればいつでも同行した。私は最初に名前を名乗って「よろしく」と言ったあとは一言もしゃべらない。最初は相手が散々怒鳴りまくる。私は平然と頭を上げて相手の目をじっと見るだけ。そのうちに、相手が私のことを気にし始める。それで私が、幹部の相手方に、「後ろに立っている若い人なんだけど、立ったままなら疲れるだけでしょ。別に後ろに立っていようがいまいが、交渉の中味には関係ないんだから、座らせてあげなさいよ」などと言ってやる。社員は真っ青で頭を下げたまま。そうしていると、相手は次第に私のことを怪しむようになる。連中は勘が鋭いからね。「大舘さんとおっしゃるが、お宅、桜田門一家ですね」と探りを入れて来るので、「御明察のとおり」などと言ってやる。そして、「お宅たちがどんな要求をしようと、出せる金とそうでない金があるんだからね」と言い、社員に、「君がしゃべる番だよ。保険の約款を見て、どこのページにどんなことが書いてあるか、ちゃんと説明しなさい」などと促す。すると社員もようやくおどおどしながら説明を始める。相手がそれでもふっかけた要求をしてくると、「貴方だって出せないものは出せないということはわかってるんでしょう。そんな無理を言わないでくれ。それ以上無理を言うんなら、私は手を引きますよ」と、暗に出るところに出るぞ、ということをほのめかす。そうすると、相手は、瀬踏みを始め、結局最初は一千万円出せなどと言っていたのが、二百万でもとれればしゃあない、というところで降りてくるんだ。

こういう相手の不当な要求をあきらめさせる仕事は会社から大変喜ばれ、結局十二年も勤めることになった。

特攻隊のことは周りには話さなかった

私は、警視庁に入ってからも周囲の人々に自分が特攻隊員であったことを進んで話したことはなかった。採用のときの履歴書にも予科練出身の一等飛行兵曹であったことは書いていたが、特攻隊員であったことは書いていない。私の知り合いでも、私が特攻隊員だったことは三十年もたってから初めて知ったという人もいる。知られてもいいことはない。口にしたとしても反射的に批判的な反応ばっかりだったろう。戦争中は国を守る兵隊さんに国民は喝采し、敬意を持ってくれていたけど、戦争に負けると帰還兵への人々への眼は冷たかった。命永らえて帰ってきて、いいことあるのかと思っていたら、ちっともいいことはなかった。

私たちは、戦闘機乗りとして敵機と戦って命を捨てることは覚悟して予科練に入隊した。しかし、特攻は別だ。日本の軍部の指導者というものは、我々を酷使しただけだった。我々は自分の意志で特攻をやったんじゃないのに、という思いがある。左翼や右翼の過激な運動家などと私たちは全然違う。私たちは思想的な考えは持っていなかった。ただ、国のためという命令に基づいて、祖国を守るために命令を遵守しただけだった。

特攻というのは、一番小さい戦闘機一機で航空母艦とそれに搭乗した数千人の敵兵を葬ってしまうすさまじい攻撃だ。一人で何機撃墜した、というような話とは違う。特攻隊員らは、誰だって死にたくない。しかし、仲間たちは、特攻出撃を命じられると誰一人ぐずぐず言わず、「はい」と言って命令を受けていったのだ。前の日の夜、特攻出撃が決まった戦友は「カズ、タバコが十個残ってるからお前にやるよ」と言うくらい。ときには午前三時ころまで、酒を酌み交わしては「お互い見納めだよな」「いさぎよく行こうな」などとぽつりぽつりと語りあうこともあった。私は、遂に特攻で敵艦に突入することなく生きながらえた。

そんな自分が、いさぎよく死んでいった戦友たちのことを軽々しく語ることはできない、という大きな負い目のようなものをずっと感じていた。まして世の中は、経済が発展して生活の豊かさのみを求めるようになり、戦前のことは悪く言うだけで私たちのような者たちは「特攻くずれ」というような見方をされるのがおちだ。中途半端に話をすることは、かえって散っていった戦友たちの功績を汚すようなことになりかねない。そんな思いから、自分の口から特攻体験を周囲に話すことはずっと控えていたんだ。

昭和四十年代ころから車社会を迎え、国民の生活がどんどん豊かになった。人々はどうしてこんな平和な時代が来たのかを考えるよりも、自分たちが今の時代を勝手に築いたというような感じで浮かれているような感じだ。あいつは新車を買った、テレビは大きいのを買った、そんなことばかり人々の気が向いている時代に、昔の話をしたってだれも聞きはしない。そんな話しをすれば「また昔話か」ということが顔を見ればわかる。生き残った者が、戦友の遺志を継いで、なにか形を残さないといけないと思って私は頑張ったつもりだったが、戦地に行ったことがない、戦塵《せんじん》をくぐったことがない人間にとっては、昔の話は迷惑な話なんだろうと感じるようになっていた。

ただ、家内にはある時期から話した。結婚前までは、私がゼロ戦の戦闘機乗りだったことは話していたが、特攻体験についてはほとんど話していなかった。ただ、結婚して間がないころ、二〇五航空隊の慰霊祭を始めてから、慰霊祭の後に、戦友たちが十人以上も私の家に流れてきて酒を酌み交わすようになった。みんな私のことを「カズ」と搭乗割の名前で呼び合うような仲間たちだ。その時接待していた家内が、だんだん私の特攻体験のことを知るようになったようだ。家内も新宿にある桜井高等女学校で、十五、六歳のころから軍需工場に動員された体験があった。だから、家内は「私たちだって戦争遂行のために参加していたんですよ」などと言っていた。

余談だが、家内の思い出話で、軍需工場で何かの飛行機の部品を作る際、女の子の弱い力では、ねじをしっかり回して締めることができず、半分くらいしか入っていないのに、監督官がきて「まあいいや、半分くらい入ってればいいよ」などといって見逃していたそうだ。それで私は家内に「そんな飛行機作っていたから、いつでもブンブン飛ばないで落っこちちゃうんだよ」などと言ったものだ。ゼロ戦が離陸してもエンジン不調はしょっちゅうのこと。それだけ、人命は軽んじられていたということだろう。

白バイ隊員たちに唯一話した特攻体験

警視庁の職場でも自分からは特攻隊だったことは話さなかった。ただ、後にも先にも一度だけ、部下たちに特攻体験を話したことがある。それは第八交通機動隊で、白バイ隊の中隊長だったときのことだ。これは、過積載ダンプの取締活動を開始する前のことだ。当時、それまでの三百ccからナナハンの白バイが導入されたが、ナナハンはアクセルをふかすと車体の方が先にドーンと前にでてしまう位の力があるので、運転技術が未熟だと極めて危ない。現に、白バイが自損事故を起こすようなことも頻発していた。そのため、特に雨の日は危なくてしかたがないので、中間幹部たちは、自損事故をおそれて、雨の日は白バイの取締出動をさせようとしない。すると隊員たちは、雨だと今日は仕事にいかなくて済む、と喜んでいるらしい、などの話が耳に入ってきた。

それで、私は、ある雨の日の夜、隊員たち百八十名くらいを講堂に集めて話をした。隊員ら

に
「君達は、雨の日なら出動しなくて済むとでも思っているようだが、私はそのようなことは許さない。にやにや笑ってなまけるということは私は許さない。君たちからみれば、私はちょっとむごい、仕事にむきになりすぎているという感触をもつかもしれないだろう。しかし、君たちが思っているほど、私の考えはやわでない」

などと切り出した。そして、初めて私の特攻隊員の経験を話し、十代の若者の戦友たちが国のために命を賭けて戦ったことを話した。

「君たちは若くて、白バイに乗り、場合によっては命を懸けてやっている。しかしね、若くて命を懸けたのは君たちだけじゃないよ。私の戦友、仲間たちは、日本の国の繁栄を信じて、アメリカの航空母艦に体当たりしていった。私は彼らを背中に背負っている。彼らの気持ちを継いで、私が今日ここにあるんだ。若い君たちは白バイ隊員として命を賭けるくらいの覚悟が必要だ。都民の安全のために雨の日でも合羽を着て事故多発地点に立たないといけないじゃないか。君たちは私のことを厳しすぎる上司だと思って恨んでいるかもしれないが、私の背中には、特攻隊で散っていった何十人の戦友たちがいることを知って、勘弁してほしい」

などと二時間近く話をしたのだ。隊員たちは驚いただろうが、みんなシーンとして真剣に私の話を聞いてくれた。

　こんなことがあってから、隊員らが、私に、その話の続きをまた聞きたい、と申し出てくれた。私は彼らに「君たちは僕の話をわかってくれたのか」と言うと「わかりすぎるくらいわかりました。だから機会があったらまた話してください」と言う。私は「ああー、これが日本人だ」と思った。しかし、私は「映画の話の続きをするようなことでは戦友に申し訳ないからそれはできない。君たちがほんとうに命を懸けてやる気になっているかどうかがわかってからでないとこれ以上話せない」と言ってそれには応じなかった。

職場で特攻体験の話をしたのはこれきりだった。白バイ隊というのは、どこか戦闘機乗りに通じるのだ。隊員たちも、白バイが好きでたまらない血気さかんな若者だ。だから、私も、彼らにならら特攻隊の話が通じると思ったのだ。しかし、刑事課その他の部署では、二度とこの話はしなかった。

隊員の白バイ養成コースがあって、指導員の分隊長クラスに、隊員たちの養成の仕上がり具合を聞き、技術はともかく「根性はどうか」と聞くと「根性まではわかりません」という。それで、「じゃあ、根性の植え付けは俺がやるから」と言って、隊員たちを引き連れて、陣馬山の山道を走った。ハンドル操作を誤ると三十メートル下の谷まで落ちる。指導員には最後尾につかせ、「俺が先導で行くから、誰か落ちたら拾い上げてくれ」と指示した。そうして私が先頭を切り、陣馬山（標高八五四メートル）の山頂付近まで走り、そこを越えて山梨県側に降りた。みんな緊張していたが無事走りとおせた。それで「よーし、君たちは運転技能と根性ともに備わった、それは俺が保障する」と言ってやった。

こんなことがあって、若い隊員がよく部屋にも集まってくるようになった。酒を飲みながらも「君たちは若いうちは命懸けでやらなくてはだめだぞ」と話していた。

前にお話しした過積載のダンプの取締りを開始したのはそんな時期のことだった。運転手たちが、パーキングアリアで我々がそのうち引き揚げると思ってたかをくくって待っていたのを、一歩も引かず何日も目を光らせてとうとう頭を下げさせた隊員たちは、私のこんな話を聞いていてくれたからだろう。交通の取締でも、検挙した違反者の免許証が、机の上に山のように積まれるようになり、都心の他の交通機動隊よりも高い実績を上げるようになった。

■元部下　川口栄三氏談

私は、大舘さんが捜査三課の管理官のとき、係長として仕えました。捜査三課は、殺人などの捜査一課のような派手さはありませんが、盗犯の捜査は刑事としての最も基本です。大舘さんは私の接した中で一、二という名刑事でした。部下に対して何かを教育しよう、ということを表には見せないのですが、大舘さんの仕事ぶり自体で部下を自然に教育していく、という人でした。仕事にはものすごく厳しいが、仕事が終われば気さくで、お酒を飲んでもとても楽しい人でした。本当に良い上司でした。大舘さんが特攻隊員であったことなどこれまで全く知りませんでした。職場でもどこででも、私はそれを聞いたことはなく、今回お便りを頂いて初めて知り、驚いています。実は私の兄も海軍で、回天の特攻隊員になったのですが、病気になって入院したので、特攻で死なずにすみました。大舘さんが特攻隊員だったことを初めて知って感慨深いです。

戦友たちとの交流・慰霊

私たち特攻の生き残りは、鹿児島を出てからそれぞれいろんな方向に散っていった。九州の人は九州で降り、広島では、大義隊で隊長の列機としてペアを組んだ香川さんが降りていった。いろんな人が列車に乗っていたが、海外からの特攻の生き残りは私たちだけだった。ラバウル、ニューギニア、サイパン、インド洋、ボルネオなど各地からの生き残りだ。海兵や学徒出身もいたが、一番多かったのは、予科練の出身者だった。フィリピンのクラーク基地や大義隊で一緒だった角田和男さんは、千葉県の出身だったので東京駅まで一緒に帰り、そこで別れた。

戦後しばらくの間は、誰もがそれぞれの生活を維持することすら困難な時代だったので、戦友と交流ができるような余裕はなかった。しかし、昭和二十七、八年ころからだったか、社会や経済も落ち着くにつれて、次第に戦友たちが集まる機会ができるようになった。

そして、特攻の生き残りの戦友たちとの交流や、戦死した仲間たちへの慰霊をずっと続けてきた。戦後、予科練の同期生は七、八人残っており、昭和四十年代ころから、靖国神社の例大祭で戦友たちに会い、また、毎年お墓参りを続けている。私は二〇五空戦友会の幹事をしていた。角田さんは欠かさず出席されていた。晩年身体が弱ってからも娘さんの運転する車に乗って。

角田さんは、ベテランの歴戦の勇士の戦闘機乗りだったが、穏やかで謙虚な人柄。自分は何機撃墜したなどの自慢話もしないし、部下を頭ごなしに叱りつけたりもしない。角田さんは特務士官の少尉だから「ガンルーム」といわれる海兵出身者の士官達の溜まり場に入れる人なんだが、角田さんはそういうところには余り行かず、我々予科練出身者や学徒出陣の若い兵士たちの兵舎の方によく来て、打ち解けて話をしてくれる人だった。みんなが集まる宿で酒を酌み交わしながら、「あの時はこうだった、ああだった」と話が尽きなかった。戦友たちと話をしてみると、我々が過ごした時間は決して自分自身のプラスになっていないと思う。国のため、命令のために働いたけれど、戦後になってみると、けっして居心地のいい行動ではなかったな、という感じは誰でも持っていた。だから、戦友たちの間では話が尽きないけど、私たちが特攻帰りであることを知らない周りの人々には、自分から積極的に話はしなかったんだ。

大西瀧治郎中将の奥さんは我々の会合にはいつもきちんと出てくれた。特攻は、フィリピン・台湾に限らずいろいろなところから行われていたが、フィリピンの敷島隊の初成功以降、フィリピンを撤退して台湾に移ってからは、台湾の二〇五航空隊による大義隊がゼロ戦による特攻の中心だった。奥さんは、大西中将が若い人を特攻に行かせた張本人であった、ということをよく知っておられ、大西中将がそのことで苦しんでおられたことをよくご存じだったようだ。そのためか、奥さんは、二〇五空戦友会の慰霊祭には、始まったころから欠かさず参加されていた。

ある時期から、戦友たちも数が少なくなったし、夫妻同伴で出席しようということになり、私の家内も参加するようになった。大西中将の奥さんは、五、六人の夫人たちの真ん中に座られて他の夫人方といつも親しく話をしておられた。私の家内とも気心が合ったようで、よく世間話をしていた。奥さんは「主人には、いずれは散っていった若い人のあとを追って行くだろうという思いがあった」と言っておられたね。大西さんの行動や、あるいは言葉の端にそれを感じ取られていたのでしょう。奥さんは、晩年身体が弱られて、昭和五十年代初頭には九段坂病院に入院されるようになったが、それまでの間、二十年近くは、欠かさず参加されていた。私の同期生だった花川君という戦友が戦後観光業を営むようになり、当時少なかった自家用車を持っていたので、彼は、大西中将の奥さんの晩年、九段坂病院への送り迎えなどのお世話をよくしていたね。

戦後、だいぶたってから、次第にゼロ戦や特攻に関する本や映画がたくさん作られるようになった。でも、そんな映画を見ても、我々の本当の体験や心情はうまく伝えられていないと感じることが多い。

第十章
❁私の生涯剣道

刑事人生と剣道人生

幼い時に黒田先生から剣道を教えられ荒稽古に明け暮れたころから、剣道は私の人生の柱になった。私が警察官になった動機の一つは剣道がやれる、ということだった。若いころは、剣道の特練や中央区隊、機動隊の前身であった第五予備隊などで専門的に剣道をやっていた。最初に勤務した早稲田署では最初の出勤当日から特錬を命じられ、交番勤務のかたわら稽古に励んだ。その後、刑事になったが、剣道をやりたくて剣道専門の中央区隊に異動した。しかし、GHQによる剣道禁止の経緯もあり、剣道が復活してからは、私は次第に刑事畑が仕事の中心となったので、剣道の専門家としての道を歩むことはなかった。私自身、剣道で専門家として身を立てたいとまでは思っておらず、ただ剣道が好きで仕方がなかったのだ。退職までの間、どの部署に配属されても、また管理職になっても、時間さえあれば、署員らと稽古に励んだ。私にとっては、刑事人生は剣道人生と同じだった。思い出をいくつか語りたい。

早稲田署から剣道中隊へ

東京女子医大の寮に住むようになってからも、早稲田署で稽古に通っていた。当時、斎藤さんという本庁の特練だった人が、巡査部長の昇任に伴う昇任配置で早稲田署の警ら課に来ており、半年後に本庁の中央区隊に帰った。

そのころ私は刑事になっていたが、斎藤さんから、「お前、剣道やりたいんだろ」と聞かれた。「やりたいです」と答えると、「よし、欠員できたら連絡するからな」と言ってくれた。

苦しい刑事の生活をするうちに、斎藤さんから「一人欠員ができた。副隊長にお前のことを話したら『それはいい、呼べ』ということになった。明日、中央区隊に来て副隊長と面接しろ」と連絡があった。

面接に、私は上に黙って行っちゃったんだ。上司に言ったらどうせ「行くことない」と言われると思って。警視庁本部の中庭の別館二階の副隊長室へ行った。副隊長から「剣道やりたいのか。今何をやっている」と聞かれた。「刑事です」と答えると、「そうか、珍しいな」と言われた。当時は刑事になりたがる者が多かった。理由の一つは「アオパー」だった。アオパーというのは、青い表紙に警察官乗車証と書いてある。これを見せると電車でも映画でもなんでもフリーパス。刑事はいつなんどきでも捜査のために場所を移動したり、いろんな建物に入ったりしなければならないからだ。警察が出すものではなく、向こうが出す券で、国鉄とか興行所などの名前が書いてある。警察手帳よりよほど効力があった。署に何枚も来てなくて、刑事だけが持っていた。私も貰っていた。アオパー見せると誰も文句言わない。当時はそういう数少ない刑事の特権のようなものがあった。今はそういう時代ではないけどね。

副隊長から「お前アオパー持っている身でありながら、それを捨てて剣道中隊に入りたいのか。そこまで剣道やりたいのか」と言われ、「やりたいです」と答えた。

昔は、刑事から剣道の方へ進むのはいなかったのだ。しかし、警視庁なら好きな剣道もできるからと思って入ったのに、刑事の間は忙しくて稽古はたまにしか行けない。休みはほとんどないし、こんな生活をしていると人生、先がないように感じていた。だから、本部では剣道だけをやれるところがある、と耳にしていたので、どうせ剣道するなら、もっと剣道ができる部署に行きたいと思っていた。斎藤さんの根回しのおかげで、きっかけができたというわけ。副隊長から「そのうち通知する」と言われて帰った。

通知は一週間ほどで来た。「すぐ警務係長のところへ行け」という電話があったので、内心「あれかな」と思いつつ行った。そしたら「こういう辞令がきたけど。いつ（中央区隊へ）行ったんだ」と頭から怒鳴られた。次席が脇にいて聞いている。「申し訳ありません」と頭を下げると、次席から「君、組織というのはこんなもんじゃないよ」とまた怒られた。「なぜ筋を通さないんだ」と。私が「知り合いのことで、いきさつがあったものですから。来いというので、あまり深く考えず行動しました」と言ったら、ぶつぶつ文句を言われて、署長室へ行けということ。

署長は「君は刑事になってまだいくらもたたないのに、なんでまた制服に戻って、こともあろうに中央区隊の剣道中隊に入りたいんだ」と言う。私は「警視庁に入るに当たっていろいろいきさつがありまして、警視庁に入れば剣道ができるということも、そのひとつだったんです。子供のころ、熱心に指導していただき、小学生のときに県大会に出たりしてましてね。成績もそう悪くないもので、剣道を続けられたらいいなと思って警視庁に入ったのですが、あこがれの刑事になったら暇がなくて困りました。もう少し時間があると思ったら、時間がありません。夜九時、十時に帰ってから自炊です。火を起こすことから始めて食事をすると寝る時間がいくらもなくなってしまいます。勤務時間のはっきりしている剣道中隊に行ったほうがいいと思ったこともひとつの理由です」などと正直な気持ちを話した。

こういう経緯で剣道中隊に入隊した。こんな異動の例はないわけですよ。特別採用のようなもの。後からも、警務係長や次席にさんざんぱら嫌味をいわれた。署長はあまり言わなかったけれど。それが二十四年の春のこと。

猛稽古〜持田先生、斎村先生に懸る

二十四年四月、待望の中央区隊第三中隊（剣道中隊）に入った。当時中央区隊、南部区隊、西部区隊、東部区隊と四つあった。*注 剣道中隊は中央区隊にしかなかった。中央区隊は警視庁本部の中庭にある別館にあった。

＊注　戦前には、戦時中の首都の治安を守るため警視庁警備隊が設置されていたが、戦後ＧＨＱの指示により廃止された。しかし、昭和二十三年五月、警視庁予備隊が新設され、中央、南部、西部、東部の四区隊とされ、更に、二十五年九月には、第一〜七方面本部が設置されるのに伴い、警視庁

予備隊を方面予備隊と改称し、各方面本部の区域内に設置されることとなった。方面予備隊は、二七年からは方面とは離れた予備隊となり、これが機動隊の前身となった。

中央区隊の編成は、第一日勤、第二日勤、当番、非番の勤務の四交代制。一中隊から七中隊まであるが、一中隊が柔道、三中隊が剣道、五中隊が野球、七中隊がその他のスポーツで、各中隊は八十人前後だった。

剣道中隊といっても、当時、防具は足りなかった。今のような良い防具はない時代だ。ぼろぼろで修理する業者もない。少ない防具の奪い合いで、良い防具を狙って早く取った者が勝ちなんだ。まず防具を確保するのが剣道をやる第一。みんな、それぱっかりに頭使っていた。第一日勤に出ると防具は確保しやすいが、第二日勤に出ていくとなかなか防具がない。まず、良い防具がどの辺に置いてあるか見ておく。二階の教場で教養の授業があって、次の授業は午後一時から剣道、なんていうと、みんなダダーッと階段を駆け下りる。道場に飛び込み、「俺のだ」と言って天井から吊ってある防具を下ろす長い棒を掴むのが最初。稽古着は一応一人一着あったけれど、人の残しものでつぎのあたったようなものばかり。上が白で下が紺だったり、逆だったり。

稽古は大半が懸り稽古で一時間以上。懸り稽古の後は互角稽古。足払いや突きは禁止の時代じゃないから稽古は激しかった。うっかり傍に寄ったり、メーンと打ち込んでいくとパッと足を払われ、吹っ飛んで転んだりする。このような激しい稽古の毎日だった。

立派な先生がいたね。指導者は、堀口清先生が師範だった。当時組織的には、剣道中隊*注が一個しかなかったので、持田盛二先生と斎村五郎先生が稽古に来られた。このような日本で最高峰の有名な先生が元に立たれるので、私たちは必死で懸っていった。持田先生が構えたら、剣先がほんのわずかしか動かない。ちょっちょ、ちょっちょとだけ。持田先生の竹刀がいつも中心線にある。こっちがこうして、先生の竹刀を押さえようとすると（箸で実演）、先生の竹刀はぱっとこうなる。先生の剣先を強く押すと、すっと反対側にきている。始末が悪いというか、どうにもならないんだ。

持田先生に、「メーン」と打ち込んでいき、当たったかなと思うときは、「少々」と言われる。パーンといくと、「少々」。意味はよく分からないが、当たったけどちょっと足りないということか。でも、先生がそう言ってくれるのを聞きたいんだよ。当たらなければ何も声を発しない。当たったあとに言うんだから。先生との関係において、自分の打ちが正しくいったなってわかるわけだ。でも稽古は懸り稽古だよ。持田先生は「どうぞ」と言われる。懸り稽古といってもやみくもに打ち込むのではない。必死で一本取ろうとして「懸る稽古」。崩したと思ったら、足を使って二段打ちか三段打ちでいかないと。小手から面、面から小手へ落とすとか。持田先生は上背がある。はっと剣先が効いていて、これを払うか、剣先がちょっと動いたときに打っていくか、そうでなければ突かれるのを承知で飛び込んでいくか。一回の稽古は二分か三分ぐ

持田盛二範士十段
（『剣道日本』提供）

らい。ある段階を過ぎると、気の稽古になる。

斎村先生も持田先生と同格で、あのくらいの先生になると、相手をひっくり返したり突いたりの品のないことはしない。そんな域ではない。その下の先生たちは、がんがん突いたり足払いをかけて来たりするので用心して懸った。

当時、助教がいるのに、あんな大先生が稽古にきてくれたのは幸せだった。

＊注　持田盛二と斎村五郎は、いずれも剣道範士十段。昭和の剣聖と呼ばれた。

持田盛二・斎村五郎両範士十段（『剣道日本』提供）

ＧＨＱの剣道禁止～警棒術を隠れ蓑に剣道稽古

剣道中隊に入って一か月くらいたったころの、五月二十日のことだった。日勤日で稽古をバンバンやっていた。ふと入り口を見たら、肩章つけたＧＨＱの将校ら二十四、五人が一杯になって覗き込んで見ている。なんだろうな、と思って見返すと高官ばかりのようだ。中庭にジープが並んでいた。そして「やめー」と号令がかかった。

隊員は全員二階の教場に入れというから、風呂もそ

ここに二階に上がった。中隊長が深刻な顔をして、「今日から剣道はできなくなった。先ほど来たGHQの命令だ」と言った。*注

こうして好きな剣道がやれなくなってしまった。せっかくこの中隊に一番あとから入ったのに。当時、警視庁別館の四階に西部区隊（今の第四機動隊）の設立準備室があった。そこに、私が勤務した早稲田署の署長だった人で、警察学校長をした竹居さんという柔道六段の人がおり、西部区隊の設立準備の事務を担当していた。竹居さんが「もう剣道できなくなったのか。じゃあ、隊長伝令にするから西部区隊に来ないか」と言ってくれた。剣道ができないのなら中央区隊にいても仕方がないと思い、「お願いします」と言った。

四月に剣道中隊に入り、剣道ができなくなって、五月二十六日に西部区隊に移った。西武新宿線下落合の駅前にできた新設隊だった。八個中隊があり、一個中隊が八十人で、合計約六百人くらいいた。西部区隊に来たら、道場で毎日稽古をやっているのを見て、いいところへ来たと思った。

――剣道は禁止になったのに稽古はやれていたのですか。

西部区隊では、表向きは警棒術の稽古ということでやっていた。警棒術というのは、面や籠手は着けるが、六十センチくらいの警棒くらいの長さの竹刀を使う。でも片手でやるのでちっとも面白くない。そのうちに、みんな、こんなものは面白くないや、と言って警棒はおっぽりだし、隠してあった竹刀を持ち出して剣道の稽古を始めた。隊員の六割くらいは剣道をやる者だった。みんな竹刀くらいは捨てずに持っていたんだね。隊の幹部も、「そりゃそうだよな、

剣道は竹刀でやるもんだよな」という感じで黙認してくれた。西部区隊での仕事は、機動隊と同じで雑踏警備。警備のないときは訓練。大勢の隊員たちは、警備出動などの仕事がない時にはしょっちゅう剣道の稽古をしていた。

でも、あとから知ったのだが、この警棒術が生まれたのは、当時の吉田太吉郎さんという教養課長が、なんとか剣道復活の布石を作りたい、また、大勢の剣道師範・教師や助教の技術経験を活かして身のふり方を考えてやらねばならない、と腐心した末のことだったそうだ。警棒を駆使することは警察官にとって重要だということならGHQからも咎められないだろうということで、持田先生や斎村先生の指導も受けながら短い竹刀を用いる警棒術を考案し、GHQに熱心に通って了解を取り付けたということだった。これが剣道稽古の隠れ蓑になり、剣道復活にもつながったのだから、我々は先人のご努力に感謝しなければならないね。*注

＊注　GHQによる剣道の禁止は、学校剣道に対しては、昭和二十年十一月六日。警察に対する禁止はかなり遅く、二十四年五月二十一日に禁止の方針が公にされ、同年十一月十日付通牒「剣道訓練の中止について」により正式に中止となった。「三十年史」（昭和五七年、全日本剣道連盟）、及び「警視庁武道九十年史」（昭和四十年、警視庁警務部教養課）による。

＊注　警視庁武道九十年史二〇六頁以下に詳しい。

小川忠太郎先生

私が一方面本部勤務となり、管内各所の監察などを担当していた当時、一方面本部の部屋に、

小川忠太郎範士九段
（『剣道時代』提供）

剣道師範の小川忠太郎*注先生のデスクもあった。小川先生は毎朝一方面本部の部屋の席に、同じく柔道師範をされていた工藤一《はじめ》先生と一緒に出勤されていたのだ。しかし、特に方面本部の仕事がある訳ではないので、午前中しばらくおられてから指導室の稽古に出かけておられた。私のデスクは小川先生の隣りだったので、小川先生と工藤先生のやり取りを傍で聞いていると面白かった。工藤先生が「昨夜はかなりいきましたよ。焼き鳥を八十本喰いましてね」などと大声でいうと、小川先生が「ほー、それはだいぶいきましたな。あっはっはあー」などのやり取りをされていた。天真爛漫というか、武道家というか、独特の雰囲気があった。

残念ながら小川先生から直接稽古をいただく機会はなかった。でも、ある土曜日の午後、警視庁の道場で私が稽古をしていたのを小川先生が見ておられた。あとで、私に、「大舘さん、悟りなさい。小手面はもういいですよ」と言われたのをよく覚えている。小川先生は禅の人だったからね。私に、小手先の剣道でなく心を鍛えなさい、と教えてくださったんだろう。

＊注　小川忠太郎　剣道範士九段。小野派一刀流免許皆伝 。警視庁剣道名誉師範。

警視庁剣道朝稽古会

朝稽古会が始まったのは四十五年十二月のことで、私はそのころ第八交通機動隊で白バイに乗っていたのでこれには参加できなかった。でも土曜日の午後に霞が関の官公庁の剣道部有志の達が集まって警視庁本部の道場で稽古会をやっていたのでそれには参加していた。長い間、土曜日の稽古は阿部三郎先生が警視庁剣道指導室での仕事の帰りがけに寄って指導してくれた。ほかに指導室の先生が何人も見えた。

四十六年八月に本庁の駐車対策課に異動してからは、朝稽古会にも参加できるようになった。当時、土田（國保）さんや景山（二郎）さんも、仕事に差支えなければ必ず稽古に参加されていた。

土田さんは、秋田県人らしい、素朴で力強い個性的な剣道だった。東大撃剣部のご出身で段位というものにはこだわっておられず、「剣道は五段で十分ですよ。あとは己の修行の問題。修行によって己が悟ればよいのです」と言っておられた。私は土田さんのお考えに共鳴し、自分も段位取得にはこだわらないことにし、六段も長く受けなかった。ただ、将来少年剣道の指導をするのなら、指導者として段位は意味があるな、と考えるようになり、七段までは取得した。でも、それで十分なので八段は一度も受けたことがない。

土田さんは、私をとても可愛がってくれた。朝稽古会の当時は、警視庁の警務部長をしておられたが、警視総監になられてからも、いきなり「おい、今夜空いてるかい。土田だよ、官舎に来て剣道の話でもしないか、仕事帰りに寄ってくれよ」などと誘いの電話がよくかかってき

警視庁朝稽古会で形の指導をする大館

た。そこで、一人で夕方総監官舎に行くと、警備の警察官がいるので、氏名や所属を申告して官舎に入れてもらっていた。いつの間にか、「大舘さんは総監と五分で酒を酌み交わしているらしい」などと知られてしまった。土田さんは、退官したら郷里の秋田に帰りたい、と口癖のように言っておられた。土田さんとはいつも剣道談義や戦争のことで話が弾んだ。土田さんは海軍主計中尉時代、乗船していた軍艦が撃沈され、海を泳いで助かった人だからね。それで私も土田さんには私の特攻体験なども話したが、土田さんは「そうか、君はそんなとんでもない経験をしたのか」と言っておられた。

景山さんは、大きな身体でゆったりと重量感のある稽古をされる方だった。

朝稽古会で印象深かったのは、当時、外国から剣道の選手たちが来日してよく稽古に参加していたこと。というのは、今ではないようだが、当時、警察から、助教を半年交代でフランス、イギリス、ドイツなどに剣道指導のために派遣していた。それで、派遣先の外国で助教から指導を受けた剣士たちが来日し、朝稽古にも参加することが少なくなかった。

面白かったのは、五十六年ころだったと思うが、パリの警察署長で五十歳くらいの人が五十日も休暇を取って来日し、大田区にアパートを借りて、毎日のように警視庁の道場に来て朝稽古に参加していた。段は三段くらいだったと思うが、ものすごく稽古に熱心だった。土曜午後の稽古にも参加していた。ある保養施設を利用して懇親会をしたとき、その警察署長さんが飲み過ぎて酔っ払い、玄関のところでひっくり返ってしまった。面白い男で、私が彼に「そんなに長く休暇を取って日本に来て、パリの警察署長は忙しくないの」と通訳を介して聞いたら、彼が答えるに、「そのために署長の代理がいるんです」との返事。当時、我々日本の警察官なんて三日の休暇だって取れない。一日の休暇を上司に申し出るのさえ、おそるおそる、という具合だった。国柄の違いだと思った。ほかにも、ドイツやイギリスの剣士たちが、七、八人位揃ってやってきては何日か修業していった。

捜査三課で激務の毎日でも、週三回の朝稽古には毎回通った。土曜日の午後の稽古も仕事に支障さえなければ必ず出席した。仕事は深夜までするのに朝は早いので、ときには眠たくなって席でゴーゴー寝てしまったこともある。朝稽古会には、退官して三十二年になるが今でも月水金の稽古を欠かしていない。これまでの三十二年間で休んだのは、胃がんで手術して完治するまで休んだ時と、先日、白内障で目の手術をしたときぐらいだ。朝稽古会でも、少年剣道指導でも、私は「出席簿」は要らない。「欠席簿」でいいと思っている。

朝稽古なら仕事がどんなに忙しくても参加できる。稽古は午前七時十五分から八時十五分までなので、朝は午前四時十五分頃には起き、朝食を食べて後片付けをし、新聞を読み、家を出るのは五時五十分ころだ。早い時は、三時、四時に起きることもある。四十九年一月、私は、警視庁朝稽古会から四十八年の年間「精励賞」を頂いた。

退官の日から少年剣道指導

私は、幼いころの黒田先生との出会いで剣道を知り、それが私の生涯剣道の始まりになった。生涯剣道を実践するには、できれば子供の頃からやれるのがよいだろう。それで、私が黒田先生から剣道を教えられたように、私自身も、いずれ子供たちに剣道を指導してやりたい、という思いがずっと心にあった。でも警察官生活では忙しくてとてもそんなことはできない。だから、退官当日、早速それに取りかかった。職員のみなさんに見送られて警視庁を出たその日の夕方、まずは、手ぶらで様子を見に行けばよいと思い、地元の小学校をふらりと訪ねた。子供たちは、小中学生が百五十人くらい、月水の夜に稽古していた。指導者は仕事を定年で辞めた人など四人位が教えていた。「見学させて欲しい」というと、指導者が「失礼ですが、段はお持ちですか」というので、「七段をもっています」と答えた。すると、相手は子供たちに大声で「稽古やめえっ」と号令をかけ、「今日から指導して頂く大舘先生です」なんて紹介されてしまった。やけに気が早かったね。それから、今日まで三十一年余、この指導を続けることに

30年以上続けている少年剣道の指導

なった。

平成六年秋だったが、中野区剣道連盟の事務局長が私に中野区の連盟に移籍してくださいと頼みに来た。当時はまだ警視庁剣道連盟所属だったから。二か月後の来年一月に城西五区の剣道大会があるので大将で出てくれという。それで、引き受けて試合に出ることになった。新宿、杉並、世田谷、中野、渋谷の五区で、当時は世田谷が剣道人口も多く、国士舘の地元で強かった。しかし三回の試合の一回戦から大将戦になり、私が全勝してとうとう中野区が優勝してしまった。それから中野区の大将を十年務めることになった。

少年剣道は指導者の獲得が大事だ。でもなかなか良い指導者がいない。本来はもっと若い現役の人がいいんだが、みなさん仕事が忙しいので六時半に来られる人は少ない。私は重宝に使われているが、使われるだけ使われようと思っている。うちの小学校の稽古では、出席率で私の右に出るものはいない。子どもたちはよく知っている。「大舘先生が休むときは、よっぽどのこと」。

――先生は、奥様の晩年、介護をされながら稽古を続けておられたと聞きましたが。

家内は四歳下だった。平成二十年に亡くなったが、四年くらい前からアルツハイマー病にかかり、次第に症状が重くなった。夜家を抜け出して一人で夜道を徘徊するので、私が探しに行ったり、警察に連絡することもよくあった。食事の支度は全部私がするようになった。朝稽古に行くときは、食事の支度なども全部してから、家に外から鍵をかけて出かけるのだが、それでも家内が自分で外に出かけてしまうこともしばしばあった。ありがたかったのは、少年剣道の指導をしていたため、父兄の母親の中に老人の介護のデイサービスなどをしている人がおり、「先生が出かけられるときは、私たちがお世話しますから」と言ってくれ、朝八時ころ迎えに来て夕方までデイサービスでお世話をしてくれるようになった。それで月水金の朝稽古に通うことができた。でも、それ以外の日まで父兄のお世話になることはできないので、朝稽古がない日は、炊事洗濯などの家事一切は私がしていた。症状が次第に重くなったので、様々な行政の窓口に行って適切な施設の入所ができないか相談したが、すごい数の待機者がいるため、とても順番は回ってこない。

しかし、家内の症状はますます重くなり、私自身でも難しい上、父兄の方々の力を借りることも困難になった。それで、私は、手を尽くしてあちこちの行政に相談などしていたが、最後に、亡くなる一か月前くらいにようやく川越市にある施設でベッドが空いたということで入所させてやれることになった。家内を一人にするのは可哀想だったが、意識もあまりなくなっていたので寂しいと感じることもなかったのだろう。ある日、施設から容体が急に悪くなったと連絡があり、すぐに施設に駆け付けたが、その時は既に亡くなって霊安室に安置されていた。*注

*注　大舘氏は、御夫人のことは多くは語られないが、警視庁朝稽古会の草創期からのある会員によれば御夫人はとても上品な方で、「この奥さんがあって、大舘あり」という感じだったという。

エピローグ

――先生の剣道感や、修業において心がけていることはいかがでしょうか。

土田さんが言われたように、段というものは基本的に関係がない。剣道は己との戦いであり、人様は関係ない。そのためには稽古を休まないこと。病を克服しても修業すること。人間は弱いので己に勝つことが大事であり、朝起きて眠くても稽古に行こう、という決心も己との戦いだ。稽古では、打とう、打たれまい、という雑念にとらわれてはいけない。己を信じ、己の修業を信じ、下がらず、前に出て打つ。下がるということは既に気持ちで負けている。気で勝たなければならない。若いころはとにかく竹刀の切っ先三寸に気持ちを乗せ、間合いに入った瞬間に面を打っていた。ときどき出小手も打つけど。特攻隊員も一緒だ。自爆するという気迫でぶつかって行くんだ。しかし、年をとってくると脚力が弱くなるので、若いころのように間合いに入った瞬間に面を打つというような稽古はできなくなる。それで、後《ご》の先の技も覚えた。

でも、品のない剣道は嫌だね。相手の小手を打って「どうだ～」というような顔で相手の反応を見るような稽古はしたくない。心を動かさない剣道が理想だ。

私は、特定の先生を師匠として師事したという思いはない。二十七年五月から行った第五予備隊当時のような激しい稽古自体が師匠のようなものだ。当時、午前、午後に稽古し、勤務が終わってからも夜は神楽坂署での稽古に行き、一日三、四回も稽古していた。特定の先生をお師匠さんとは思わなかったけど、立派な先生はおられた。よく稽古をお願いできたのは阿部三郎先生や松元貞清先生。持田先生や斎村先生は別格だった。必死で懸っていき、全く動じない持田先生に面が当たり、「少々」と言っていただくのが嬉しかった。

——先生は、ご先祖が新田源氏であるとの出自を語られました。戦闘機乗り、刑事、剣道の人生の中で、それは心の中におありでしたか。

それはやっぱりあったね。剣道の稽古を始めたことで、昔の武人の生き方をときどき考えるようになった。戦闘機乗りになり、死というものと隣り合わせになってからはもっとだ。「俺は武士の出自だ。先祖は清和源氏なんだ。俺には武人の血が流れている。源平合戦などで俺の先祖は立派に死んでいった。平家の公達《きんだち》でも、未成年で戦で死んだ人がいた。そういう歴史があったじゃないか。だから、俺は武士らしくないようなみっともないことはできない」という思いがいつも心の中にあった。若い時だから、そんなことを考えていたんだよ。今の人からみたら、前時代的考え方だとう思うかもしれないが、そんな気持ちは、まだまだ戦時中には残っていた。でも、それは心の底の意識の問題であって、自分から口に出したことはない。戦闘機乗りの仲間たちはそれぞれの出自があるので、私は、仲間の間では自分の先祖が新田源氏であるなどと口にしたことはない。でも、このことはいつも私の心の中にあった。

——最後に、若い人々、後輩たちに伝えたいことをお聞かせください。

私は、パイロットになりたくて予科練を志望したとき、これが自分の生きる道だ、と決心していた。若かった自分は、当時、お国のためということを真っ向から考えていたし、この道を選んだこと自体には悔いはない。しかし、刑事人生を終えて退職し、子供たちの剣道指導をして三十年以上になった今、自分の歩んできた道が良かったのかなあ、自分の生き方は、道を間違ったのかもしれないなあ、ちょっと長生きし過ぎたかもしれないなあ、という気持ちも心の中にある。今の人は、みんな自分の生まれた国、生まれた土地に対しては、さらっとした気持ちしかもってないようだね。我々の若い時のような考え方をもったら、社会には受け入れられないんじゃないか、と思うことがあるんですよ。

今の子供たちを見ると、平和な世の中でいろんな遊びもできるし、幸せだとは思う。でも、学校でも外でも、様々な行事や、やることに追われて余裕がない。学校教育を担うべき先生たちも、頭の上の蠅を払うことに追われて子供たちと接触する機会も少なく、余裕を持った教育ができていないようで、寂しいなあと思う。子供たちの指導を始めた三十年前と、最近の子供たちを比べてみても、かなり変わってきている。三十年前は、子供たちの中に、先生に対してしっかりと接することができる子が多かった。私が話をすると、真剣に聞いてくれていた。先生が来ると遠くからでも先生の目を見ていた。しかし、今の子供たちは下を向いている子が多い。道場に入るときの態度、先生に対する話し方、など頼りなさを感じさせる子供が増えたように思う。子供たちの動きをみていると、私たちが小さかったころのように、自分が決めたことをきちんと行動に移せるというような子供たちがもういなくなったのではないかな、というような気もする。でも、そんなことを今の子供たちに言っちゃあかわいそうだとも思う。

私は、稽古が終わったときなど、子供たちに、「君たちは、稽古でも勉強でも、今、現在のことを嫌だ、と思うかもしれないけど、それではいけないよ。一年たてば一歳年上になり、十年たてば十歳年上になる。そのためには、今日の一日を悔いのないように生きなさい。君たちは、夜寝るとき、今日は勉強でも、稽古でも、頑張れたかなあ、今日の一日はどうだったのかなあ、などと考えることがあるかい？　僕は考えるよ。剣道の稽古を終わったあと、今日の稽古は頑張れたかなあ、と考えるだろう。それと同じなんだよ」などと話している。

後輩の警察官のみなさんには、社会も犯罪情勢もずいぶん変化しているので、我々の時代とはまた違ったいろいろな困難さもあるだろう。警察を退職してからもう三十年以上もたつ私の口からあれこれいうべきことはない。ただ、一つだけ伝えたいと思うのは、機械というものに頼りすぎないこと。警察官の仕事というのは、機械がやるのではなく、人間対人間の対決なんだ。相手に侮られるようではだめだ。そのためには、自分の心が、強く、清く、いさぎよいものでなければならないと思う。

あとがき

戦後七十年を経過したのを機に、剣友である太田茂、西嶋大美氏が私の海軍特別攻撃隊の経験と戦後の生活を合わせ、世間に開陳してくれることになりました。亡き戦友が生死を超越し、武人として世界が瞠目すべき働きを平然としてやって退けた功績の一端なりとも明らかにすることは、生存者としての務めであろうと考え、両氏に一切をお任せしました。

生存隊員として亡き戦友の分まで現世に貢献できたかと自問自答するとき、内心忸怩たるものを禁じ得ません。しかし、亡き戦友の供養のためにと思うと、二人の誠に温かい言葉に接し、今まで頑なに沈黙を守ってきた心根も崩れ、私の経験の一部始終を話す気になった次第です。

文中に流れる琴線に触れ、心情をご理解いただければ、幸甚の至りです。

大舘　和夫

鎮魂の空に――あとがきに代えて

太田　茂

　長い間検事として犯罪捜査に従事した縁で、私は桜田門の警視庁本部道場朝稽古会に参加を許されてきた。会では、毎月一回有志による大掃除を行った後、車座になって剣道談義に花が咲く。朝稽古会の最長老である大舘和夫先生は、十年くらい前からだったか、打ち解けた剣道談義の合間に、昔、ゼロ戦の特攻隊員であったことを私にも話されるようになった。それは、戦争を知らない世代の私にとって大きな衝撃であった。

　しかし、先生は、十九歳で戦地から帰還し、二十歳で警視庁に奉職されてからも、ご自身が特攻隊員であったことを、長い間、周囲にはお話にならなかったという。私はこのような貴重な話をその場限りの聞きかじりで終わらせていいのか、という思いが次第に強くなり、剣友の西嶋大美氏に相談したところ、西嶋氏もずっと以前から同じ思いをもっておられるとのことで、意気投合。朝稽古会の有志の皆さんもこの取組みを支援していただけることとなった。このような剣道の出会いを通じて、人生と剣道の後輩、弟子ともいえる私たちに、このような形での記録の作成を先生が決心していただいたことの意味を、今改めて深く受け止めている。

　クラーク基地で、南十字星の輝く夜、十七歳の少年であった大舘先生が戦友たちとともに特攻への志願をさせられたこと。それは決して勇躍した気負いや悲壮な決意によるものではなく、既に若くして自ら国のために命を捧げると覚悟していた若き兵士たちの粛然とした姿であった。

先生も、特攻隊員として散っていった多くの戦友たちも、遺書は書かなかったという。予科練を志したときから命を捨てる覚悟であった彼らにその必要はなかったのだ。

本書は、研究者による戦記や特攻史の研究本ではない。素人である私たちが、未熟ながらできる限り史実との整合性をも検証しつつ、先生の記憶を整理、確認して、そのお話を淡々と記録したものにすぎない。しかし、あるいは、その中に、これまでの諸記録には現れていない、特攻戦史の中に一石を投じる事実が含まれているかもしれない。また、本書末尾に「付記」として記載した、先生が大義隊員として、特攻用のゼロ戦を国内で調達し、鹿児島笠ノ原基地から台湾に向け帰還しようとしていたときに「三笠宮」の〝侍従〟という武官から依頼を受け、「三笠宮」を護衛して上海に渡ったという記憶についての検証も、秘められた日中和平工作史の一端となり得るものかもしれない。

先生の記憶の確かさ、豊かさは聞き取りを行う私たちにとって驚嘆すべきものであった。しかし、それには確固とした裏打ちがある。海上での空戦の後に列機と離れてしまい、無線もなく、勘と記憶のみを頼りに基地へ帰還するためや、大空はるか彼方の粟粒より小さい敵機を一瞬でも早く発見して優位に空戦を展開するための眼と神経の研ぎ澄まし。刑事として相手に警戒心を持たれないため、手帳は一切持たず、相手の眼を見つめて聞き出した話を記憶に焼き付け、別れた後で素早くメモを取る訓練。事件の現場を徹底的に自分の足と眼で見て回り、状況を脳裏に焼き付けて犯行や犯人の行動を推認していくこと。激務で疲労困憊しながらも、毎晩の帰りの電車の中で欠かさずその日の出来事を記録した数十冊の手帳。九十歳となっても早朝稽古を欠かさない心身の鍛錬。これらの訓練と経験の蓄積の延長線上に本書があるといっても過言ではない。

先生は、終戦の約半年前、ゼロ戦調達のために一時内地に戻ったとき、かつての上官から、学徒兵指導の教官として内地に残るよう強く求められた。これに応じれば生き残れるかもしれない。しかし、その求めを振り切り、仲間とともに「みんながいるところへ帰ろう」「みんなと一緒に死にたい」と決断し、台湾に戻った。あの悲惨な戦争における軍部の戦略や指導の愚かさを論じた本は世に満ちている。しかし、それらについてどのような思いをもとうとも、大空で敵機と戦うことを本望として戦闘機乗りを志願した若者らが、百パーセントの死という特攻の不条理を引き受け、祖国のために命を賭して任務を遂行した無私の生き様に心を打たれない人はいないであろう。

帰国後、先生は警視庁に奉職され、激務の中で結核を患い、長期間の休職と入院を余儀なくされた。しかし、焦りもなく、元気になればまた剣道をしたい、少しでも世の中のためになる仕事ができればそれでよい、と思っておられた。結核病棟の病床で、「秋晴れの　涯に広がる雲の縞」と読まれた句に、先生は、南海の大空でゼロ戦で戦い、散っていった戦友たちの残像を思い浮かべておられたのであろうか。本書に一貫して通奏低音のように流れるのは、亡き戦友たちへの鎮魂の思いである。

先生は、ご自身が南朝に殉じた新田氏の一族の末裔であることに深い誇りを持っておられる。そのような「士魂」が、若き日に剣道修行を始めたときから、ゼロ戦に乗って戦った日々、そして奇跡的に生還し、刑事としての職業人生を歩まれた日々の中に、深く静かに流れていることを感じる。史実確認のために、私は、旧所沢飛行場の跡地にある所沢航空記念公園を訪ねた。広大な公園の周囲には今は住宅が立ち並んでいる。ここが当時は家一軒なかった武蔵野の草原、雑木林であった。そう思って佇んでいると、先生が幼い日に道なき道を歩いて行って飛行場の草むらに潜り込み、空を見上げて飽かずに赤とんぼの飛行機を眺めていた日々のこと、また、新田軍が幕府軍と戦った小手指が原の古戦場の一帯であったことが、感慨深く思い起こされた。

剣道を嗜む人もそうでない人も、警察に関わる人もそうでない人も、戦争・軍隊・特攻戦史に知識や関心の深い人もそうでない人も、世代を超えて、大舘和夫という一人の人間の生き様を通じ、何かの人生への示唆を受け取っていただければ、望外の喜びである。

七十年間沈黙の重さを想う——あとがきに代えて

西嶋　大美

ここだ！と感じて飛び込み、剣先が相手のメンに届こうという瞬間、私の竹刀はわずかに右下にそれ、同時に深々とメンを打たれた。一瞬、何が起こったのかわからなかった。一刀流の極意、切り落とし。それが、大舘和夫氏との出会いであった。もう三十年以上前、桜田門の警視庁本部道場でのことだった。当時私は三十代前半、四段だった。古い剣術の流儀に切り落としという技があることは、ものの本で知ってはいた。それは鎬《しのぎ》がある日本刀だからこそできることで、断面が正方形の竹刀では不可能なはず、小説の中で完結している秘技だと思っていたのだった。初めての体験は衝撃的だった。

いま、私は当時の大舘氏の年齢をはるかに超え、六段になっている。切り落としは未だできないが、剣道は私の生の中心にある。そのような世界に私を導いてくれたのは、読売新聞社会部の先輩、安吉邦男氏だった。よく酒を飲みに連れていってくれた。「お前なんか、何もわかってない」と口は悪かったが、まことに純な人であり、彼の個性は多くの仲間や剣友から愛されていた。私は当時、サツ回りを終えてしばらくたち、さまざまあって紅灯の巷に沈淪しかけていた。それをもう一度剣の世界につれ戻してくれた恩人でもある。その安吉氏が、特攻の話を取材したいと大舘氏に申し込んだのは、十数年前のことであった。しかし、大舘氏は断った。まだ話したくない、と。

まもなく安吉氏は内臓を傷めて急逝した。五十四歳だった。その後、私はずっと大舘氏と間近に接してきたのに、〝特攻隊〟は意識から抜け落ちてしまっていた。それから十余年、剣友・太田茂氏に「大舘先生の話を本にしたい。一緒に書かないか」と誘われたとき、安吉氏の思いが瞬時に蘇ってきて、快諾したのだった。

大舘氏が私たちの取材を受け入れてくれた二〇一四年春、戦後は六十九年が経ち、氏は八十七歳になっていた。それほどの歳月が必要だったのだ、それほど重たい体験だったのだと、取材するごとに感じられた。

第二航空艦隊ってなんですか――。取材は初日からわからないことばかりだった。出陣学徒としてゼロ式水上偵察機に乗っていた亡父の影響で、海軍航空隊について多少は知っているつもりだった。少年時代、戦闘機のプラモデルをいくつ作ったことか。しかし、実は何も知らないに等しいことがわかった。特攻、ゼロ戦、戦況の推移、戦争の原因や責任――関連する本を付け焼け刃で読んだ。

あの戦争で、日本人だけで三百十万もの人々が亡くなった。日本の歴史の中で空前、最悪の大事件である。無謀、悲惨という形容がふさわしい戦いが無数に行われた。中でも特攻はむごい戦闘方法であった。特攻要員の多くは予科練出身者と学徒動員兵。言うなれば未成年者と素人であった。九死に一生ではなく〝十死零生〟を前提に出撃したという「特攻」を、今どのように受け止めたらいいのか。ノンフィクション作家の保阪正康氏は『「特攻」と日本人』（講談社現代新書）をこう結んでいる。

「国家が一方的に戦争を始めておいてその責任を青年に回すということほど理不尽なことはあるまい。特攻隊員はそういう理不尽さや不条理を直接引き受けた人たちである。（中略）だからこそ、特攻隊員たちとともに悲しみを分かちあうことで、私たちは自分の生きている時代への尺度をもつことができるのではないだろうか」

大舘氏は十六歳で予科練に入り、敗戦のとき十八歳である。この稿を書いている隣室では、春の甲子園大会がテレビで中継されている。大舘氏が特攻を志願させられ生死の境を行き来していたのは、画面の中の選手と同じ年のころだったのだ、と改めてその年齢の若さを想った。あの戦争には、未成年者を最も過酷な前線に押しだすような性質もあった。戦争とはなべてそういうものなのかもしれない。たしかに世界のあちらこちらで、大人は少年兵をかりたてきた。そして、昔も今もその責任はほとんど問われていない。そのようなことにも気づかされた。

不思議に思うこともある。大舘氏は復員してわずか十日ほどで積極的に地域での活動を始めた。多くの人が陥った敗戦の虚脱感や価値観の変転による社会不信などとは無縁だった。それはなぜなのだろうか。本人は「帰ってきたら、みんなブローカーになっていた。こんなやつらのために命を懸けたのか、戦友は死んでいったのか。そう思ったら、腹がたって、それがエネルギーになった」と言う。

それはそうだと思う。しかし、私は別の理由も感じる。いくつもの戦闘を経て、少年大館はあの戦争のなんたるかを見切ったのではないだろうか。彼我の戦力の圧倒的な差を知り、戦友との別れを体験し、上官の理不尽な姿勢に割り切れないものを感じ、やがて軍事組織や戦争指導者に対し、幻滅したからではないだろうか。だからこそ、八月十五日に「敗けた」ではなく「終わった」と感じ、帰宅した大晦日には白鞘の短刀を焼き捨てるような心境になっていた。そして軽々と〝戦争〟から離陸し、新しい世界を力強く飛び回ることができたのではないかと思えてならないのである。

大舘氏の記憶の特徴は映像的なことである。話すことが、聞く側の脳裏にまるで映像を見るように構成されるのである。そんなシーンの一ページが七十年を過ぎてもなお、例えば深夜突然にめくられ、激しく思い出されて眠りから覚めることがあるという。グラマンのキーンというエンジン音を背後に感じたり、特攻志願を要求された夜だったり、黒い海の白い波頭だったり、納得できない命令だったり……。

私たちは、あらゆる記憶のシーンをできるだけオリジナルな姿で伝えることに務めた。そのことによって、氏の想いを伝えたいと思った。

大舘氏は、遠い過去の話をなぜか現在形で話すことが多かった。むろん、文字にするとき、多くを過去形に直した。あるいは氏の癖なのかもしれないが、私はもしかすると諸々のことが氏の胸中では、いまなお〝現在〟であり続けているのではないかと思うようになった。いつか、それらを過去形で語ることがあるのだろうか。私たちに語り、活字化することで、鎮魂の重荷をいくぶんかは降ろすことができただろうか。

桜田門・警視庁本部道場、午前七時十五分。

さあ、稽古だ。準備体操を始めよう！　今朝も、大舘剣士はすこぶる上機嫌である。

この本の核心は特攻隊時代であろう。自ら言い出したにもかかわらず、その部分の執筆を快く私に譲ってくれた相棒、太田茂氏にこころから感謝している。

戦史上の疑問や「三笠宮護衛飛行」の裏付けなどのために、警視庁剣道朝稽古会の仲間である太田文雄氏（元海将、防衛庁情報本部長）、防衛研究所調査員平吹通之氏、高木惣吉関係文書の研究で著名な工藤美知尋氏から、多くの協力や貴重な示唆をいただいた。また、取材と発刊に向けて様々な形で協力や激励をしてくれた朝稽古会や新聞社の友人、そして本書の意義を深く理解して出版を実現してくださった芙蓉書房出版の平澤公裕社長にお礼を申し上げる。

【付記１】特攻の〃真実〃を考える

予想外の反響

戦後、第二次大戦や特攻に関する書籍はあまた出版されてきた。特定の読者層の関心が背景にあったといえよう。しかしながら、戦争・特攻に拒否反応や敬遠の気分を持つ人はいまでも少なくない。そのような社会の雰囲気の中で、多くの読者が私たちの意図を正確に受け止め、好意的な評価をしてくださった。とりわけ戦争モノに関心が薄いと思われる女性や子供たちからもコメントをいただいたのは、思いがけないことだった。これらの人々にとって、特攻の実相に触れることで、「戦争とは何か」を見直すきっかけとなったのではないだろうか。以下は反響の一部だ。

「特攻隊の生の声を聞き、驚きの連続でした。想像を絶する世界をこの本のおかげで知ることができました。そして、戦後の刑事人生!!　こちらについてはとても興味深く、あっという間に読んでしまいました。戦争関連の本は苦手だわ……と思っていた私がスラスラ読めたのでオススメです」（アラフォーＯＬ）

「小学四年生の息子も食い入るように読んでいます。どんな困難も前向きに生きることの大切さ、命の意味を考えさせられます」(剣道少年の母親)

「文字を追う私たちの目の前に立ち現れるのは、決して『国に洗脳された特殊な人々』ではない。立ち現れるのは『私たちと同じ人間』としての特攻隊員である。……特攻隊について弾劾する前に、それがどのような経験であったのか、彼らはそこで何を感じ考えていたのか、私たちは彼らの語りに耳を傾け、理解しようとする必要がある」(Amazon カスタマー)

特攻の全期間、常に最前線に在った

大舘氏は、昭和十九(一九四四)年十月の航空特攻の開始から敗戦までの十か月間、常に何らかの形で特攻作戦の最前に立たされていた。そのような経験を持つ記憶鮮明な生存者は、取材の時点でほかにいただろうか。

本書は、少年パイロットのおかれた特攻の現実と心理を詳細に追った記録である。大舘氏は十六歳で予科練に志願し、十七歳で特攻要員とされ、台湾の基地から七回出撃をしながら目指す敵艦と遭遇せず、八月十五日の八度目の出撃直前に玉音放送により出撃が中止され、奇跡的に生還した。戦後七十余年がたってようやく語ることができる心境に至った、その傷の深さに思いを致し、彼の体験した〝特攻の真実〟をかみしめたい。私たち、元検事と元新聞記者が緻密な聞き取り取材と裏付けを重ね、証言に忠実に構成した。客観と主観、一次取材と孫引きが恣意的に入り混じる書籍が多いこの分野で、本書は質と信頼性において誇れるレベルにあると信じる。

私たちは大舘氏の証言につとめて忠実に記述したため、注や戦況を補足したとはいえ舌足らずな面もあった。そこで、本書の特徴、読みどころについて若干の解説を加えたいと考え、「そのことがどのような意味をもつのか」という視点から氏の体験を再フォローした。本書のもつ意味とユニークさをより深く理解していただければ幸いである。

空母・戦艦攻撃専門の特攻隊があった

航空機による特攻といえば、南九州の陸海軍の基地から沖縄沖の米英軍艦隊に向けて出撃していった学徒出陣組によるものをまず思い浮かべる人が多いだろう。たしかに沖縄戦で亡くなった特攻隊員は、航空特攻死のなかで大きな割合を占める。

出陣学徒は、社会のエリートとして大学で法律、経済、文学などを学び、その延長線上に豊かな未来の人生を描いていたにもかかわらず、学業半ばで戦場にかりだされた人々である。多くは、わずか数十時間程度の飛行訓練で特攻要員とされた。たまたま搭乗機の故障などで帰還した者は、海軍兵学校出の上官から激しく叱責、罵倒された。その無念さや怒りを伝える遺稿は少なくない。遺稿集『きけわだつみのこえ』などが多くの人の感動を呼んだ。

一方、大舘氏ら台湾基地から出撃した特攻隊員は、学徒出陣組に比べれば少数ではあるが、心理的な構えが違っていた。彼らもまた、特攻要員になったのは半ば強制によるものであり、特攻という「十死零生（九死に一生ではなく）」の戦い方に批判的な感覚をもっていた。そうであるとしても、そもそも敵機と戦うことを志してパイロットになり、「自分はいずれ死ぬだろう。どうせ死ぬなら戦いの中で死にたい」という覚悟に近いような決意がまず先にあった少年たちだった。

今なら高校生相当の年齢で厳しい操縦訓練をみっちりと受け、台湾沖やフィリピンで敵機との空戦を経験し、学徒組に比べて優れた操縦技術を持ったパイロットたちだった。特攻用の新品のゼロ戦を国内で調達し、鹿児島の基地から台湾に戻ろうとしたとき、元上官から「基幹隊員としてこのままここに残って、学徒兵を引っ張ってほしい」と、年上であり階級も上の出陣学徒の教官になるよう強く求められたのはそのためだった。

そのような操縦技量をもつ氏らに与えられた目標は、輸送船などではなく航空母艦や戦艦という〝大物〟だった。そのため、目標に遭遇せず基地に帰還したとき、上官から叱責されることはなかったという。戦争指導者たちにとって、彼らは、より大きなダメージを敵に与える可能性がある有力な〝駒〟だったのだ。学徒出陣組の特攻に対して〝もうひとつの特攻隊〟といえようか。フィリピンの山中に籠もった多くの日本兵の中から大舘氏らパイロットだけが救出されたのは、彼らを沖縄戦における特攻作戦に従事させることが目的だった。（この劇的救出はおそらく初めて世に出る事実だ。）

もとより、兵士としての犠牲の大きさ、人の命の尊さには、両者になんの違いもなく、価値的な意味で比較をすることは許されない。しかしながら、操縦技量と心理においては、大舘氏ら予科練出身者と学徒兵とでは明らかな違いがあった。私たちが知ってほしいのは、特攻の多面性、多様性である。特攻を十把ひとからげにせず、その違いに目をそらさないことは戦争の本質を考えることにつながるはずだ。

特攻隊員の心理を内側から描いた

大舘氏は、特攻出撃を七回経験している。つまり、自身の〝特攻前夜〟が七回あり、仲間の〝前夜〟にいやというほど付き合ったことなる。入隊時からある程度の覚悟があってパイロットになったとはいえ、〝前夜〟の連続は心理的にたいへん厳しいものであったろう。出撃時の覚悟と何ごとかに耐える〝前夜〟の連続のなかで、禅宗の僧侶も驚く悟りのような諦念の境地に至った者もいたという。

大岡昇平は「むろんパイロットは常に死の覚悟が出来ていなければならない。……しかし生還の確率零という事態を自ら選ぶことを強いられる時、人は別の一線を越える。質的に違った世界に入るのである」と『レイテ戦記』の中で書いている。

これまで、〝前夜〟の様子を外部から描いたものはあった。たとえば、角田和男氏の『修羅の翼』である。大舘氏も「角田さんの本は間違いがない。真実だ」と評価する名著だ。角田氏は、大舘氏より八歳年長で、中国大陸やソロモン海戦などでも活躍した歴戦のパイロットだが、予科練出身であるため下士官時代が長かった。やがて士官（最終階級は中尉）になり、士官専用の食堂兼休憩室・ガンルーム（第一士官室）に入る資格があったが、そこより若いパイロットたちの部屋を好んで訪ねて談笑するような人だった。

　角田氏はゼロ戦パイロットとして高度の能力と豊かな経験があったため、度重なる特攻に際しては敵艦に突っ込む爆装ではなく、直掩《ちょくえん》の任務で出撃した。直掩機は、迎撃する敵機から爆装機を護り、特攻の成果を見届けて基地に報告することが任務であるため、爆装機以上に高度の技術と経験が求められていたからだ。大舘氏の同期の桜だった近藤親人氏が敵艦に突入したのを見届けたのも角田氏だった。

　角田氏は、ガンルームで海軍兵学校出の士官が天皇陛下万歳や乾杯をして盛り上がっている雰囲気になじめず、同僚の海軍飛行予備学生（学徒出陣）出身の中尉から「兵舎に行って搭乗員室に泊まりましょうや」と誘われて、下士官搭乗員用の掘っ立て小屋を訪れた。すると、門番の下士官から「ここは士官の来るところではありません」と押し止められた。訳を聞くと「搭乗員宿舎の中を士官に見せたくない」という。それでも、角田分隊士ならよい、とのことで、氏はドアを開けた。「薄暗い部屋の正面にポツンと十人ばかりが飛行服のままあぐらをかいている。そして無表情のままじろっとこちらを見つめた眼がぎらぎらと異様に輝き、ふと鬼気迫る、といった感じを覚えた」という。角田氏は「ああ、ここも私たちの寝床ではない」と直感して扉を閉めた。門番は「正面にあぐらをかいているのは特攻隊員で、隅に固まっているのは普通の搭乗員です。……眼をつむるのが怖いんだそうです。色々と雑念が出て来て、それで本当に眠くなるまであぁして起きているのです。……こんな姿は士官には見せたくない、特に飛行長には、絶対にみんな喜んで死んで行く、と信じていてもらいたいのです。だから、朝起きて飛行場に行く時は、みんな明るく朗らかになりますよ」と話した。角田氏は割り切れない気持ちを残して引き返したと記している。

若いパイロットたちから慕われていた角田氏ですら、特攻隊員たちが夜を明かす兵舎には入っていけなかった。大舘氏が語る〝前夜〟の光景は、何度も体験した当事者のみが語りうる貴重な証言なのだ。

特攻隊員は単なる〝犠牲者〟か

日本での特攻に関する様々な論調の中で支配的なのは、特攻隊員は軍国主義や非人道的な作戦の〝犠牲者〟であるというものだ。確かにそれは動かしがたい事実であり、特攻批判の中心でもある。しかし、特攻隊員が単なる〝犠牲者〟だったと言い切ってしまっては、特攻の本質を理解することにはならない。特攻死した人々の気持ちに目配りを欠いた一面的な見方と言わざるをえない。特攻で死んだ若者たちにとって、自分たちの死に意味はなく、単なる犠牲者だとされることは不本意であるはずだ。

自らフィリピン・レイテ島で悲惨な従軍体験をした大岡昇平は、『レイテ戦記』の中で、次のように記した。

「悠久の大義の美名の下に、若者に無益な死を強いたところに、神風特攻の最も醜悪な部分があると思われる。

しかしこれらの障害にも拘らず、出撃数フィリピンで四〇〇以上、沖縄一、九〇〇以上の中で、命中フィイリピンで一一一、沖縄で一三三、ほかにほぼ同数の至近突入があったことは、われわれの誇りでなければならない。

想像を絶する精神的苦痛と動揺を乗り越えて目標に達した人間が、われわれの中にいたのである。これは、当時の指導者の愚劣と腐敗とはなんの関係もないことである。今日では全く消滅してしまった強い意志が、あの荒廃から生まれる余地があったことが、われわれの希望でなければならない」

また、無頼派といわれ、軍国主義とは対局の思想の持主であった坂口安吾は『特攻に捧ぐ』でこのように書いている。

「もとより死にたくないのは人の本能で、自殺ですら多くは生きるためのあがきの変形であり、死にたい兵隊のあろう筈はないけれども、若者の胸に殉国の情熱というものが存在し、死にたくない本能と格闘しつつ、至情に散った尊厳を敬い愛す心を忘れてはならないだろう。我々はこの戦争の中から積悪の泥沼をあばき天日にさらし干し乾して正体を見破り自省と又明日の建設の足場とすることが必要であるが、同時に、戦争の中から真実の花をさがして、ひそかに我が部屋をかざり、明日の日により美しい花をもとめ花咲かせる努力と希望を失ってはならないだろう。

私はだいたい、戦法としても特攻隊というものが好きであった。人は特攻隊を残酷だというが、残酷なのは戦争自体で、戦争となった以上はあらゆる智能方策を傾けて戦う以外に仕方がない。特攻隊よりも遥かににみじめに、あの平野、あの海辺、あのジャングルに、まるで泥人形のようにバタバタ死んだ何百万の兵隊があるのだ。戦争は呪うべし、憎むべし。再び犯すべからず。その戦争の中で、然《しか》し、特攻隊はともかく可憐な花であったと私は思う」

大舘氏は戦後、泥棒や詐欺師を追う刑事としての職業人生を全うした。「何か少しでも世の中の役に立つ仕事ができればいい」との思いで、ひたすら愚直に、自分自身にすこぶる厳しく生きてきた。それは、苦しい時、「自分は生き残ってここにいる。弱音なんか吐いておれるか。死んでいった彼らの分まで頑張らなくてはどうするんだ」と、亡き戦友らへの鎮魂の思いに支えられ、励まされてきたからにほかならない。

大舘氏の戦後の人生は、まさに大岡の言う「われわれの希望」を体現しているのではなかろうか。私たちが本書のなかで、特攻・海軍生活ばかりではなく、大舘氏の警察官人生と剣道人生をもうひとつの柱として詳述したのは、そのような考えからだった。

海外では十分に理解されていないカミカゼの真実

アメリカをはじめとする諸外国では、航空特攻・カミカゼに対する関心は今も深いようだ。カミカゼについては、これまで、多くの英語での出版があり、スペイン語、ポルトガル語などでの特攻本も少なくない。*注

＊注　日本人の元特攻兵士による回想記としては“Kamikaze: A Japanese Pilot's Own Spectacular Story of the Infamous Suicide Squadrons”（By Yasuo Kuwahara 2015）、“I was a Kamikaze”（By Ryuji Nagatsuka 1972）、“Shig The true Story of An American Kamikaze”(By Shigeo Imamura 1994)がある。

アメリカ人による特攻の研究書として『特攻　空母バンカーヒルと二人のカミカゼ』（マクスウェル・テイラー・ケネディ、二〇一〇年）、『神風特攻隊　地獄の使者』（A・J・バーカー、一九七一年）、『ドキュメントKAMIKAZE（上・下）』（デニス・ウォーナーほか、一九八二年）がある。“JAPANESE AIR POWER”（『米国戦略爆撃調査団報告』大河内一夫訳、一九九六年）の中にも特攻についての詳細な分析報告がある。“HELL FROM THE HEAVENS”（John Wukovits 2014）は、アメリカの駆逐艦ラフィーが、また、“THE KAMIKAZE HUNTERS”（Will Iredale 2016）は、イギリスの空母フォーミダブルが、それぞれ戦争末期の太平洋戦線で、激しい特攻攻撃を受けた戦慄の記録だ。“KAMIKAZE CHERRY BLOSSOMS' and NATIONALISMS”（Emiko Ohnuki Tierney 2002）は、学徒の特攻兵を中心にその心理的文化的側面を研究したものだ。

ただ、これらの海外での出版物の多くには、特攻の真実が正しく伝えられているとは言い難い面がある。海外の人々にとって、特攻とは恐ろしくも愚かな作戦であり、特攻隊員は自爆テロリストと同じ狂信的な若者、という受け止めが一般的なようだ。

特攻はそれなりの戦果を挙げたともいわれるが、むろん決定的な打撃を与えるには到底至らなかった。しかし、米英兵に心理的な恐怖感を広範に与えたのも事実だった。太平洋戦線で、度重なるカミカゼ攻撃を受けたアメリカの駆逐艦ラフィーの乗組員らは次のように語っている。

「カミカゼ特攻兵士の自殺攻撃の心理はアメリカ兵にとってあまりにも異質（too alien）であり、正気の人間が、いかに愛国心があろうとも燃える火の玉である飛行機に乗って敵船に突入することは、想像を絶するものであった」

「彼らにとって、日本人とは何か特別の怨恨に満ちた者のように思われた」

「日本の航空兵が、敵艦に遭遇するまでの数百マイル、敵艦を発見してただ死ぬことのみを考えながら飛行を続けるという心理は、到底理解することができなかった」

イギリスの航空母艦フォーミダブルは友船ビクトリアスとともに、カミカゼの襲撃を受けた。フォーミダブルは三機の特攻攻撃を受けた。死者は五人、負傷者は約三十人にとどまったが、むしろ心理的な被害が大きかった。英軍乗組員らにとって、太平洋でのカミカゼとの戦いは、これまで経験したヨーロッパ戦線とは驚くほど異なっていた。同艦の乗組員は、「パイロットがひたすらに敵艦に向かって突入するというカミカゼは恐怖の武器であり、この世のものとは思われなかった（unearthy）」と回想している。

特攻を命じた側の責任回避

一方、日本側の事情はどうだったか。最前線で特攻作戦を指揮した猪口力平と中島正は、戦後まもなく『神風特別攻撃隊』を著した。英訳版“The Divine Wind”は早くも一九五八（昭和三三）年に出版され、他の言語にも翻訳出版されて「世界のベストセラー」となった。そこには、特攻〝志願〟の様子が以下のように記されている。大西瀧治郎中将の命を受けて特攻要員を募った玉井浅一中佐の報告である。

「集合を命じて、戦局と長官の決心を説明したところ、喜びの感激に興奮して、全員双手を挙げての賛成である。……キラキラと目を光らして立派な決意を示していた顔付は、今でも私の眼底に残って忘れられない。……これは若い血潮に燃えるかれらに、自然に湧きあがったはげしい決意であったのである。」

また、特攻第一陣の敷島隊の隊長に関行男大尉（海軍兵学校出身）が指名されたとき、「是非、私にやらせて下さい」と少しも澱みのない明瞭な口調で答えた、と猪口・中島は書いている。

ところが、関は出撃直前、親しい新聞記者に本音をもらしている。

「日本もおしまいだよ。ぼくのような優秀なパイロットを殺すなんて。ぼくなら体当たりせずとも敵母艦の飛行甲板に五〇〇キロ爆弾を命中させる自信がある。……ぼくは天皇陛下のためとか、日本帝国のためとかで行くんじゃない。最愛のＫＡ（海軍軍人の用語で妻のこと）のために行くんだ。……僕は彼女を護るために死ぬんだ」と（森本忠夫『特攻』など）。

特攻隊員の率直な気持ちは、猪口・中島本にある「純粋志願」論とは全く異なっていた。そのことは、本書でも「南十字星の下で〝特攻志願〟」で記した。フィリピンの基地で、ある夜、突然総員集合がかかり、滑走路の一隅でそれまで見たことのない立派な軍服を着た上官たちから、戦況が芳しくなく「爆弾をかかえた飛行機ともども肉弾攻撃する外なくなった」との説明があった。そして、「これについて、異議のある者は申し出よ」と、ついで「賛同する者は挙手してほしい。これは命令ではない、諸君の意思で決めてほしい」とあった。シーンと静まりかえって、手を上げる者は一人もなく、体が硬直して揺れ始めたとき、重ねて「ただ今の趣旨に賛成する者は挙手を」と恫喝するような強い声が。その声に押されたように、おずおずとしたような動作でパラパラと手が挙がっていった――。それが現実だったのだ。

特攻の「純粋志願」論については、実態とかけ離れているばかりではなく、多くの若者に特攻を命じ、死に追いやったことについて上官たちの責任回避、自己弁護であるとの厳しい批判を受けている。

カミカゼの攻撃を体験した乗組員らの「この世のものとは思われない」との回想に加えて、「特攻隊員は自らの意思で、喜んで志願した」との説明を合わせて聞けば、海外の人々が「特攻隊員は狂信的な自爆テロリストだった」と思い込むのは当然のなりゆきでもあったろう。

念願かない英語版を出版

特攻に殉じた若者たちは決して狂信的なテロリストではなく、特攻作戦の不条理さに苦悶しながら家族や友人らのために命を捧げることを静かに決意した人々であった。私（太田）は、とりわけ海外の人々に、そのことを知ってもらいたいと強く思っていた。幸い願いはかない、二〇二〇年九月、英語版“Memoirs of a KAMIKAZE”がチャールズ・E・タトル社から出版された。アレキサンダー・ベネット氏と私の共訳による。ベネット氏とは、母校京都大学剣道部での稽古でしばしば竹刀を交えた古い剣友だ。共訳を持ち掛けたところ、氏は直ちに快諾した。ニュージーランド出身のベネット氏は、高校生の時に来日して剣道と出あい、魅力に取りつかれた。氏は再来日して、現在は関西大学教授（日本武道論）。剣道七段、同大学剣道部でも指導しているバリバリの現役剣道人だ。宮本武蔵の『五輪書』など多くの武道関係書を英語翻訳、日本語の著書も書いている。

翻訳に取り組む前に、ベネット氏を警視庁本部道場に招いた。大舘氏はそのとき九十二歳。ベネット氏は五十歳。私は、ベネット氏が大舘氏にどのように懸かるか、興味深く見守った。だが、ベネット氏の打ち込む竹刀はことごとく応じられ、面や胴に打ち返された。ベネット氏はその時の立ち合いを英語版のあとがきに記した。

「私は、幸運にも、大舘先生と警視庁道場で竹刀を交える機会を得た。私は、全霊全力を込めて先生に竹刀を打ちこんだ。しかし、私は先生に完全に圧倒された。それは、私が『精神の霊気（aura of spirit）』としか表現できないもので、釘付けにさせられたのだ。先生は九十歳を越え、小柄な身体であるが、私は先生に打ち込むことは全くできなかった。……先生は私に何かを伝えてくれた。先生と竹刀を交えることができたのは、私の中に大切な思い出として生き続けるだろう。それは、まだ私自身が真に理解できていない『人間性』というべきものであり、自分の無常というべき存在を深く考えさせてくれるものだった。人間はいつしか死ぬしかない。先生はそのことを深く体得しておられる。本書には、そのような『モラル』が伝えられている」

英語版を紹介した
新聞記事

ニューヨークタイムズ
（2020年12月6日）

International

The New York Times

...aze in Another Life Tells His Tale

Viimeinen kamikaze

ヘルシンキ・
サノマット紙
（2020年9月27日）

AUGUST 16, 2020 | THE JAPAN TIMES ON SUNDAY | 13

Books | TimeOut

A World War II kamikaze pilot's life in his own words

Nonfiction

Memoirs of a Kamikaze

Kazuo Odachi with Shigeru Ohta & Hiroyoshi Nishijima

Translated by Alexander Bennett and Shigeru Ohta

224 pages

TUTTLE

ジャパンタイムズ
（2020年8月16日）

広がり続ける英語版の反響

英語版は、国内ではまず朝日新聞の「ひと」欄で、続いて、ジャパンタイムズで紹介され、海外ではニューヨークタイムズ、ヘルシンキ・サノマット紙が、それぞれほぼ一面を使って大きく報道した。出版二か月後、ブラジルのテレビ局 Bandeirantes TV から、大舘氏の特攻体験と本書の紹介をしたいとの希望があった。ZOOMによるインタビューや特攻関連の様々な映像を紹介する番組となり、評判を呼んだという。英語版は、二〇二〇年、アメリカで、世界中から出版されたその年の最高の自主出版タイトルを表彰する評価機関によるIPPY賞(Independent Publisher Book Award)の自伝・回想記部門でブロンズメダルを授与された。

https://youtu.be/GytRCizLM8E

これらの報道をきっかけに、様々な立場の海外の読者から質問や感想が寄せられた。

●アメリカ人のスティーブン・ワードさんからベネット氏へのメール

私(ワード)は、休暇で滞在していたメキシコの海岸で、購入したばかりのこの書を読みふけっていた。すると、一人の男性が近づいてきて、どんな本なのかと聞いてきた。本の中身を少し説明すると、是非ランチを食べながら話したいという。彼は、マーク・ヒンキンズさんというイギリス人だった。マークさんのおじいさんは、第二次大戦中イギリス軍のパイロットでカミカゼの攻撃を受けて、両者ともに戦死したという。一九九五年、イギリスと日本そして世界に、ひとつの物語がテレビ(NBC BAYAREA)で紹介された。亡くなった双方のパイロットの遺族たちが会見し、お互いに赦しと和解を語りあった。

https://www.nbcbayarea.com/news/local/two-families-connect-70-years-after-being-torn-apart-by-world-war-ii/81193/

●アメリカのデボラ・デカミリス（Debra DeCamillis）さんから。

デボラさんは、NYタイムズのベン・ドーリー記者を通じて、オンラインで知人と私（太田）との対談を希望してきた。その知人・元アメリカ空軍パイロット・ダーウッド・ウィリアムスさん（Durwood Williams 九十九歳）はマリアナ沖海戦で二回カミカゼの攻撃を目撃した。彼は攻撃を恐れながらも、特攻隊員の勇気、技術と責任感にたいへん尊敬の念をいだいたという。デボラさんの手配で、私はウィリアムズさんやそのご家族とZOOMで対談した。ウィリアムズさんはたいへん元気で、英語版を克明に読み、本のページを示しながら私にいくつも質問をした。彼は「大舘氏をはじめとする特攻兵士らの精神を尊敬している」と語った。

●カナダのジャクソン（Jaxon）君とアメリカのヘンリー（Henry）君から。

ジャクソン君は十五歳、ヘンリー君は十四歳の少年だ。ジャクソン君はカナダに住み、ヘンリー君はアメリカ・ウィスコンシン州に住む。二人はそれぞれ、友達と共に第二次大戦史を勉強している。存命のパイロットである大舘氏の話を是非聞きたいということで、私はZOOMで対談した。二人は熱心に、いくつもの鋭い質問をしてきた。

●カリブ海の島国セントルシアに住むニコラス・デヴォー（Nicholas Devaux）さんから。

ジャクソン君の紹介による。デヴォー氏の亡くなった父親は第二次大戦中、イギリス軍のパイロットとして太平洋戦線で戦った。父親が残した航空日誌（Log Book）に、存命の世界中の

大舘氏とLog Bookのサイン

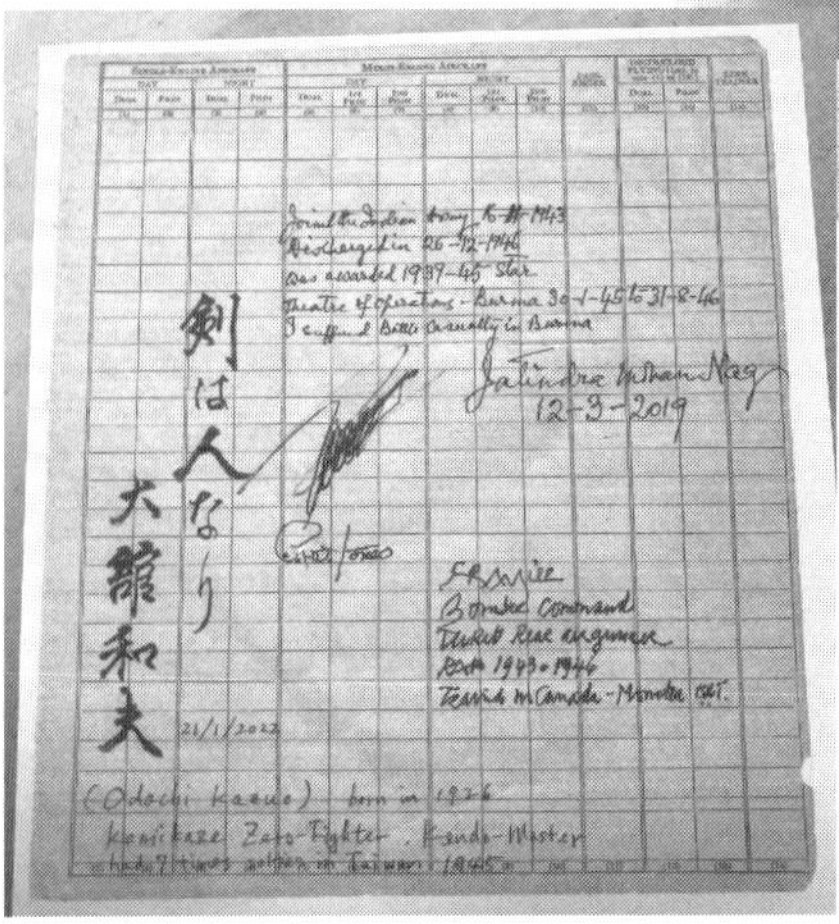

サインする
ドリス・ハワードさん

元パイロットたちのサインをもらうプロジェクトを進めている。既に百五十人を超える元パイロットをはじめ従軍経験者らのサインが集まっているという。このプロジェクトはスウェーデンに住むラーズ・ミッキー（Lars McKie）氏と共に進められている。私は二人からの希望で、大舘氏に「剣は人なり」という言葉を添えたサインを頂き、送った。デヴォー氏やミッキー氏は、かつては敵として戦った国の人同士が赦しと和解の気持ちを共有し、二度と悲惨な戦争を招くことがないようにとの思いで同プロジェクトを続けているという。

The Log Book Project
https://www.facebook.com/298075220728749/posts/pfbid02bF3wPNcv4syHfxr2zPk9fXNXN1eXmtiRrEBe5uXXAp2CkfXTnrGrMLhapDYpedn2l/?d=n

●ミッキー氏からネバダ州のドリス・ハワード（Doris Howard）さんを紹介された。
　ドリスさんは、第二次大戦中アメリカ軍の従軍看護婦（師）を務め、現在百二歳。彼女の乗った医療船が沖縄の海でカミカゼの攻撃を受け、大破したが、一命をとりとめた。ドリスさんも、この航空日誌にサインをした。左記の**Log book project**のサイトでは、一九四五年四月二八日、沖縄の海で医師・ドリスさんら看護師のほか、五一二人の患者が乗船していた医療船コンフォートがカミカゼ攻撃により大破した凄まじい光景が、写真やドリスさんの回想で紹介されている。六人の看護師、四人の医師、七人の患者が死亡し、ドリスさんも吹き飛ばされて聴力を失った。非戦闘員が乗船した船を特攻攻撃したということは、衝撃的なことだ。
　大舘氏は、フィリピンで路上を歩いていた時にグラマンから機銃掃射の攻撃を受けた。氏は、パイロットは空で敵機と戦うものであり、このような攻撃は武士道に反していると怒った。特攻の対象も敵の軍艦だとの信念を持っていた。医療船に対する特攻攻撃は氏の信念に反するものだろう。この日は二三もの特攻隊が出撃した記録があり、当時沖縄が米軍の凄まじい攻撃を受けていた中で、陸海の特攻隊が狂気のように出撃していたことが浮かび上がる。

https://thelogbookproject.com/mrs-doris-howard-nee-gardner/

海外の読者の感想に共通することは、戦争がいかに国家の愚かな過ちであったとしても、国や肉親を守るために命を懸けた特攻隊員に対しては、どの国の人々も深い敬意を抱いているということだ。大舘氏が本書のあとがきで「亡き戦友が生死を超越し、武人として世界が瞠目すべき働きを平然としてやって退けた功績の一端なりとも明らかにすることは、生存者としての務めであろうと考え……」と書いた気持ちが理解されているといえるだろう。

海外の読者との交流を通じて、本書と英語版によって特攻の真実を世界に伝えるという願いは、少しずつではあるが実現しつつあることを嬉しく思う。

英語版に続き、ルーマニア語、ドイツ語、フランス語などでの翻訳・出版の企画が進んでいる。

【付記２】「三笠宮」上海行護衛飛行

《初版の付記》

日本の敗色が日増しに濃くなった昭和二十年二月下旬ごろ、昭和天皇の実弟・三笠宮崇仁親王と思われる人物が密かに鹿児島から上海へ飛んだ。このことは、大舘和夫氏の証言によって、おそらく初めて世に出る〝事実〟だろう。私たちは、裏づけをとるべく多くの時間とエネルギーをついやした。

きっかけのシーンは本文116頁にあるが、概略は次のようなものだ。

大舘二飛曹らは、特攻用のゼロ戦を調達して鹿児島・笠ノ原基地から台湾に戻ろうとしていたとき、基地の分隊長から学徒兵の訓練のため残るよう求められ、これに応じるべきかどうか仲間と宿舎で議論していた。そこに「三笠宮の侍従」と称する制服の軍人が現れ、「宮様が明日、陸攻機で上海にわたられるのですが、護衛の戦闘機が一機もついていないのです。あなた方は台湾へ帰ると聞きました。上海まわりで台湾へ帰ってもらえないでしょうか」と丁寧に依頼した。大舘氏らはこれに応じ、〝侍従〟が何らかの手続きを経て、大舘氏らは翌朝、「宮様」が乗る一式陸攻を護衛して上海の基地に送り届けた。途中、「宮様」は窓から手を振って挨拶してくれた。護衛の後、大舘氏らは翼下待機を命じられ、数日後に台湾に帰還した。

ただ、大舘氏らが「宮様」に直接対面する機会はなかった。笠ノ原基地を離陸したゼロ戦は、隣接の鹿屋基地から上がってきた一式陸攻と上空で合流して上海に至り、一式陸攻が無事着陸するまで上空警戒をしていたからだ。つまり、一式陸攻に搭乗した人物が三笠宮崇仁親王であるとの認識は、〝侍従〟と称する武官から伝えられた言葉のみが根拠だ。

このような大舘氏の記憶を公にするには、一式陸攻に乗っていたのは確かに三笠宮ご本人であったことの検証が必要だ。しかし、私たちが手にすることができる三笠宮に関する記録や日中和平工作史に関する著作に目を通してみたが、直接このことに触れたものはなんら見当たらなかった。三笠宮が上海に行く動機としてまず思い付いたのは、当時様々なルートで進められていた日中和平工作のための極秘の行動ではないかということだった。もしかすると、まだ知られていない秘められた日中和平工作の一端ではないだろうか。しかし、他方では、一式陸攻に搭乗していたのは三笠宮ではなく他の高貴な人物だった可能性はないか、という疑問も浮かぶ。

私たちは本腰を入れて調査に取り掛かった。調査に当たって私たちが検証のポイントだと考えたのは以下の三点だ。

①当時、三笠宮は上海に渡ることが可能な時期があったか。三笠宮であったとすれば、それはいつ、誰がお付きの者として上海に渡ったと考えられるか。

②三笠宮が、戦局が悪化していた時期に大きな危険を冒して、上海に渡る必要性や動機はあ

一式陸攻

ったか。

③陸軍所属の三笠宮がなぜ海軍機を使ったのか。なぜ護衛機がなかったのか。なぜ「侍従」が正規の命令系統を通さず、護衛を大舘氏ら搭乗員に直接依頼したのか。

戦史には素人である私たちにとって、調査は文字どおり手探りの作業であった。その結果、残念ながら、本書発刊までに、大舘氏らが護衛したのが三笠宮ご本人だったことを直接裏付ける資料にたどり着くことはできなかった。しかし、様々な情況から、それは事実であったとの考えを強めた。その要旨は以下のとおりだ。詳細な調査の経緯や結果については、他の機会に委ねたい。なお文中の傍線は私たちによる。

護衛飛行は二月二十六日、「侍従」とは今井秋次郎侍従武官か

『昭和天皇独白録』『高松宮日記』『近衛日記』『木戸幸一日記』『侍従長の回想（藤田尚徳）』『徳川義寛終戦日記』、また、前年に公開されたばかりの『昭和天皇実録』など、様々な一次資料にあたった。在京を示す記述などを信じると、当時、三笠宮が上海に行くことが可能な時期はあり、それは、昭和二十年二月二十六日から二十八日までの可能性が最も高いことがわかった。

また、防衛省防衛研究所所蔵の海軍公文書『戦時日誌　第二〇五海軍航空隊』の実物や、沖縄、九州・本土防衛が任務の第五航空艦隊宇垣纏司令長官による『戦藻録』の記載を照らし合わせるなどして、次のことが明らかとなった。「二〇五海軍航空隊」とは大舘氏が当時所属し

ていた部隊である。

①大舘氏らは、特攻用ゼロ戦調達のため二月十日に台湾を発って鹿屋基地に向かった。

②大舘氏らは、国内でゼロ戦を調達後、二月二十六日午前九時三十分、笠ノ原基地から、計十六機で今井秋次郎侍従武官（海軍中佐）の搭乗する飛行機を護衛して上海に渡った（直接の護衛機は八機）。

③今井侍従武官は上海到着後、翌二十七日午後二時三十分に、空輸のゼロ戦五機が護衛して台湾・新竹基地にむけて出発した。

④その後、上海には、台湾向けに空輸するゼロ戦が十機待機していた。

⑤大舘氏のゼロ戦は、上海向け飛行の際には侍従武官搭乗機を護衛する八機の中の一機であった。上海到着後は翼下待機を命じられて十機の待機組に入り、台湾への帰還は後日となった。

これらによれば、笠ノ原基地で大舘氏が仲間と議論していた宿舎に現れた〝侍従〟とは今井侍従武官であり、それは二月二十五日夜であったと考えるのが合理的だ。大舘氏の記憶にある〝侍従〟と称する武官が「これまで見たことのないような軍服で、白っぽい帯を肩からかけていた」という姿も、侍従武官特有の銀色の飾緒付の軍服に符合する。

しかし、侍従武官は、天皇に直接仕える武官であり、三笠宮に仕える武官ではなかった。当時三笠宮家には、「宮家付武官」は配置されていなかった。*注 今井侍従武官の台湾視察は遅くとも二月中旬には計画されていた正規の出張であったことが前記二件の資料から明らかであり、当初、その目的地に上海は含まれていなかったように読み取れる。なぜ、侍従武官が三笠宮の〝侍従〟と称して大舘氏らに上海への護衛を依頼してきたかは、依然大きな疑問だ。しかし、それは、今井侍従武官に対し、どこからか「天の声」とでもいうべき命令があり、急きょ予定を変更し、三笠宮を護衛して上海回りで台湾に向ったと考えるのが最も合理的だ。その理由は以下のとおりだ。

＊注　この部分は、『日本陸海軍総合辞典』（二九八頁）の皇族付武官の欄には三笠宮付武官の記載がないことに基づいていた。しかし、この欄は、皇族武官の全てを記載したものではない。また、国会図書館所蔵の昭和十四年と十七年の「宮内省職員録」によると、三笠宮にも皇族付職員として厚東篤太郎陸軍中将が充てられていた。しかし、昭和二〇年当時の職員録は残っていない。したがって、ここは「当時三笠宮に「宮家付武官」が配置されていたがどうかは確認できなかった」と訂正する。

危険を冒して上海に行く十分な動機があった

陸軍に所属する三笠宮は、昭和十八年一月から十九年一月まで南京の支那派遣軍総司令部に参謀として勤務していた当時、日本陸軍の暴虐を目の当たりにして、その粛清を強く求める『支那事変に対する日本人としての内省』を公にし、陸軍からは危険人物視されていた。三笠宮は「当時なんとかして戦争を終結させねばならないと思いましたし、やむにやまれぬ気持ちでした」（一九九四年、月刊誌『This is 読売　八月号』）、「こうして聖戦に対する信念を完全に喪失したわたくしとしては、求めるものはただ和平のみとなった（『わが思い出の記（帝王と墓と民衆）』）と語っている。

三笠宮は昭和十九年夏、津野田忠重陸軍少佐らによる東条内閣打倒のクーデター計画に加わった。同年六月、津野田が書き上げた『大東亜戦争現局に対する観察』では、早期の戦争終結と「蔣介石と直接交渉して、無条件に大陸から撤兵し、重慶を通じて対米工作をすること」が掲げられていた。計画では、クーデターが成功すれば、三笠宮は支那派遣軍総司令官に就任することになっていたという（津野田忠重『わが東条英機暗殺計画』など）。

また、三笠宮は、南京在勤中、辻政信陸軍大佐とともに中日合同で蔣介石の母親の慰霊祭を挙行した。それは三笠宮が、辻に「どうかしてお母さんの御墓だけでも祀ってあげたいですね」と持ちかけたことによる。蔣介石はこれを伝え聞いて嗚咽の声を漏らしたという（長岡弥一郎『軍人辻政信』）。

これらに照らせば、本土への空襲が激しくなりつつある危険な時期にもかかわらず、重慶との接点を持つことが可能な三笠宮が、あえて上海に行こうとする動機は十分あったと考えておかしくない。

当時進められていた日中和平工作の諸相

日中の和平工作は早い時期から様々なルートで進められていた。昭和十九年から二十年にかけても、いくつかの工作が試みられていたがことごとく挫折、失敗していた。当初は重慶側を屈服させようとしていた大本営や最高戦争指導会議も、戦局の悪化により次第に和平を模索し始めたが、その基本方針は、和平交渉はあくまで南京の国民政府を窓口として行うこととしていた。陸軍においては、昭和二十年四月末までは重慶との和平工作を禁じ、その動きを弾圧・妨害していた。

様々な和平工作の中に、極めて深い水面下で、近衛文麿元総理を「和平の要路」とし、天皇につながるルートにより進められていた重慶・蒋介石との直接の和平交渉があった。近衛の意を受けて陸軍の妨害を受けながらこの工作に当たっていたのが、近衛の実弟で貴族院議員の水《み》谷川忠麿《がわただまろ》男爵であった。水谷川男爵は、近衛と緊密に協議しつつ、昭和十五年ころからしばしば中国に渡り、様々な和平工作に尽力していた。

重慶・蒋介石側も、日本の敗戦は必至という状況にあっても、昭和二十年の終戦にかなり近い頃まで、なお日本との和平を模索していた。それは、中国本土が日米激突の主戦場となってしまい、また、日本が完全に壊滅することにより他の列強、特にロシア・アメリカや延安の共産党政権が中国を支配することを避けたいためであった。しかし、重慶側は、和平交渉のルートとしては、日本の軍部や傀儡政権である南京政府は信頼せず、近衛を「和平の要路」とする「在野の勢力」を通じて、天皇に直接つながるルートでの和平交渉を期待していたとみられる。*注

そのため、南京政府を通さず、直接の和平交渉のために、昭和十九年から二十年の初めにかけて、水谷川男爵が何度も上海に渡り、重慶側との和平交渉を試みていたことを示す記録は少なくない。これは、「何世楨工作」と呼ばれるもので、十九年十月、上海で、重慶側の使者であ

る何世楨と徐明誠が、天皇親政、戦争責任者の処罰、日本軍の撤兵という中国側の和平条件を水谷川男爵と土井章（満鉄に所属し、西義顕と共に和平工作に努力していた）に伝え、近衛に報告されたが、近衛が重光外相にこれを図ったところ、和平交渉は南京政府を通じるべきだとして重光は取り合わなかった。そのため、この工作は、その後は近衛を要路とする水面下の工作に移行し、水谷川男爵は、二十年一月、再び上海に渡ってこの工作を進めようとしたが、同月三十一日、陸軍の妨害によって「努力水泡に帰し」、挫折した（水谷川忠麿遺稿集刊行会『紫山水谷川忠麿遺稿』。これを裏付ける資料として栗本弘『土井章と日中和平工作』、児玉譽志夫『われ敗れたり』、西義顕『悲劇の証人　日華和平工作秘史』、今井武夫『日中和平工作　回想と証言』など）。

南京国民政府で汪兆銘の実質的後継者であった周仏海が残した克明な記録である『周仏海日記』には、上記の様々な重慶との直接和平交渉の状況の情報が、周の下にも寄せられていた記載が少なくない。なかでも、昭和二十年二月十五日付で、「楊建威が来て、近々長口に行って呉紹樹と会い、和平条件を備えて上海に来ると言うが、信じられるかどうかはまだわからない。ただ、重慶は日本軍部との交渉を望んでおらず、日本の在野の指導者との交渉を願っているというのは、何世楨が述べたことと軌を一にするので、まったく根拠のないものでもなかろう」との記載がある。

周自身は、南京政府を通さない重慶との直接和平交渉については懐疑的な態度をとっていたことが窺われ、この情報についても懐疑的なトーンで書いてはいるが、その内容はかなり具体性がある。また、三月十一日には、「張子羽が徐明誠を連れて来訪し、対日和平工作問題を話し合う」との記載もある。「在野の指導者との交渉」という以上、周自身が役目を負っていた南京政府を通じる交渉ではない上、周仏海日記には、水谷川男爵も土井章もその名前は一切登場せず、周と両名との接点があった形跡はない。したがって、水谷川男爵らによる重慶との和平工作は周自身や南京政府が全く関与しないルートのものであったことは確かであろう。

しかし、前記のように、水谷川男爵自身による重慶との交渉は、一月三十一日に挫折している。だとすれば、周の耳に情報が入っていた、二月以降にもなお続けられていた重慶との和平交渉について、その日本側の窓口を担ったのはいったい誰であったのだろうか。さらに、それ以降も、五月から六月にかけて、近衛のブレーンであり、満州建国大学の教授であった中山優が、蒋介石につながる傅涇波《ふけいは》（早い時期から和平工作に尽力していた燕京大学校長スチュアートの秘書で同大学教授）と和平を模索する会談をしていたなど、近衛を要路とする和平工作は断絶せず続けられていたことはたしかだ（道越治『近衛文麿「六月終戦」のシナリオ』）。

二十年二月、重慶から和平条件を備えた使者が上海に来ようとしていたのが事実だとすれば、それと会うために、日本からは誰が上海に来ようとしていたのか。水谷川男爵は既に陸軍から目をつけられて動きがとれなくなっていたであろう。だとすれば、それは、より天皇に近い三笠宮自身がその任に当たったのではないか、との推測も働く。

これらの様々な和平工作の記録に、三笠宮の名前はまったく登場しない。しかし、陸軍は重慶との和平工作を禁じており、陸軍に所属する三笠宮がそのような行動をとることは軍規にも反する上、当時和平を口にするだけで命を狙われかねなかった時期に、三笠宮の関与を関係者が活字にして記録に残すことは絶対にできなかったであろう。

このように、三笠宮が上海に渡る目的が和平の糸口を探ることにあったとすれば、その御立場などからみて最も可能性が高いものとしては、近衛や水谷川男爵のラインとの連携が想定され、水谷川男爵の工作が挫折した後を受けてのことではないだろうか。あるいは、当時、小磯國昭総理や緒方竹虎国務大臣が進めようとし、陸海軍や外務省が反対をしてその是非が激論となっていた繆斌《みょうひん》を仲介者とする重慶との和平工作に関して、繆斌の人物の信頼性についての情報収集や、三笠宮の陸軍士官学校時代の教官で、南京勤務時代につながりがあった辻政信陸軍大佐とのなんらかの関りによる和平工作の模索の可能性も否定はしきれない。[*注]

＊注　近衛は三次にわたる首相在任中に「国民政府を相手にせず」という第一次近衛声明をはじめ、日独伊三国同盟の締結などで日中戦争を泥沼化したことやその優柔不断的性格を厳しく批判されているが、他方で、早い時期から日中和平工作も様々なルートで試みていた。近衛の遺書には「僕は支那事変以来多くの過誤を犯した。之に対して深く責任を感じて居る～僕は支那事変に責任を感ずればこそ、此事変解決を最大の使命とした」とある（道越治『近衛文麿「六月終戦」のシナリオ』）。

＊注　繆斌は蒋介石との和平工作の窓口として昭和二十年三月に来日したが、四月には天皇が小磯総理に対し、繆斌は信頼できる人物でないなどとして工作中止の引導を渡し、小磯内閣が倒れる原因ともなった。辻は、その特異な性格行動から毀誉褒貶が極めて激しい人物であったが、三笠宮の陸軍士官学校時代の教官で南京の総司令部勤務を共にしており、三笠宮は前記の著書などで、日中和平工作を行っていた者として辻の名前のみを挙げている。辻は同年二月当時はビルマの戦線にいたが、以前から蒋介石とのパイプが太いとして神出鬼没的行動で和平工作に暗躍しており、同年の春

以降にもそれを窺わせる記録がある。

天皇は日中の和平を真剣に模索していた

昭和十九年後半から二十年にかけて、天皇が日中の和平を密かに模索されていたことをうかがわせる記録がある。藤田尚徳侍従長の『侍従長の回想』だ。藤田は、昭和二十年の初めころ、吉田茂から和平の必要性を強く説かれたことがある。

「私はもっぱら聞き役で意見を述べなかったが、吉田氏は機嫌よく引き上げられた。木戸内府、近衛（文麿）公その他の間で、和平に対する工作は相当に進んでいたようだが、まだ表面化しなかった際である」と藤田は書いている。さらに、「ある時のことである。お召しで、御前に進むと、陛下がこう申された。『小磯（総理）がやってきて、一度宇垣（一成＝筆者注）を呼んで支那の事情を聞いたらとすすめていたが、どうしたものか、木戸の意見を侍従長から聞いてきてくれないか』～小磯首相の奏上した趣きは、最近中国を視察して帰った宇垣大将が、中国、蒋介石政権との和平案をもっている。それを陛下に直接お取り次ぎしたいという点にあったようだ。陛下は、吉田氏らの和平運動もその時詳しく承知されていたし、中国政策も積極的にお考えになっていたのではあるまいか。私は早速木戸内府を訪れて、陛下のお言葉を伝えると、沈思していた木戸侯は、『侍従長、どうか、この問題は陛下からご返事をなさらず、ほっておいた方がよいと思うので、その旨お伝え願いたい』こう答えた。そして、和平のことは、陛下が一度、お言葉になさると重大な影響がある、慎重を要するから、いましばらく時期を選ぶべきだ、とその真意を説明した。私は、陛下にこの木戸内府のお答えを、その通りに御報告申し上げると、陛下は、『ご苦労であった』と仰せられただけで、何もおっしゃらなかったのだが、和平工作への準備は相当に進んでいると、私はこの時感じたことだった」などと書いている。実直・誠実な侍従長であり、軽々に憶測を語るような人物ではない藤田がこのように書いたことは意味深長だといえよう。

天皇は和平の糸口を模索するため、重臣から順次上奏を受ける決断をされた。近衛は昭和二十年二月十四日に上奏した。その記録は多い。各重臣の上奏には必ず藤田が立ち会っていたが、近衛の上奏のときだけは、木戸内大臣からの求めで藤田は立ち会わず、近衛と木戸と天皇との三人のみで長時間内奏がなされている（前記『侍従長の回想』など）。

近衛内奏の記録には、日中和平工作のことが話題に上った趣旨の記載は皆無であるが、当時は、和平を口にするだけで命を狙われかねない時代であり、活字で残せるような話ではなかった。この上奏の際に、重慶との直接和平交渉について近衛から天皇に種々の上奏がなされた可能性はあろう。上海に軍需物資調達のための児玉機関を設置し、現地の地獄耳的存在であった児玉譽志夫は、『われ敗れたり』の中で「天皇は重慶にある蒋介石に和平を申し出ることを決意された」として、水谷川男爵が上海で行っていた和平工作は天皇の命によるものだった、と直截的に書いている。

ただ、張作霖爆死事件の責任で田中義一首相を辞任させることになった経験などから、御自身が直接軍務や政務について具体的指揮などを控えられるようになったといわれる天皇が、最高戦争指導会議の基本方針に反してまで重慶との直接和平交渉を自ら積極的に指導されたとまでは考えにくく、児玉のこの記載はやや筆が走りすぎている感がある。しかし、近衛らが密かに進めていたこの交渉について、近衛の上奏などを受けて、天皇が中国との和平を真に求めておられる、という御意思を、二月に重慶から上海に来る使者に対して直接に伝えることを了解する、ということは想定可能である。そのことだけでも、南京政府や軍部を介しての和平交渉には懐疑的・消極的であった重慶・蒋介石側の疑心や警戒心を解き、和平工作の推進に与える意義は少なくなかったであろう。このように考えると、藤田が、「(陛下は)中国政策も積極的にお考えになっていたのではあるまいか」「和平工作への準備は相当進んでいる」などと感じていたことの意味が浮かび上がるような気がする。

海軍が三笠宮の上海行きを支援する動機はあった

大舘氏らが上海に護衛した飛行機は一式陸攻(乗員七名)であり、これは海軍の飛行機だ。陸軍に所属する三笠宮をなぜ海軍機で上海に送り届けたのか。その謎もほぼ解けた。和平工作を禁じていた陸軍は、危険人物視していた三笠宮が和平工作に関係して上海に行くことなどとうてい黙視するはずはない。他方、海軍は思いがけないほど早い時期から日中の和平を模索していた。周仏海日記には、東条内閣が倒れた昭和十九年七月よりも前から、重慶から示された和平条件を「海軍の堀井大佐が東京に持ち帰った」*注こと、また、「海軍が東条内閣打倒をもって和平の前提とすることを重慶側に申し入れた」など、驚きを禁じ得ない記載がある。

また、高木惣吉海軍少将は、東条の暗殺計画まで含むクーデターを企てたが、東条内閣が倒れたため不発に終わってから間もない同年八月に、井上成美海軍次官から極秘に終戦工作を研究せよとの直命を受け、病気療養の名目でこれに専念した。これを知るのは米内海軍大臣と及川軍令部総長、井上成美次官と高木の四人のみだったという。高木関係の文献資料は多くの研究がなされているが、その基本方針の中に、重臣や、天皇・皇族への働きかけも重要な方策として含まれている（工藤美知尋『東条英機暗殺計画』、伊藤隆編『高木惣吉日記と情報（下）』など）。

さらに、近衛は天皇上奏の前の二十年一月二十五日、京都の別邸「虎山荘」に岡田啓介海軍大将と米内光政海軍大臣を招き、「戦局は最悪の事態を迎えている。もはや敗戦はまぬがれまい。そこで国体の護持をどうはかるかだ〜〜決戦の前になんとか和平の手がかりをつかまないとならぬ〜〜陸軍は容易なことでは乗って来まい〜〜皇室の擁護ができさえすればそれでよい〜〜本土だけになったとしても甘受しなければならないのではないか〜〜陛下に落飾（出家）をしていただいて裕仁法皇として仁和寺の門跡に迎える」などとの終戦の方策を数時間も密議している（高橋紘・鈴木邦彦『天皇家の密使たち〜占領と皇室』など）。また、近衛は、その翌日に、高松宮をも虎山荘に迎えており、これらの接遇には使用人を一切排除して身内の者だけで当たり、水谷川男爵の妻正子も加わっていた。*注

このように考えると、三笠宮が日中和平工作のために上海に渡るについて、海軍のごく限られた幹部が、おそらく近衛らからの要請を受けてそれを支援し、一式陸攻を提供するということは十分に想定が可能だ。しかし、海軍の正規の活動として行えることではない。それは陸軍

に対する正面からの敵対行動となる上、重慶との直接の和平工作を許していなかった最高戦争指導会議の方針にも反するからだ。したがって、この支援はごく限られた一部の者のみが「天の声」のレベルで行った事実上の措置であったろう。

＊注　堀井三千雄大佐（海兵五四期）と思われる。ちなみに堀井大佐は今井秋次郎侍従武官と海兵の同期であり、高松宮日記によれば、高松宮とも親交が深かった。高松宮も高木惣吉海軍少将や細川護貞らとともに東條内閣打倒を企て、日中の和平を模索していた。堀井三千雄大佐は昭和一八年十一月に死亡しているので、これが事実ならそれ以前のこととなる。

＊注　細川日記によれば、「秩父宮、高松宮、三笠宮三殿下は、時局を憂慮遊ばされ緊密に御連絡ある由」とある。昭和天皇実録と高松宮日記によれば、「三笠宮護衛飛行」の後の三月二日、吹上御所で天皇と宮様方の夕食会があった。前者には「この御会食は、宣仁親王の内大臣への提案により、国家非常の際、皇族より意見言上の機会を作ることを目的として催され～（皇后の退席後）その後各皇族より時局につき種々意見を御聴取になる」とあり、後者には、「１８００御所（吹上）オ召シ（夕食、皇后様モ御出マシアリ。朝香、東久邇、賀陽、三笠、私）アト皇后様オ引取アリテ２０２０頃迄オ話、私ハナルベク黙ッテイタ。退出シガケニ五人デ話ダシテ、２１１０頃（※不明、解散の意味か？）」との記載がある。三笠宮が上海に渡ったとすれば、そのときに得た情報がこの場で話題に上ったとの推測も成り立ちうるであろう。

私たちがたどり着いた推論

私たちがたどり着いた推論は、想像をも交えたものであるが、以下のとおりだ。

三笠宮は、おそらく重慶との和平交渉にからんで、上海へ行くことが必要となった。それを、ごく限られた海軍の幹部が支援することとなった。その時期が、折りよく今井侍従武官の台湾視察の日程と重なった。

そこで、台湾に向かうべく既に鹿屋基地に到着していた（宇垣纏の『戦藻録』には二月二十四日と記載）今井侍従武官に対し、「三笠宮が上海に渡られることとなったので、予定を変更し、三笠宮を上海にお送りしてから台湾に向かうように」との「天の声」がかかった。今井侍従武官は驚いたであろう。この危険な時期に皇族を護衛する任務だ。台湾出張のために大舘氏らに護衛させるだけなら、氏らはもともと台湾に直接帰還しようとしていたのだから、組織を通して上から命令すれば足り、侍従武官が自ら氏らに対して頼むような話ではない。しかし、今井侍従武官は、突然に与えられた皇族の護衛という危険かつ重要な任務を果たすためには、若い戦闘機乗りたちに、訳も知らさず上海に回れといきなり命令するよりも、彼らに真実の目的を伝え、命を懸けて三笠宮をお守りしてほしい、と直々に依頼しようと考えたのではないだろうか。大舘氏らは空戦経験もあり、すでに死を覚悟している特攻隊員であり、三笠宮を護衛するのに最もふさわしい者たちだった。

ちなみに、二十五日には天皇と宮様方との午餐が予定されていたが、東京に大空襲があったので取りやめとなり、皇居も大きな被害を受け、三笠宮は夜八時に皇居に御見舞いをしたとの記録がある（高松宮日記）。おそらく、三笠宮は同日の午餐終了後、鹿屋に飛ぶ予定であったが、急きょこれを遅らせ、見舞いを済ませてから二十六日未明に厚木を発って鹿屋に飛び、その足で今井侍従武官らと合流して上海に向かったと考えられるであろう。一式陸攻なら十分可能な飛行だ。

このように考えてくると、護衛飛行中、大舘氏がゼロ戦をすっと一式陸攻の近くに寄せたとき、窓からにこやかに手を振られる宮様のお顔を見て「真剣に護衛しなければならないと改めて思った」という光景がいっそう生き生きと浮かんでくる。

今井侍従武官は二十五日夜、大舘氏らへの依頼を済ませると直ちに二〇五空や鹿屋・笠ノ原基地の幹部にそれを伝えて根回しをした。大舘氏が浅井分隊長に挨拶に行くと、「浅井さんはすでに事情がわかっていたようで、苦い顔をしてニヤニヤ笑っていた」という。学徒兵教育のために笠ノ原に残るよう大舘氏らを説得していた浅井分隊長は、「天の声」によって、あっという間に肩すかしを喰ってしまったのだ。なぜ、〝侍従〟が少年航空兵らの宿舎を直々に訪ねてまで護衛を依頼したのか、陸軍の宮様をなぜ海軍が護衛するのか、一式陸攻は提供してもなぜ正規の護衛機がついていなかったのか、など大舘氏らが素朴に感じた疑問はすべて氷解する。

三笠宮へのお尋ねのお便り

これらの調査が行き詰ってきた過程で、私たちは、もはや三笠宮様に事実を直接お尋ねすべきだと考えるに至った。不遜のそしりを受けるのではないかとも思ったが、宮様のお名前を公にし、日中和平工作史に一石を投じる問題である以上、できる限りの努力は尽くさなければならない。平成二十七年十一月五日、私たちが本書に取り組んだ目的、これまでの調査の経緯、本書原稿の該当部分などを添え、上海行きに関する事実の有無や目的などをお尋ねする手紙を、西嶋から三笠宮家に送った。

三笠宮家からの回答は意外に早くいただいた。お尋ねの便を発送してから六日目の十一月十一日、三笠宮家宮務官から西嶋に電話が入り、次のことを伝えられた。

「(三笠宮)殿下はお健やかであられるが、間もなく百歳という年になられます。(西嶋が送った文書を)妃殿下とお二人でご覧になりました。しかし、(そのころのことを)『思い出すことができない』とのことでした。関係のありそうな書類が残っていないかと探されたが、見つからなかったとのことです。同年、三笠宮邸が空襲で焼けたときに失われたと思われます。その時、宮務官日誌なども焼けたので、同日誌でも確認できません。関係者はすべて亡くなっていて確認できませんでした」

私たちが最も期待していたのは、三笠宮殿下が上海渡航を記憶になっておられ、その確認の返事をいただくことであった。しかし、他方で「当時私が上海に渡った事実はない。ほかの人の間違いであろう」などと否定の返事をいただくのではないか、あるいは、なんらの返答もいただけないのではないか、という不安もあった。

しかし、ご回答は「当時のことを思い出せない」というもので、肯定でも否定でもなかった。私たちは、このようなご回答であっても、それをいただいたことの意味は少なくないと考えている。「お尋ね」の往復があった一か月後に三笠宮様は百歳の誕生日を迎えられた。そのお齢を考えた場合、当時のことを思い出せない、ということは決して不自然なことではない。また、質問の手紙を差し上げてから、私たちの予測を超えるほど速やかに手紙を妃殿下と共に読んでくださり、関係のありそうな書類を探すなどの努力をしていただいたことの意味も少なくないと考える。上海に渡ったという事実を三笠宮殿下が明確に否定されるのであれば、そのような書類が残っていないかと探される理由はなかったであろう。そのような三笠宮殿下ご夫妻の誠実な御対応に、この場を借り、改めて敬意を表し、謝意を申し上げたい。

謎はまだ解けない

私たちは大舘氏らの三笠宮護衛飛行は事実であったとの思いを深めている。それでも多くの謎はまだ解けていない。三笠宮が上海に行った目的は何だったのか、「天の声」はどこからでたのか、現地で誰に会ったのか、その結果はどういうものであったのか、それらのことを天皇に伝えたのか、など疑問は深まるばかりだ。これらの解明は私たち素人の及びうるところではない。例えば『昭和天皇実録』の出典には未公開史料がたいへん多くあげられている。このこと一つをとっても、私たちが知り得た一次史料は狭く限られていることがわかる。今までだれにも気づかれず、ひっそり静まりかえっていた歴史の水面に、私たちの投げた一石の波紋が広がり、いつの日にか専門家によるさらなる研究・解明がなされることを期待したい。

【追記】『「三笠宮」上海行護衛飛行』を再考する

太田　茂

私は、「三笠宮」上海行護衛飛行の真実性の解明を進めるうち、これは、戦争末期に日本が重慶の蒋介石との間で極秘に進めようとした和平工作の一端ではないだろうかとの推測を強めた。以来、私は日中和平工作史への関心が深まり、約五年をかけて研究を進め、その成果を、『日中和平工作秘史――繆斌工作は真実だった』『新考・近衛文麿論――「悲劇の宰相」「最後の公家」の戦争責任と和平工作』の二冊にまとめ、近く芙蓉書房出版から刊行を予定している。その内容は、「三笠宮」上海行護衛飛行の背景を理解する上で意味があるので、関心のある方には同書も読んでいただければ幸いである。

真実性を確信

この護衛飛行について、その真実性を直接立証できる具体的証拠は、残念ながらまだ発見できていない。しかし、様々な情況証拠を総合して、これが真実であったと考えた本書初版での分析と推論は大筋において間違っていないとの確信を深めている。大舘氏の「三笠宮」の護衛飛行の記憶については、私たちが聴き取りを開始するよりずっと前の平成二〇年に、大舘氏が公開を想定しないで作成した『私の戦記』という手書きの小冊子に、既にその事実を記録していた。

ただ、初版の記述で修正を要する点もある。それは、初版二五五頁以下の「海軍が三笠宮の上海行を支援する動機があった」という部分だ。『周仏海日記』に「重慶から示された和平条件を海軍の堀井大佐が東京に持ち帰った」「海軍が東條内閣打倒をもって和平の前提とすることを重慶側に申し入れた」との記載があることや、海軍では一九四四年八月から、米内光政・井上成美・及川古志郎が、高木惣吉少将に極秘で和平工作の研究を進めさせていたことを根拠に、海軍も極秘で重慶・蒋介石との和平工作を試みていたと推論したことだ。しかし、この推論は当を得ていなかった。当時、海軍中央の米内や高木らは、重慶には日本との和平の意思がないと思い込み、延安の共産党やソ連を相手方とする和平工作にのめりむようになっていた。当時、スイスでは海軍の藤村義朗中佐が、アメリカのＯＳＳ（戦略情報局）のアレン・ダレスらを相手方とする連合国との和平工作に取り組んでいたが、米内はこれを全く採り上げず、黙殺した。したがって、「堀井三千雄大佐が重慶から示された和平条件を東京に持ち帰った」ことが事実であったとしても海軍の中央はそれをまともに取り上げず、藤村工作と同様に、黙殺したものと思われる。また、「海軍が重慶側に和平を申し入れた」ということも、事実であったのなら海軍中央の意思としてではなく、和平を念願する海軍軍人の誰かが自発的に試みた工作であったのかもしれない。

しかし、具体的目的はどこにあれ、三笠宮が上海に渡るについて、然るべき筋からの依頼を受け、その安全保護のために極秘で一式陸攻を提供することを米内ら海軍首脳が了解し、指示することはあってもおかしくない。ちなみに、高木は、日米諒解案交渉の継続には反対だったといわれるが、近衛の依頼を受けてアメリカに渡る艦船の手配をした。

もう一点、私は、当時、保阪正康氏の『昭和陸軍の研究（下）』（三五一頁）に掲載の陸軍の侍従武官吉橋戒三の日記の引用部分を見落としていた。この日記の二月二十六日には、「東條大将拝謁アリ、杉山陸軍大臣拝謁時刻ニ遅ルルコト二十五分　此ノ為　御見舞ノ為参内セラレタル三笠宮殿下ニハ陸軍大臣拝謁予定時刻迫リタル為　御上ノ拝謁セラルルコトナク御帰リ遊ハサル」とある。この記述が正確なら、三笠宮が二十六日早朝に厚木を発ち、鹿屋を経て上海に飛んだという私たちの想定は完全に崩れることとなる。

しかし、『昭和天皇実録』と『徳川義寛終戦日記』によれば、二十六日の午前中は、十時から参謀総長が五分間、十時五分から杉山陸相が二十分間、東條元総理が十時三十五分から十一時四十分まで、小磯総理が十一時四十一分から十一時五十五分まで、それぞれ拝謁している。これほど拝謁予定が立て込んでいるのに、その間に更に三笠宮の御見舞いのための拝謁予定を入れるというのはやや疑問だ。

三笠宮は前日二十五日夜八時に皇居を見舞ったが、天皇には御対面できなかった（高松宮日記）。二十五日の見舞は「各皇族又は御使いが」となっている。御対面できなかったとはいえ、前夜にお見舞いの礼は尽くしているので、翌朝またお見舞いのため自ら参内する必要性は乏しかったように思える。あるいは三笠宮の「御使い」だったのだろうか。なお、『昭和天皇実録』では、二十六日朝の参謀総長の拝謁は、「病気の参謀総長の代理として参謀次長の秦彦三郎に謁を賜い」とあるが、『徳川義寛終戦日記』では、「参謀総長（梅津）表拝訪問」となっている。このように、『実録』の記載と比べると、侍従が個人的につけていた日記の正確度は必ずしも完璧とはいえないようだ。吉橋侍従武官の日記の記載は、三笠宮が天皇に拝謁したという具体的・積極的記録ではない。どこかに勘違いがあったのかもしれない。なお、『東久邇日記』によれば、二十六日午前中のこととして、防衛総司令官だった東久邇宮が、侍従武官長室に行き、前日の空襲被害の件について、「侍従武官長を通じ」陛下にお詫びを申し上げたとの記載がある。東久邇宮も陛下には対面できなかった。ひょっとしたらではあるが、吉橋侍従武官が、東久邇宮の来訪を三笠宮のことだと勘違いしてノートに書いたという可能性はないだろうか。

ただ、断定はできないので、もし『昭和陸軍の研究』にあるように、三笠宮が二六日午前中に拝謁の為に参上したことが事実なら私たちの想定は崩れる。今井秋次郎侍従武官が一式陸攻で上海に送り届けた「高貴な方」は三笠宮とは別人であったという可能性がまた浮かぶこととなる。

「三笠宮」の渡航の目的は何か

初版では、三笠宮の上海行の目的は、一月末に、水谷川忠麿らによる何世禎工作が陸軍の妨害で挫折した後に、三笠宮がそれを引き継いでこの工作を進めようとした可能性が最も高いのではないか、と考えていた。しかし、これを裏付ける資料は、その後も見当たらず、推測の域を出ない。他に考え得るものとして、次のような可能性を検討した。

①天皇の和平の意思を伝えるためか

初版でも触れたが、児玉誉志夫は水谷川忠麿らによる何世禎工作について、「天皇の命によって近衛前首相の弟にあたる宮川《（ママ）》忠麿氏は、昭和十九年の夏ひそかに上海にわたり、上海の国際問題研究所の責任者である何世禎氏を通じ……天皇の意思として申入れを行った」としている。ただ、当時は、まだ、重慶工作は南京政府を通じて行うこととされていた上、天皇が、正規のルートを通じず、自ら使者を派遣して和平を申し入れるということは考えにくい。また、もし水谷川忠麿を天皇の使者として上海に送ったのであれば、それは兄の近衛文麿を通じて天皇からその指示があったものと思われるが、その当時、近衛が天皇と直接話をする機会は、二月十四日の上奏の時以外なかった。その上奏には木戸が立ち会っていた。この上奏の席で、天皇の和平の意思を弟の忠麿から伝えさせるのでご了解をいただきたい、と天皇にお願いするようなことがあったとは考えにくい。児玉が同書を書いたのは、児玉が戦犯として他の政府・軍部の幹部らと共に巣鴨プリズンに拘置されていたときのことだった。当時、それら戦犯たちは、天皇への戦争責任追及を恐れ、それを回避させようと懸命になっていた。児玉は、天皇が自ら和平に熱心に努力していたことを強調するために、やや粉飾的なストーリーを考えたのかもしれない。

しかし、水谷川忠麿が天皇の和平の意思を伝える使者として派遣されたのではないとしても、当時、天皇が中国との和平を願っているということを重慶に伝えることには大きな意味があった。当時、日本軍部や南京政府を全く信用していなかった蔣介石にとっては、天皇の真意を信頼できる筋から知るということは重要だった。蔣介石は、カイロ会談で中国の主権と領土を保障されたが、テヘラン会談やヤルタ会談での密約により、スターリンやルーズベルト、チャーチルから裏切られ、梯子を外されていた。そのため、蔣介石は日本との和平に舵を切り、心ある人々を通じて密かに和平のシグナルを送っていた。そのような情況のもとで、天皇が中国との和平を真に求めているのだ、ということを蔣介石が理解すれば、和平に至る途を求める上で大きな自信と力になっただろう。

だとすると、三笠宮が上海に渡ったのは、何世禎工作挫折の後を受けて、天皇の和平の意思を伝えるためだったということも想定は可能だ。中国との和平を強く求めていた三笠宮は、天皇の和平の意思を伝える使者としてまことにふさわしい。和平「交渉」ということであれば、天皇が自ら乗り出すことはあり得ず、しかるべきルートと手順を経なければならない。「交渉」という意味ではなく、「天皇が中国との和平を真に願っておられる」ということを伝えるだけであれば、直ちにそれには反しないだろう。陸軍や外務省、南京政府をまったく信用していなかった蔣介石にそれが伝わることの意義は大きかっただろう。

しかし、そうであれば、どこかの機会で、天皇と三笠宮が相談し、三笠宮にそれを了解ないし指示する機会がなければならない。『昭和天皇実録』によれば、一九四五年一月以降の天皇と三笠宮の対面の機会は、二月には十一日に一回あるだけだ。その日は紀元節で各皇族が天皇に拝賀し、三笠宮も百合子妃殿下と共に拝賀しているので、天皇と何事かを相談するというような機会とは考えにくい。以後、二月中に天皇との対面はなく、次は三月二日夜で、その日は天皇と皇族が晩餐後、時局について意見を交換した日だった。これからすると、二月下旬の「三笠宮」の上海行の前に、天皇が三笠宮に和平の意思があることを伝えるよう直接「指示」したとまでは考えにくいように思える。

ただ、どうも解せないのは、天皇の侍従武官である今井秋次郎が、天皇の指示ないし諒承なしに、あの戦争末期の危険な時期に、皇族である三笠宮を、自分の視察出張の機会に搭乗する一式陸攻に同乗させて上海に送り届けるということが許されるだろうか、ということだ。万一、渡航の飛行中に敵機の攻撃を受けるなどして不測の事態が生じれば、今井の責任は取り返しがつかず、重大である。その「天の声」は一体どこから来たのだろうか。

三笠宮自身は直接天皇と事前に会わなくても、三笠宮が、今井の台湾出張の機会を利用して、上海に行くために予定を変更して同乗させてもらうことについて、なんらかのルートで、天皇の内諾を得たという可能性も否定はできないだろう。

もう一つの可能性としては、天皇と事前に相談して指示や了解を得ることはしなくとも、三笠宮自身が自発的に天皇の意思をくみ取って、蒋介石に伝える、ということはあり得よう。天皇が日中戦争以来、一貫して、戦争を避けようと願い、和平を求めていたことを、三笠宮はよく理解していたはずだ。

②繆斌工作の情報収集が目的だった？

これは、全く視点が異なるものだ。三笠宮は重慶との和平交渉のためでなく、当時小磯総理、緒方竹虎情報局総裁らが進めていた繆斌《みょうひん》工作について、蔣介石の使者とされる繆斌の人物の信用性やその工作の真実性を調べるために上海に行った、という可能性だ。この工作については、蔣介石が真に日本と和平をする意思があり、そのために繆斌を派遣したものであるか、という真実性について当時激しい意見の対立があった。これは戦後も同様で、専門的研究者の間でも未だに解明されておらず、日中和平工作史上の最大の謎となっている。この工作は、当時水面下で試みられていたいくつかの重慶との和平工作の中で、唯一、閣議にまでかけられ、最後に天皇が中止の引導を与えたものだ。もしこれが真実であり、交渉が成功していれば、ヒロシマもナガサキも、ソ連の満州・北方領土への侵略もなく、一九四五年六月ころまでには戦争は終結していた可能性がある。

この工作は前年秋頃から始まり、一九四五年一月九日には小磯の命を受けた山縣初男元大佐が上海にわたり、繆斌らと折衝を重ね、二月九日に日本に戻り、小磯や緒方と協議し準備を進めていた。繆斌が工作のために来日したのは三月十六日だった。繆斌が蔣介石の意思で派遣されれる和平工作のための使者であることの信頼性を、最高戦争指導会議のメンバーや天皇に伝えることには重要な意味があっただろう。

三笠宮は周仏海と会った?

繆斌工作について、小磯が最高戦争指導会議に正式に諮ったり、天皇に上奏したのは、三月に入ってからのことだった。二月末の時期に、三笠宮が天皇自身の命を受けて繆斌の信用性調査のために上海に行ったということは考えにくい。一つの可能性は、緒方竹虎を通じた線だ。緒方は、当時、情報局総裁として、小磯総理と共にこの工作を強力に推し進めようとしていた。繆斌の信用性や工作の真実性についての情報を、三笠宮が上海で得ることができれば、それは、大きな支援となる。津野田忠重『わが東条英機暗殺計画』(二七八頁)によれば、津野田は、三笠宮と昵懇で、一時は共に東條暗殺計画まで企てた仲だった。津野田は南京の総司令部参謀部にいたころに、緒方とたびたび会って顔見知りになっていた。緒方は、自ら「三笠宮の使者」と称していたというほど、三笠宮との信頼関係は厚かったようだ。だとすると、緒方が、南京などに人脈を有し、現地事情に通じた三笠宮に対し、密かに繆斌情報の収集のための上海行の依頼をすることは考え得る。緒方は、戦後米内の伝記『一軍人の生涯』を書いたほど、米内とは昵懇の仲だった。米内は重慶工作には否定的であっても、ほかならぬ緒方から頼まれれば、三笠宮の渡航のために海軍の飛行機を提供するくらいの協力をしてもおかしくなかっただろう。

ただ、仮にこの想定がなりたつとしても、問題はその成果だ。三笠宮が上海に行って繆斌情報を収集する窓口としては、まず南京政府の事実上のトップだった周仏海が考えられる。周仏海は、三笠宮とは南京勤務中から懇意となり、連絡し合える関係だった。周仏海日記にはしばしば三笠宮と接触があったことが書かれている。

ひっかかるのは周仏海日記の二月二十八日の記載だ。「八時に列車で上海に行き、六時によ うやく家に着く」とあり、上海に行った目的や内容は全く書いていない。周仏海日記は、日々、誰と会ったか、何を話したのかが克明に記載されているが、この上海行は、半日を費やしたにもかかわらず、目的内容が一切書かれていないのは奇異ですらある。この日、周仏海は上海で三笠宮と会ったのではないだろうか。しかし、あの危険な時期に三笠宮と会ったことを日記に書くわけにはいかない。三笠宮からも、このことは伏せるように頼まれただろう。

繆斌と周仏海は決裂していた

周仏海日記には、以前からときどき繆斌と会った記載がある。例えば一九四〇年七月二十七日には、「繆斌が来て、華北の各種情況について話し、毎月機密費として一万元を送ることを承諾する」など、周仏海と繆斌とはかなりの信頼関係があったことがわかる。

ところが、繆斌に関する最後の記載は一九四四年十一月十六日であり、

「繆斌が来訪し、重慶は米軍が中国に上陸する前に日本が撤兵することを望んでいるという。蓋し重慶も米軍が中国に来るのを望んではいないのであろう。日本の撤兵については、余は極力努力するが、日本が第一段の撤兵を行った後、もし重慶側が和平の表明をせず、逆に日本軍を駆逐し、失地回復を唱えるなら、日本軍の第二の撤兵をできなくさせてしまうので、内地が密かに責任者を派遣して交渉することを望む、と伝える。繆は、その必要はなく、彼が重慶を代表できると言うので、無知にもほどがあるというもので、もう彼とは交渉しな

い」

とある。つまり、三笠宮が上海に渡航したころには、周仏海と繆斌の関係は既に何らかの事情で険悪となり、周仏海は繆斌を見下して相手にしないようになっていた。

だとすれば、もし、二月二十八日、周仏海が上海に行って三笠宮と会い、宮から繆斌の信用性について尋ねられたのが事実であったとすれば、周仏海は、繆斌が重慶を代表して使者になれるはずがない、とこきおろしただろう。

昭和天皇が繆斌工作を退けたのか?

そこで、三笠宮が、このような繆斌に関する否定的情報を得て帰国し、それを天皇に伝えた可能性はないだろうか。『昭和天皇実録』によれば、三月に入ってから、三笠宮が天皇に会って話す機会は二度あった。一度は、二日の夜で、天皇は御文庫に高松宮、三笠宮、賀陽宮、朝香宮、東久邇宮を招き、「国家非常の際、皇族より意見言上の機会」を作った。もう一度は三月二十二日、この時は前日に九州出張から戻った三笠宮一人だけと対面している。あくまで想像であるが、この時、三笠宮は、二月の末に上海で周仏海から得ていた、繆斌は重慶を代表できる人物ではないとの否定的な情報を天皇に伝えたのではないだろうか。

私が、以前から気になってしかたがなかったのは、四月初めに、天皇が小磯の二度にわたる繆斌工作の奏上について、ぴしりとこれを否定し、工作中止の引導を渡したことだ。重光が言葉激しく繆斌を非難し、木戸もそれを支え、米内や杉山も反対意見だったとはいえ、総理大臣や緒方竹虎が心血を注いで進めようとしていたこの工作を、天皇自身が完全に否定して中止させるということは腑に落ちない。天皇の小磯に対する信頼は厚くなかったようだが、緒方については、組閣のとき「緒方が入っていてよかったね」と言ったと伝えられ、天皇は緒方の人物を信頼していたと思われる（渡邊行男『緒方竹虎　リベラルを貫く』九九頁）。

このように、天皇がこの工作中止の引導を渡したのは、三笠宮から上海で入手した周仏海による繆斌非難の情報も頭にあったという可能性を、私はぬぐい切れないのだ。もしそれが真実なら、緒方が三笠宮に依頼したのは裏目に出たことになる。私はこの可能性は、個人的には、あってほしくないと思うが、ずっと引っかかっていたことだ。これは全くの仮説だ。しかし、もしそれが真実であったなら、最も実現可能性の高かった繆斌工作を、皮肉なことに天皇自身が中止させたということになり、終戦時の天皇の役割について新たな視点を提供することとなる。この仮説の検証については慎重な姿勢が必要であろう。

しかし、仮にこの仮説が正しいとしても、天皇にそのような判断をさせた輔弼の責任は、繆斌工作に反対し、終始妨害していた重光、木戸、米内、杉山らの天皇への内奏にあった。近刊の拙著『日中和平工作秘史』で詳述するが、重光らは、繆斌の信用性やこの工作の真実性について、事実を歪め悪意に満ちた主張をしており、それが天皇に擦りこまれていた。四月初、小磯総理が、最後の努力でこの工作に理解を求める上奏をし、天皇からそれを拒まれた時、小磯は「もう毒が回っていいてだめだった」と述懐した。

③辻政信との連携による重慶和平工作の相談のためか？

三笠宮が上海に行ったのは、辻政信と和平工作の相談をするためであった可能性が見逃せない。辻はその当時はすでにビルマ戦線に転じており、南京の派遣軍総司令部にはいなかった。しかし、辻は神出鬼没であり、上海に現れることが全く不可能とまではいえない。

三笠宮と辻は深い信頼関係があった

辻への毀誉褒貶は極端であり、悪評が極めて多い。しかし、三笠宮とは、陸士時代の教官と生徒として辻と信頼関係が深かった。辻は、冷酷残忍といわれる一方で、周囲の近しい人々を心酔させる人間力を持った極端な二面性があった。三笠宮は、南京勤務時代、当時の陸軍の横暴な中国政策や幹部が中国で酒色にふけり綱紀が乱れていたことに対し、厳しく警告する「支那事変に対する日本人としての内省」を作成して幕僚に配布した。派遣総軍の参謀だった辻も、上海あたりの花柳街、料亭などが軍人などでにぎわっているのを見て、戦争で将兵が命を落としているのに軍人が酒食にふけるのはけしからん、と激怒し、軍人の料亭への出入りを禁止したが、それでも改まらないので、石油缶に火をつけて上海の料亭を焼き払った（池田純久『日本の曲がり角』九〇頁）。三笠宮は、前述のように、南京在勤中、辻政信とともに蒋介石の母親の中日合同の慰霊祭を挙行した。三笠宮は「わが思い出の記」で、当時日中の和平に努力していた者として辻の名前だけを挙げている。

辻は一貫して蒋介石との和平を工作していた

辻は、蒋介石との和平が必要だという考えを早くから持っていた。辻は一九四四年七月にビルマ第三三軍に転出したが、それまでの間、繆斌公館によく出入りして繆斌と親しくつきあっていた。辻は、一九四四年初夏ころ、繆斌工作の中国側の中心人物だった顧敦吉（陳長風中将）の家族が日本の憲兵隊に逮捕された時、その釈放に尽力し、重慶側から深く感謝された。辻の著名な回想録『潜行三千里』によると、敗戦後ハノイに潜伏後、重慶に脱出して逃亡生活を送り、戦犯摘発から免れたのは、辻への恩義に報いるための重慶側の配慮によるものだった。

辻は、戦争末期近くになっても、重慶との和平のために様々な活動をしていた。ビルマ戦線にいるはずの辻が、一九四五年の初夏頃まで、密かに重慶との和平工作に関わろうとしていた可能性を窺わせる資料もいくつかある。

三笠宮奉戴運動の謎

『高木惣吉　日記と情報（下）』など、いくつかの資料に、当時辻が「三笠宮奉戴運動」を進めていたという注目すべき記載がある。

「奉戴運動」とは一体何のことだろうか。私が調べた限りでは、これに関する他の資料は見当たらなかった。ただ、三笠宮を「皇位」につける、というのは荒唐無稽だろう。他方、津野田による東条英機暗殺計画において考えられていたように、クーデターが成功すれば、三笠宮を「支那派遣軍総司令官に就任させる」ということなら、十分に現実性はあっただろう。

いずれにしても、これら資料から、ビルマ戦線にいるはずの辻が、でしゃばるような形で重慶との和平工作にも乗り出そうとしていたことが窺われる。また、三笠宮の「奉戴運動」とまで外部に伝わっていたように、辻と三笠宮との連携の動きがあったと思われることだ。三笠宮自身は、自分が「奉戴」されることなど夢にも考えていなかっただろう。もし辻がそんなことを考えているのなら三笠宮としては辻を諫めなければならない。

しかし、辻が、派遣総軍を差し置いてでも自ら乗り出そうとしていた重慶との和平交渉に関して、三笠宮と直接相談したいと考えることは合理的だ。

だとすれば、二月末の三笠宮の上海行は、神出鬼没の辻と密かに上海で落ち合い。これらを相談することが目的だったとの可能性も、完全には否定できない。

④「三笠宮」は別人だった?

私が調査を始めてから、頭を離れなかったのは、大舘和夫氏らが「三笠宮」と思っていた人物は、三笠宮ご本人ではなく、氏らがそう思い込んだとしても不思議ではない他の高貴な人物だった可能性はないか、ということだった。例えば、「宮」と水谷川忠麿の「みや」とは語感が似ている。忠麿が一月末に陸軍の妨害で帰国を余儀なくされた後、前述の周仏海日記にある、二月下旬に重慶の呉紹澍らが携えて来るという和平条件について話し合うため、今度は海軍の協力を得て再び水谷川が今井侍従武官の一式陸攻に同乗して上海に渡った、という仮説だ。そのために近衛が米内に依頼して水谷川の同乗を依頼するということは考えられなくもない。しかし、水谷川の伝記『紫山水谷川忠麿遺稿』では、明確に、「一月三十一日　努力水泡に帰す」と書かれている。また、大舘氏の侍従武官とのやりとりについての鮮明な記憶とも符合しない点が多すぎる。

あるいは、大舘氏らの兵舎に現れたのは、今井侍従武官その人でなく更にその部下の副官クラスの同乗者であり、上司である今井侍従武官のために護衛飛行を依頼した、という可能性も考えてみた。しかし、そうであれば、今井侍従武官はもともと正規の公務としての台湾視察出張が目的だったのだから、急遽上海経由することに予定を変更したとしても、それは完全な公務だ。だから、組織を通じて大舘氏らの上官から命令が出されれば済むことだ。高級な武官の部下である副官クラスの者がわざわざ少年航空兵の兵舎を自ら訪ねて丁寧に依頼するというようなことは考えられない。

これらに照らせば、やはり、三笠宮以外の人物を大舘氏らが三笠宮だと間違えて思い込んだということは考えられない、というのが現時点での私の実感である。

謎はまだ解けない

私は、未解明の点は少なくないものの、三笠宮が当時上海に行ったのは事実だったと思っている。その目的は、天皇の和平の意思を重慶側に伝えるためだったのか、何世楨工作を引き継いで重慶と和平交渉をするためだったのか、繆斌の信用性の調査のためだったのか、辻政信との重慶和平工作の相談のためだったのか、いまだに謎は解けない。私の力の限界でもあるが、もし読者にこれらに関して資料や情報をお持ちの方がおられれば是非ご教示願いたい。

【参考文献】

■戦史・特攻関係

『修羅の翼』角田和男　光人社NF文庫　二〇〇八年
『空と海の涯で』門司親徳　光人社NF文庫　一九九五年
『戦史叢書』防衛庁防衛研修所　朝雲新聞社
『特攻の思想　大西瀧治郎伝』草柳大蔵　グラフ社　二〇〇六年
『「特攻」と日本人』保阪正康　講談社現代新書　二〇〇五年
『日本海軍四〇〇時間の証言』NHKスペシャル取材班　新潮文庫　二〇一四年
『神風特攻の記録』金子敏夫　光人社NF文庫　二〇〇五年
『神風特別攻撃隊』猪口力平・中島正　日本出版共同　一九五一年
『神風特別攻撃隊の記録』猪口力平・中島正　雪華社　一九六三年
『神風特別攻撃隊』猪口力平・中島正　河出書房　一九六七年
『太平洋戦争最後の証言　第一部　零戦・特攻編』門田隆将　小学館　二〇一一年
『特別攻撃隊全史』特攻隊戦没者慰霊平和祈念協会　二〇〇八年
『検証　戦争責任（Ⅰ・Ⅱ）』読売新聞戦争責任検証委員会　中央公論新社　二〇〇六年
『昭和史』半藤利一　平凡社　二〇〇四年
『富国強兵「特攻」への道』森本忠夫　光人社NF文庫　二〇〇二年
『昭和史追跡』新名丈夫　新人物往来社　一九七〇年
『レイテ戦記（上・中・下）』大岡昇平　中公文庫　一九七一年
『ドキュメント太平洋戦争全史（上・下）』亀井宏　講談社文庫　二〇一三年
『別冊一億人の昭和史　特別攻撃隊』毎日新聞社編　毎日新聞社　一九七九年

『きけわだつみのこえ』日本戦没学生手記編集委員会編　東京大学出版会　一九五二年
『ああ同期の桜　海軍飛行予備学生（出陣学徒手記集）』毎日新聞社　一九六六年
『今日われ生きてあり』神坂次郎　新潮文庫　一九九三年
『最後の撃墜王　紫電改戦闘機隊長　菅野直の生涯』碇義朗　光人社ＮＦ文庫　二〇〇七年
『大空のサムライ（上・下）』坂井三郎　講談社　二〇〇一年
『零戦撃墜王　空戦八年の記録』岩本徹三　光人社ＮＦ文庫　二〇〇四年
『わが誇りの零戦』原田要　桜の花出版　二〇一三年
『特攻の真意』神立尚紀　文春文庫　二〇一四年
『特攻　外道の統率と人間の条件』森本忠夫　光人社ＮＦ文庫　二〇〇五年
『特攻とは何か』森史朗　文春新書　二〇〇六年
『特攻』御田重宝　講談社文庫　一九九一年
『特攻　最後の証言』「特攻最後の証言」製作委員会　アスペクト　二〇〇六年
『本田稔空戦記』岡野充俊　光人社ＮＦ文庫　二〇〇五年
『蒼空の航跡』久山忍　産経新聞出版　二〇〇九年
『特攻と日本人の戦争』西川吉光　芙蓉書房出版　二〇〇九年
『祖父たちの零戦』神立尚紀　講談社文庫　二〇一三年
『特攻からの生還』鈴木勘次　光人社ＮＦ文庫　二〇一〇年
『零戦　その誕生と栄光の記録』堀越二郎　角川文庫　二〇一二年
『零式戦闘機』柳田邦男　文春文庫　一九八〇年
『零戦　最後の証言』神立尚紀　光人社ＮＦ文庫　二〇一〇年
『零戦　最後の証言２』神立尚紀　光人社ＮＦ文庫　二〇一一年
『零戦燃ゆ』１～６　柳田邦男　文春文庫　一九九三年

『指揮官たちの特攻』城山三郎　新潮文庫　二〇〇四年
『零戦六二型のすべて』野原茂　光人社　二〇〇五年
『ゼロ戦と海軍航空隊』学研パブリッシング　二〇一三年
『大人の零戦大図鑑』マガジンハウス　二〇一三年
『最後のゼロファイター』井上和彦　双葉社　二〇一三年
『戦争の罪と罰　特攻の真相』畑中丁奎　芙蓉書房出版　二〇一五年

■「三笠宮」護衛飛行付記関係

『わが思い出の記（「帝王と墓と民衆」）』三笠宮崇仁　光文社カッパブックス　一九五六年
『闇に葬られた皇室の軍部批判』「THIS　IS　読売」八月号　一九九四年
『近衛日記』共同通信社　一九六八年
『木戸幸一日記』（上・下）東京大学出版会　一九六六年
『高松宮日記』（第七巻、第八巻）中央公論新社　一九九七年
『回想十年』第一巻　吉田茂　新潮社　一九五七年
『高松宮と終戦工作』工藤美知尋　光人社NF文庫　二〇一四年
『細川日記』（下）細川護貞　中公文庫　一九七九年
『侍従長の回想』藤田尚徳　講談社学術文庫　二〇一五年
『徳川義寛終戦日記』朝日新聞社　一九九九年
『昭和天皇実録』CD版（昭和一九年、二〇年）宮内庁　二〇一四年
『「昭和天皇実録」の謎を解く』半藤一利ほか　文春新書　二〇一五年
『昭和史の天皇　終戦への道』（上）読売新聞社編　角川文庫　一九八九年
『昭和史探訪３　太平洋戦争前期』番町書房　一九七五年

『昭和天皇独白録』寺崎秀成　文春文庫　一九九五年
『昭和天皇伝』伊藤之雄　文春文庫　二〇一四年
『昭和史の謎を追う』（上・下）秦郁彦　講談社文庫　一九九九年
『天皇の終戦　激動の二二七日』読売新聞社　一九八八年
『重光葵最高戦争指導者会議記録・手記』重光葵　中央公論新社　二〇〇四年
『敗戦の記録　参謀本部所蔵』原書房　二〇〇五年
『周仏海日記』蔡徳金編　みすず書房　一九九二年
『日本海軍から見た日中関係史研究』樋口秀実　芙蓉書房出版　二〇〇二年
「対中和平工作　一九四二—四五」戸部良一　『国際政治』一〇九号　一九九五年
「支那事変和平工作史研究」戸部良一　京都大学博士論文　一九九二年
「研究会　日中戦争和平工作研究の動向と現状」戸部良一　『外交資料館報』一五号　二〇〇一年
『柴山水谷川忠麿遺稿』水谷川忠麿遺稿集刊行会　奈良明新社　一九七一年
「土井章と日中和平工作」栗本弘　『東洋研究』第五六号　一九八〇年
『中国と私の五十年の生活』土井章　『東洋研究』第五六号　一九八〇年
『近衛文麿「六月終戦」のシナリオ』道越治　毎日ワンズ　二〇〇六年
『悲劇の証人　日華和平工作秘史』西義顕　文献社　一九六二年
『われ敗れたり』児玉誉士夫　東京出版社　一九四九年
『日中和平工作の記録　今井武夫と汪兆銘・蒋介石』広中一成　彩流社　二〇一三年
『幻の日中和平工作〜軍人今井武夫の生涯』今井貞夫　中央公論事業出版　二〇〇七年
『日中和平工作　回想と証言　今井武夫』高橋久志・今井貞夫監修　みすず書房　二〇〇九年
『戦藻録　後編（宇垣纒日記）』宇垣博光　日本出版共同　一九五三年
『高木惣吉日記と情報』（下）伊藤隆編　みすず書房　二〇〇七年

参考文献

『高木惣吉日記　日独伊三国同盟と東条内閣打倒』毎日新聞社　一九八五年
『自伝的日本海軍始末記』（上・下）高木惣吉　光人社　一九七九年
『東条英機暗殺計画　海軍少将高木惣吉の終戦工作』工藤美知尋　光人社ＮＦ文庫　二〇一〇年
『わが東条英機暗殺計画』津野田忠重　徳間書店　一九八五年
『海軍大将米内光政覚書　高木惣吉写』実松譲編　光人社　一九七八年
『井上成美』阿川弘之　新潮社　一九八六年
『天皇家の密使たち〜占領と皇室』高橋紘・鈴木邦彦　文春文庫　一九八九年
『蒋介石の密使　辻政信』渡辺望　祥伝社新書　二〇一三年
※　その他、ウィキペディアを随時利用した。

大舘《おおだち》和夫《かずお》氏　年譜

大正15年12月	埼玉県入間郡小手指村北野に生まれる
昭和8年	小手指小学校入学
12年	黒田清次教諭の指導で剣道修行を始める。
18年4月	海軍飛行予科練習生（特乙1期生）となり、岩国、名古屋、大分、鹿児島・笠ノ原の各海軍航空隊で国内訓練
19年8月	台湾・新竹基地へ進出。
10月	台湾沖航空戦に参加。フィリピン・クラークフィールド基地へ進出し、特攻に〝志願〟。レイテ沖海戦に参加
20年1月	フィリピン・ピナツボ山中で抗戦準備
2月3日頃	フィリピンを脱出して台湾へ
5日	神風特別攻撃隊大義隊発足、隊員被命
2月下旬	国内で特攻用のゼロ戦を調達して鹿児島笠ノ原基地から台湾への帰還途上、「三笠宮」を護衛して上海へ
4月1日	沖縄戦始まる。同月4日の初出撃の後、7回特攻出撃

8月15日	台湾宜蘭基地から離陸直前に出撃中止
12月末	台湾から帰国し、郷里へ帰る
22年2月	警視庁警察官拝命。早稲田署配属の後、中央区隊剣道中隊、西部区隊で剣道修行。以後、本富士署、第五予備隊、第一方面本部（警備担当）、戸塚署、本庁警務部人事課、本田署刑事課長、交通部第八方面交通機動隊中隊長、本庁交通部駐車対策課庶務係長、本所署刑事課長、上野署刑事課長、本庁捜査三課管理官を歴任
58年4月	退官。同日より、中野区立武蔵台小学校で、鷺宮剣友会の少年剣道を指導して今日に至る
平成16年11月3日	瑞宝雙光章

著者略歴

西嶋 大美（にしじま ひろよし）
1948（昭和23）年、東京都生まれ。本名「西島大美」。剣道教士七段。
現職：ジャーナリスト（日本記者クラブ会員）、司馬遼太郎記念財団機関誌「遼」編集委員、元読売新聞東京本社記者
主な経歴：1973年早稲田大学政治経済学部卒、75年同大大学院経済学研究科修士課程中退、同年読売新聞東京本社入社、秋田支局、社会部、生活情報部次長、調査研究本部研究員、編集局部長（文化関連事業担当）。2011年12月退職。
著書：『心の開国を―相馬雪香の90年』（中央公論新社）、『性教育の現場』（大陸書房）。共著に『生涯現役』（鈴木出版）、『性の風景』（読売新聞社）など。

太 田 茂（おおた しげる）
1949（昭和24）年、福岡県生まれ。剣道錬士七段。
現職等：弁護士（虎ノ門総合法律事務所）、全日本剣道連盟綱紀委員、WWF（世界自然保護基金）ジャパン監事。
主な経歴：京都大学卒。1977年から34年間、検事として、東京・大阪はじめ全国の地高検、最高検に勤務。法務省において司法法制課長、秘書課長として司法制度改革などに従事。2011年に京都地検検事正を退官後、2012年から5年間、早稲田大学法科大学院、2017年から3年間、日本大学危機管理学部の教授として刑事訴訟法の教育研究に従事。2019年秋、瑞宝重光章。
著書等：『実践刑事証拠法』、『応用刑事訴訟法』、『刑事法入門』（いずれも成文堂）

ゼロ戦特攻隊から刑事へ【増補新版】
——友への鎮魂に支えられた90年——

2022年 7月26日　第1刷発行

著　者
西嶋大美《にしじまひろよし》・太田《おおた》　茂《しげる》

発行所
㈱芙蓉書房出版
（代表 平澤公裕）
〒113-0033東京都文京区本郷3-3-13
TEL 03-3813-4466　FAX 03-3813-4615
http://www.fuyoshobo.co.jp

印刷・製本／モリモト印刷

ISBN978-4-8295-0839-8